莊子哲學的教育詮釋

林秀珍 著

師大書苑發行

謹以此書

紀念愛女徐子惠博士

(1989.5.8-2017.2.12)

自　序

儒道兩家雖同為中華文化的根源基礎，教育學術界對儒家的研究遠多於道家，究其原因，除了儒家是主流顯學，對教育有清楚明確的論述之外，可能和道家長久以來被誤解為消極避世的隱遁哲學有關。我在2011年與外子徐世豐合力著述《老子道德經義理疏解》，逐章抉發《道德經》的義理內涵，對於老子針砭人心病徵，化解心知執著以成全儒學義理的虛用智慧，由衷讚嘆，也為老子哲學受到曲解而感到惋惜。2015年接續完成《老子哲學與教育》，系統性地呈現老子哲學的教育圖像，希望能為西潮當道的教育哲學挹注自家文化滋養。由於老子和莊子皆為道家代表人物，若獨顯老子而對莊子的生命精神略而不談，總覺得有所缺憾與不安，於是在內心隱微的召喚下，我把近二十年來在敏隆講堂跟隨王邦雄教授研習老莊哲學所得，以《莊子哲學的教育詮釋》為題，展開新的書寫旅程。

寫作本書的原初動機是文化薪傳的關懷，沒想到後來竟是一段自我療癒的心理歷程。2017年2月11日在日本九州高速公路上的一場交通事故，造成台灣師大環境教育研究所博士生徐子惠頭部重創，隔天宣告不治。這位熱愛生命，積極擁抱世界的年輕女孩，在學期間深得師長提攜與同學喜愛，屢次獲得博、碩士生優秀學生獎學金的殊榮。他曾經一步一腳印走過近七十座的台灣百

岳，夢想著成為台灣環境的守護者，沒想到因為友人疲勞駕駛肇禍而魂斷異鄉，台灣新聞媒體惋惜英才早逝，他的優秀也讓學校特案追贈博士學位。而他，正是我唯一的孩子。接獲通知匆忙奔赴日本前，我乞求上蒼：如果這是連基督、佛陀也無能為力的「命」，可否給我最後的機會好好道別，讓我在女兒生命終了前告訴他：「你是最棒的孩子，媽媽好愛你！好愛你！」可是，這卑微的願望終究沒能得到上天垂憐。我們曾經共築二十八年的美好世界就在瞬間完全崩解，從此以後我再也聽不到那嬌嗔的聲音喊著「媽媽抱抱」了！據聞子夏因喪子而哭瞎了眼，白髮人送黑髮人真是人生大慟，而我，一個平凡的小人物，如何消受得了？！

　　有一段時間，我深陷在絕望的幽谷中，學術研究完全停擺，只能勉強守著教學常軌不致失序，還好學生們總是給出最大的體貼和包容。本書的寫作也被迫中斷，和《莊子》的聯繫時有時無。有一夜，子惠來入夢，夢境細節已經模糊，但明顯記得他走到床前，表情肅然，不發一語地把筆遞給我，我伸手接過後隨即醒來。我非解夢專家，但確信子惠對莊子哲學十分欣賞，每每談到我正在書寫莊子，他就笑逐顏開，滿心歡喜，而他也準備再展長才，負責封面的設計。我想這是子惠的心願，希望我「振筆疾書」，完成這本專書寫作吧。來自子惠的推動力量，我重回了莊子的世界，沒想到原本只是「研究對象」的莊子，竟逐漸走入我的生命，在陰暗的幽谷中為我照亮了希望的出口。

　　莊子對我說：「放下死生執念吧。你忘了『真君』可以不亡

嗎？死亡是形體的事，人的精神慧命可以長存啊！子惠的愛沒有消失，他只是需要有寄託的形體，才能繼續溫暖人間，父母不正是最好的寄居之所嗎？就把缺憾還諸天地，把子惠的美善留在人間吧。」外子和我決定不假借宗教力量，而是透過傳統千年智慧的人文精神，先在臉書上設立「徐子惠博士紀念專欄」，讓他的善良體貼與精采人生，透過親朋好友的回憶留存下來。同時也在多位朋友的情義相挺下，把十幾年來外子研發的繩索救援技術，以及新時代的「徐子惠博士數位式繩結打法」，轉化為戰術繩索應用，以「散木」公益團隊與子惠之名，進入了國家的精銳部隊。因此結識一群忠義驃悍，以國家為念的高勤官，他們勇猛頑強，守護國家安全的軍人本色，令人肅然起敬。

就在第一期「戰術繩索」受訓學員的結訓典禮上，特戰張指揮官一一頒發感謝狀給「散木」團隊的教官，最後還剩下一張，我們正納悶著，只見他對全體學員說：「最後要感謝的是徐子惠博士」。外子和我在驚訝與感動中，強忍著淚水接過感謝狀。

鹿港全一織造興業公司施議煌董事長賢伉儷與其公子施書銘宅心仁厚，將自家研發的繩索命名為「子惠繩」，結合外子獨創的「子惠結」，嘉惠軍警消與救難隊無數，這也是子惠「死而不亡」，對世人的回報吧。這兩年來，感謝子惠推動著我參與國軍戰術繩索訓練，也因此開啟了前所未有的眼界。我們經常收到受訓學員的照片分享，當他們在拍照瞬間舉起「子惠手勢」時（這是我們紀念子惠的默契，也是「徐子惠博士數位式繩結打法」的手法之一），我知道子惠與他們同在；陸續也有親朋好友和受訓

學員以子惠之名，捐款慈善機構或捐贈國軍訓練裝備。這些點點滴滴應證了子惠的美善依然存在，他已轉化為不同的生命形式在人間「重生」了。莊子的生死智慧果然高明啊！

在研究過程中，衷心感謝科技部為期兩年的學術性專書寫作計畫補助（計畫編號：MOST 105-2410-H-003 -043 -MY2），讓我得以順利完成文獻資料的蒐集和建檔。本書若有啟發性的論述，應歸功於王邦雄教授的啟蒙引導。外子奉獻杏壇數十載，從學王邦雄教授研讀孔孟、老莊，已逾二十六寒暑。他曾在桃園鴻儒講堂義務教授老莊哲學長達七年，深獲王邦雄教授讚許，嘗在課堂中公開期許道家學術薪傳重任。十幾年來，他義務投入軍警消與救難隊的繩索訓練，在忙碌之餘，仍對本書撰寫提供諸多寶貴意見，並逐章校訂，筆者備感溫馨。此外，感恩臺北市立大學教務長鄭玉卿教授，以及國立東華大學教育與潛能開發學系李崗教授，在百忙中撥冗審閱，悉心斧正，提供寶貴意見。國立臺灣師範大學教育學系提供優越的研究環境，以及教育哲史學群夥伴的鼓勵支持，我感念在心。國立臺灣師範大學教育學系學生申育慈、廖敏伶擔任助理工作盡心盡力；吳佩芳小姐匠心獨運的封面設計，將子惠登山照片與童年時的美術作品納入其中，對我來說別具意義，也為本書增色不少。這些日子以來，親朋好友、師長與學生的關懷陪伴，讓我深刻感受人間情義的巨大力量，在此一併致謝。師大書苑白文正先生慨允出版，以及王瓊華小姐的熱心協助，謹致謝忱。

莊子教導我放下與超越的逍遙自在，對我來說，這是艱難的

漫漫長路，即使完成了這本書，仍感覺自己和莊子的關係「若存若亡」。儘管如此，很慶幸自己終究走進了莊子的生命，讓我在肝腸寸斷之餘，還能維繫生活常軌，只求自己日有寸進，點點滴滴走向未來更寬廣與超越的人生道路。

林秀珍 謹誌

中華民國109年2月12日

目　錄

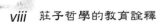

導　論

壹、研究動機與目的

儒家與道家是中華文化源遠流長的兩大根源基礎，儒家以孔、孟為代表，道家則以老、莊最受矚目。老子是道家的創始人，莊子承繼老子思想而立說，他把老子的「道」從客觀、絕對的實體形態，落實在人的生命人格中，「道」不再是絕高的或抽象概念式的存在，而是內在於人的生命，從至人、神人、聖人與真人身上全幅的體現出來[1]。身處在紛亂的戰國時代，莊子必然痛切感受到生命在戰火威脅下的危懼與迫害，他以超拔的精神解開現實桎梏，開展無己無待的逍遙人生，雖然著重在精神層次的自由解放，但是誠如徐復觀所言：「個人精神的自由解放，同時即涵攝宇宙萬物的自由解放。」[2] 能與天地精神往來者，對宇宙萬有心存敬意，沒有傲慢與睥睨的姿態，不僅物我間可以和諧共生，對於人我間的是非紛擾，亦能超然以對，生發理性批判與向上提升的作用。

莊子哲學以「生命」為中心而開展，其生命哲學已成為中華

---

[1]　王邦雄認為：「莊子最根本的學術性格，就是把老子的道，經由修養工夫，完全內化在我們的生命流行中。」王邦雄（2010）。莊子道。台北市：里仁。頁III。

[2]　徐復觀（1969）。中國人性論史・先秦篇。台北市：台灣商務。頁400。

文化的瑰寶。學術界有關莊子的專書論著與期刊論文成果豐碩[3]，內容以哲學探究居多，從教育視野闡發莊子哲學的論著十分有限，而且多以期刊或學位論文為主，專書極為少見。教育是師生間不同生命體的真實互動，教師若有曠達的人生態度，對人性有深刻感悟，才能體察生命之美與心靈的超越特質，在「長善救失」的教學歷程中，儘管面對現實束縛與艱難挑戰，依然可以保有充沛的生命力與源源不絕的教育愛。莊子以精神昇華的崇高生命，回應有限的自我走在複雜人間的存在處境，對教師而言，無疑是重要的心靈滋養。

　　我國的教育哲學長久以來深受歐美哲學影響，以「知識」為中心而開展[4]，凸顯理智思辨的精彩，強調客觀分析、邏輯嚴謹與論證有據[5]，教育哲學的目的偏重對教育理論上的矛盾和歧義進行分析批判，以建立教育學術上嚴謹的認知與價值原理[6]。如果獨尊「知識中心」的理路，過度偏向認知分析與價值批判的理性思維，輕忽生命修養的精神向度，恐怕在成就教育學術專業的同時，也埋下心思馳逐於外，不知回歸生命本身的危機[7]。

---

[3]　以國立臺灣師範大學圖書館館藏為例，筆者於2019年11月5日以「莊子」為關鍵字，書名為檢索點進行查詢，即查獲846筆資料。

[4]　依牟宗三之見，西方哲學起自對知識和自然的解釋與反省，大體上是以「知識」為中心而展開，它有很好的邏輯思辨與工巧的架構。牟宗三（1994）。中國哲學的特質（再版）。台北市：學生書局。頁6-7。

[5]　林秀珍（2015）。老子哲學與教育。台北市：師大書苑。頁27。

[6]　歐陽教（1991）。教育哲學導論（十版）。台北市：文景。頁31。

[7]　同註5，頁32。

　　筆者有感於我國的教育哲學發展主要借鏡於歐美，從文化根本立基，接續傳統人文精神的相關論著亟待充實，本書以《莊子哲學的教育詮釋》為題，期待能為教育哲學挹注自家文化中的千年智慧，開啟「天人合一」之超越向度[8]與研究視野。再者，許多教師面對教育環境的高度競爭與績效壓力、專業地位式微、學生的複雜多變，以及工作負荷有增無減，常感力不從心，在艱困的現實中，有人終日灰心抑鬱，也有人轉化逆境成為靈魂攀升的力量。關鍵何在？通過莊子的思考，為生命當家做主的是「心」，生命困苦的癥結也在「心」，所以修養工夫在「心」上做。他曾言：「其分也，成也；其成也，毀也。」[9]偏執的「成」心，會「毀」壞生命的美好，造成無窮無盡的壓力和憂鬱。解消心知執著與人為造作，轉化生命為向上的立體超越，可以開展出廣大開闊，逍遙自在的生命意境，在塵世濁流中，生出「自救」與「救人」的精神力量。此精神層面的自我增能，可以消解心靈困惑與生命悲苦，這是道家哲學的專擅，也是當代「知識取向」的教師專業發展論述中，欠缺的一環。

8　儒道兩家面對生命存在的有限性，另關心靈超拔向上的無限性。儒家走人文化成之路；道家以自然之道為依歸，儘管兩者的哲學理路不同，但是皆通過人心自覺與人性的實現，開展出「天人合一」的人文精神，這是中國哲學的獨特性，也是筆者認為教育哲學值得發展的「超越」向度。

9　語出〈齊物論〉。依王邦雄詮釋，「其」就心知說，心知的執著分別構成一套是非的價值標準，這一套標準的構「成」，帶出人為造作之患，「毀」壞了生命，也就是造成本德天真的失落。王邦雄（2013）。莊子內七篇・外秋水・雜天下的現代解讀。台北市：遠流。頁95。

　　莊子以「天下為沈濁，不可與莊語」[10]，所以其敘寫方式不再明言哲理，而是將深刻哲理寄寓在寓言故事中，通過真情流露的筆觸，帶來柔性療癒和啟發的能量。「故事」不管是事實還是虛構，引人入勝的故事情節和人物境遇，比起抽象冰冷的說理論述，更能引發讀者共鳴，喚醒自我的覺察。《莊子・寓言》有云：「寓言十九」，在《莊子》書中十之八九都是寓言故事，而且常以形貌不全的人士作為故事主角，如王駘、哀駘它、申徒嘉等，通過這些身障人士的示現引領，讀者進入浩瀚無垠的精神宇宙，看見生命處在無可奈何的境遇中，自我超越與昇華的可能性。本研究主要以《莊子・內篇》的各篇重要寓言為題材，先說明故事內容，再闡發其中隱含的哲學義理，最後從教育哲學的觀點，演繹寓言的教育蘊義。綜合言之，研究目的有三：

　　一、闡述《莊子》內七篇的重要寓言內容。

　　二、探究《莊子》內七篇寓言故事之哲學義理。

　　三、演繹《莊子》內七篇寓言故事之教育蘊義。

貳、莊子其人與其書

　　勞思光指出[11]，關於莊子生平可考的事蹟極少，最常被引用的材料是《史記》，司馬遷將老子、莊子、申不害與韓非同列一傳

---

[10] 語出〈天下〉篇。依陳壽昌解為：「天下之人，沉溺五濁，不可以莊重之語道之。」意指當世人耽溺於物欲而不知覺醒時，無法用莊重正經的言辭來溝通對話。陳壽昌（1977）。南華真經正義（再版）。台北市：新天地。頁504。

[11] 勞思光（2004）。新編中國哲學史（三版）。台北市：三民。頁243-244。

的內容記載：

> 莊子者，蒙人也，名周。周嘗為蒙漆園吏，與梁惠王、
> 齊宣王同時。其學無所不窺；然其要本歸於老子之言。
> 故其著書十餘萬言，大抵率寓言也。

《史記》未記載莊子生卒年代，只說與梁惠王、齊宣王同時，以此推斷與孟子的年代相近[12]。根據顏崑陽研究，莊子的故鄉是河南商丘縣的小蒙城，蒙城在莊子生前原屬於宋國領土，後被楚國佔領，到了漢文帝時，又封給梁孝王，所以嚴格說來，莊子應為宋國人。宋國是殷商末裔，延續著殷商殘存的文化，宋襄公以後國勢日衰，等到戰國時代在周圍列強的包夾之下，屢次成為戰亂的中心。莊子在世時，宋國曾由康王偃在位統治十一年，康王是一位荒淫、驕妄、好戰的暴君，最後被齊、魏、楚等國聯合攻殺，宋國也因此被瓜分[13]。艱困的時代處境往往逼出最深沉而真切的存在感受，莊子獨特的生命哲學可視為他對慘酷現實的回應與超越。

今本《莊子》有三十三篇，依郭象判定分為內七篇、外十五篇、雜十一篇，學術界通常認為內七篇最能代表莊子本身的思想，外、雜篇則為莊子後學所做。王邦雄更深進一層指出[14]：

---

[12] 根據馬敘倫〈莊子年表〉考定，莊子生卒年代在西元前369-286之間，勞思光認為此說未必精確，但大體與《史記》所載相合，故從之。同前註，頁243。

[13] 顏崑陽（2005）。莊子的寓言世界。台北市：漢藝色研。頁10-13。

[14] 同註1。

內篇是道在生命之內，外篇是道在生命之外，意謂道體
被推出生命主體之外，成為超絕客觀的存在，雜篇亦體
會真切，卻雜陳偶現。惟一的例外在〈天下篇〉，此篇
在氣勢格局上，比諸內篇之〈齊物論〉、〈大宗師〉均
毫不遜色，……其理論體系與內篇大有不同，不是《莊
子》的後序，而是獨立在莊學之外，自成一言。

　　《莊子》一書包含莊子本人及其後繼者的思想，成分極雜，
不過若想了解莊子的哲學思考，內七篇還是學界公認最具代表性
的研究材料。

參、本書的詮釋進路

一、莊子哲學的詮釋具有多元性

　　莊子以悠遠放曠，無邊無際的言辭作為表達形式，留給讀者
廣大的想像空間與多元的詮釋可能。楊儒賓認為，早期莊學的詮
釋傳統以司馬遷、向郭（向秀與郭象）與成玄英的影響最大，司
馬遷呈顯的莊子，帶有一種反體制的抗議色彩；向郭闡發莊子的
玄理，層次極高；成玄英則是對莊子工夫論的闡述深入，這三家
奠定了後世莊學的圖像。近現代的莊學研究則有更多新義，尤其
近年來國內外學者持續對話，逐漸形成一種關懷存有、強調主體
美感、語言向度與尊重差異的莊子新圖像[15]。《莊子》的詮釋存

---

[15] 楊儒賓（2016）。儒門內的莊子。台北市：聯經。頁4-5。

在著多樣性，其獨特語言形式與「言外之意」，給出後人廣大的解讀空間，也開顯多元豐富的莊子圖像。

二、本書的詮釋進路

　　本書的旨趣在闡發莊子哲學的教育蘊義，有關莊子哲學的解讀採王邦雄的詮釋系統，原典文本引用與注解，也以其卓作《莊子內七篇・外秋水・雜天下的現代解讀》[16]為主，參酌國內外學者論著為輔，至於教育蘊義的衍釋則輔以社會學、生態心理學、批判教育學等現代多元理論觀點的對話。王教授研究道家經典超過四十年，希望引傳統進入現代，且讓經典回歸生活[17]。他認為全盤套用西方哲學的範疇概念來研究中國哲學，不僅割裂哲人思想，也抹煞中哲的獨特風貌[18]，他將經典的解讀連結自身生活經驗與存在感受，在濃郁的鄉土情思與深切的時代關懷中，展現出自家的生命體悟與學術創見[19]，不僅抉發《莊子》的微言大義，也引發讀者深刻的共鳴。

　　王教授的詮釋是以雙重文本為基礎，一為《莊子》原典，二為歷代重要的注解文本，輔以老子哲學的引據論證，不僅切合「以《莊》解莊」的客觀義理要求，還更進一層加入自家生命與

---

[16] 本書引據歷代重要的莊學註解，從參照比較中可見王教授對於前人詮釋莊子哲學的繼承與超越。

[17] 王邦雄（2013）。道家思想經典文論：當代新道家的生命進路。新北市：立緒文化。頁6。

[18] 王邦雄（2004）。中國哲學論集。台北市：學生書局。頁64。

[19] 參考王邦雄自序。同註17，頁5。

莊子生命作一種千古的呼應與感同身受的詮釋[20]。除此之外，其書中自述的詮釋立場，可歸納出幾項特點：第一，以生命存在的處境與困局，作為開啟莊子生命智慧的大門[21]；第二，由精神修養的工夫入手，展現莊子的哲學思想與生命人格的超越境界[22]；第三，主張莊子是以道的「無」來保存儒家人文理想的承擔，把道家思想的義理分位定在作用的保存儒學義理[23]，讓儒道並行，千古同步；第四，認為莊子思想乃綜合儒家思想精神，專注在生命價值的深切反省與人格修養的提升，一方面救老子哲學可能落於虛空的危機；另一方面是挺立人的價值主體性，將天道的美善化入人的生命中[24]。王教授解讀的莊子，是對人物有限與人生困苦給出廣大同情的大哲人，他讓受創的心靈得到撫慰，同時開發主體生命超拔飛越的可能性，給出自在自得的人生希望，以及人我、物我間整體和諧的前景，能為教育注入生命哲學的源頭活水，為滯陷於教育現實中的教師開出超越向上的精神出路，所以筆者選擇以王教授的詮釋系統作為理解莊子哲學的主要依據。

肆、本書的架構與內容

本書除導論與結語外，分別以《莊子》內七篇之重要寓言，採逐篇分章討論方式，各章皆包含寓言內容、哲學義理與教育蘊

---

[20] 同註17，頁24。

[21] 王邦雄（2004）。走在莊子逍遙的路上。台北市：台灣商務。頁1。

[22] 同註18，頁64。

[23] 同註17，頁17-19。

[24] 同註18，頁63。

義等三部分，一至四章的體例與五至七章在形式上略有差異，前者針對不同的寓言分別作哲學義理與教育蘊義的闡述；後者因為篇章中有些寓言的哲理相近，為避免重複冗雜，將相近的寓言哲理統整合併，綜合論述，讓篇章要旨更為凸顯。此外，由於篇幅所限，筆者僅選擇各篇具代表性的寓言加以探究，在「彰顯」的同時也存在著「遮蔽」，因為無法全面呈現所有的寓言內容，而且選擇性的引介本身，已含有筆者先在的教育關懷與價值判斷，難以完全客觀公允，這是本書的研究限制。

　　茲將本書各章探討之寓言說明如下：

　　第一章〈逍遙遊〉：大鵬怒飛、惠子的拙於用大

　　第二章〈齊物論〉：萬竅怒號、罔兩問景、莊周夢蝶

　　第三章〈養生主〉：庖丁解牛、右師的有名有刑與澤雉的無
　　　　　　　　　　　名無刑、老聃之死

　　第四章〈人間世〉：顏回救人、寄身神社的散木、形體不全
　　　　　　　　　　　的支離疏

　　第五章〈德充符〉：兀者王駘、兀者申徒嘉、兀者叔山無趾

　　第六章〈大宗師〉：四位方外高人的莫逆於心、儒家與道家
　　　　　　　　　　　的相遇對話、子桑的認命

　　第七章〈應帝王〉：齧缺問於王倪、陽子居見老聃、神巫季
　　　　　　　　　　　咸與壺子的四次會面、渾沌之死

第一章
〈逍遙遊〉的哲學義理
與教育詮釋

壹、前　言

　　《莊子‧內篇》以〈逍遙遊〉為首，〈逍遙遊〉的篇名已經透顯出莊子嚮往的人生理境是「遊」，即超然物外，自在自得的精神自由。

　　人生的現實處境是自我有限，而人間複雜。有限的自我走入複雜的人間，我們無力轉變生老病死的生命歷程，也難以掌握詭譎多變的關係世界，這些「不得已」[1]的存在真實，往往讓人感覺無助挫折，鬱悶與困頓。古聖先賢的生命智慧都在為「不得已」的人生處境開出海闊天空的康莊大道，孔子以「發憤忘食」的積極進取，在「游於藝」的優游意境中，達到「樂以忘憂，不知老之將至」[2]的安然自適。原來好學不倦的心靈充實感可以潤澤生命，豐富存在的價值意義，為一往前行的人生旅程挹注源源不絕的活力泉源。孔子的快樂不是淺薄的感官刺激，而是日有寸進的

---

[1] 莊子〈人間世〉有言：「乘物以遊心，託不得已以養中，至矣。」「不得已」的「已」是止，意指無力改變外在世界，讓外在世界的變化停止下來。參閱王邦雄（2013）。莊子內七篇‧外秋水‧雜天下的現代解讀。台北市：遠流。頁211。
[2] 語出《論語‧述而篇》。

富足與喜悅，透過向上提升的正向能量，自然化解陰鬱與煩憂；莊子則以「上與造物者遊，而下與外死生無終始者為友」[3]的曠達，來面對生死難關與沈濁的天下。孔子的學習之樂與莊子精神釋放的自由，都在為有限人生開展忘憂與逍遙之道。

〈逍遙遊〉的「逍」是消解的工夫，「遙」是遠引的境界，「逍遙遊」意指解消心知執著的桎梏，化解「有為」的負累，可以開顯高蹈遠引，隨處可遊的生命理境[4]。當代人面對高度競爭的全球資本主義時代，工作壓力有增無減，「逍遙遊」的生命釋放，顯得格外重要。2010年以全國高中職、國中及國小教師為對象所進行的研究報告指出，「自覺工作壓力負荷」是教師憂鬱傾向最重要的預測變數[5]，工作壓力的紓解除了從制度層面改善，教師本身向內開發自我挺立的生命力，或許更為根本。莊子〈逍遙遊〉即是轉化主體生命為立體超越，通過形上回歸的精神昇越，在塵世濁流中得以「自救」與「救人」。

以下主要從「大鵬怒飛」與「無用之用」的寓言故事出發，首先簡述故事內容，其次闡述故事中的哲學義理，最後從教育的立場詮釋其中隱含的教育蘊義。

---

[3] 語出〈天下〉篇。依王邦雄解，「造物者」是現象自然之天的陰陽氣化；「外死生」是解消生死的執著分別；「終始」意指「死生」。本段白話語意是：「生命自我可以遊於自然造化中，也就是上與造物者同遊，下與人間不執著生死的人做朋友。」同註1，頁523。

[4] 同註1，頁21。

[5] 余民寧、陳柏霖、許嘉家（2010）。教師憂鬱傾向的影響因素之研究。輔導與諮商學報，32（2），73-97。

貳、「大鵬怒飛」的生命之大

莊子身處戰國亂世，他深知在沉滯闇濁，人心為物慾所役的局勢中，端莊嚴肅的話語會讓人難以接受，所以整部《莊子》充滿了悠遠曠達且無邊無際的言詞，尤其擅用說故事的方式，將人生哲理寄託在看似荒誕的寓言中。寓言故事的虛構性提供了無拘無束的空間，讓莊子的思考自由馳騁，在歷史長河的遞嬗中，這些故事已經成為我們的集體想像與認同歸屬的人生價值。

〈逍遙遊〉一開始，莊子就以「大鵬怒飛」的精采故事揭開序幕。

一、 故事內容

> 北冥有魚，其名為鯤。鯤之大，不知其幾千里也。化而為鳥，其名為鵬。鵬之背，不知其幾千里也；怒而飛，其翼若垂天之雲。是鳥也，海運則將徙於南冥。南冥者，天池也。

「大鵬怒飛」在講述大鵬鳥一生的傳奇故事。大鵬鳥在北海出生，牠原本是條魚，名字叫「鯤」，本來名從實來，「鯤」之名應該意味著牠的體型非常微小，哪裡知道莊子筆下的「鯤」卻長成千里之大的「巨無霸」，最先是體型的變化，後來竟然從魚變成了鳥，名之曰「鵬」。鵬鳥的背脊有千里遠，張開翅膀可以遮蔽半邊天，當海上長風吹起，大鵬鳥振翅一飛就可上達九萬里的高空，並且從北海往南海飛去，南海就是天池的所在。原本故

事到此已經結束，莊子後續藉著《齊諧》這本專門記載怪異傳說的書中所述，以及商湯詢問棘的一段話，把大鵬鳥的故事又重述了兩遍，還多了蟬與小鳥不見自己的格局之小而嘲笑大鵬鳥的情節。

「大鵬怒飛」的故事雖然重述三次，但是不同於《齊諧》和「湯之問棘」的故事原型，莊子自述的內容加入「化而為鳥」的生命質變，應有其立意深遠之處，值得關注。

二、哲學義理

以下分從人生歷程的「量變」與「質變」、形上世界的嚮往與追尋、生命格局的小大之辨、人生修養的四層境界等四部分，闡述寓言中的哲學義理。

（一）人生歷程的「量變」與「質變」

大鵬鳥本是「鯤」魚，這條小魚歷經「由小而大」的體型變化，長成為一條大魚，後來進一步「由大而化」，從魚蛻變為鳥。莊子以「寓言」編排故事，可以天馬行空想像，不受內容是否切合事實的限制，表面上說的是魚變鳥，實則暗喻人生的成長蛻變。

一般而言，「由小而大」的形體「量變」似乎是動物世界中自然的生命歷程，人類也不例外。不過，人的一生不僅是自然生命的實然存在，還有精神生命的價值存在，由此彰顯出人為萬物之靈，而不只是萬物之一。從「實然」的先天命限開出應然的人生價值，關鍵就在「化」，就像鯤魚「質變」而成為大鵬鳥，可以在生命境界上立體超越，展現波瀾壯闊的氣勢與格局。

生命不在數量的短長，而在品質的高下。孟子對於生命的成長飛越，也曾體悟說道：「大而化之之謂聖」[6]，聖人成就了生命人格的「大」，還要再通過修養化解「大」的形相，讓自己平易近人，不會給人高高在上的壓迫感[7]。莊子也從「由大而化」來說生命價值的開展，只是孟子從儒家的成德歷程說，莊子則回歸生命的逍遙自在。兩位哲人的生命進路儘管有別，但是對於攸關生命品質的蛻變轉化，皆以形上天道作為依止停靠的終極之所，「天人合一」的生命理境也是兩家共同追尋的價值歸趨。

（二）形上世界的嚮往與追尋

余英時指出，西元前的一個千年之內，世界幾大古文明如中國、印度、希臘、以色列與波斯，都由思想家或哲學家開拓了一個與現實世界相對的超越世界，作為精神價值的終極源頭，這是精神上的重大突破，他稱之為「超越時代」（Age of Transcendence）[8]。以古希臘為例，希臘哲學對於宇宙存在的原理原則，以及人生的原理原則，是透過學問的「知識論」來把握「形而上」的事物，進而奠定人在此世的人生觀，也就是從知識論走向形上學，再從形上學走向人生哲學[9]。形上學探究宇宙萬物存在的根源基礎，由此開展出哲學的深度，形上世界能超離現

---

[6] 語出《孟子·盡心下25》。

[7] 王邦雄（2004）。老子的哲學（二版）。台北市：東大。頁28-29。

[8] 余英時（2014）。論天人之際：中國古代思想起源試探。台北市：聯經。頁219-220。

[9] 鄔昆如（2004）。西洋哲學史話（二版）。台北市：三民。頁178。

實的有限性，提供人生方向的指引，例如柏拉圖（Plato）把宇宙分為觀念世界和感官世界，前者為真實，後者只是附屬於觀念的影像。觀念世界中最高的存在是「善觀念」，通往形上的「善觀念」是人性追求完滿的道路，也是人生終極的歸宿。鄔昆如從西洋哲學史的演變指出，如果沒有形而上的原理原則作為指引，純然利用知識的平面架構與價值中立，想要直接導引出人生問題的答案，會產生只知利害而無是非觀念的社會，古希臘的詭辯學派（Sophists）、中世紀的唯名論（Nominalism），或當代的邏輯實證論（Logical Positivism）皆是如此[10]。鄔昆如的觀點，值得關注。

瞬息萬變的經驗世界充滿著不確定的變數，難以作為安身立命的所在，面對現實存在的侷限與不定，形上世界的拓展開啟了精神昇越的價值之路，也提供人心的安頓與慰藉。中國哲學以「天」、「道」來指稱超越的形上世界，「天道」也成為幾千年來支持我們安身立命的價值根源和人文心靈的共同根基。莊子「獨與天地精神往來」[11]的調適自我而上達於天，即是將天道內化在自身生命流行中的最佳寫照，所以王邦雄詮解「大鵬怒飛」的北冥與南冥不是地理位置的平面分異，而是價值理境的超越區分，人間天上的永恆追尋，實為精闢之論[12]。

---

[10] 同前註，頁695。

[11] 語出〈天下〉篇。「獨」是真人人格的朗現，亦即天真朗現；「天地精神」是天道精神，也就是天道的生成作用。「獨與天地精神往來」意指朗現生命的本真常德，以此通達天道精神。同註1，頁521。

[12] 同註1，頁23。

南冥是天池，象徵理想的終極之境。宗教信仰將人生的美好寄託在來世的天堂或極樂世界，藉此撫慰現實人生的失意挫敗，給出安頓人心的力量；人文謹守理性分際，不託庇靈驗神通，「敬鬼神而遠之」的態度保留了人性尊嚴與精神價值的伸展空間，通過人文修養的轉化提升，人性的天真與善良得以朗現，人人猶如天使，人間即可為天堂。所以大鵬鳥的振翅高飛不是空間轉換，南冥之境也不在遙遠的國度，當主體生命向上昇越與形上世界連線，在「天人合一」的當下，北冥即是南冥，人間和天上不再涇渭分明。

莊子以向上回歸的人生之路開展逍遙自在的生命理境。人生有「道」的終極指引，生命就有明確的價值方向。面對經驗世界的生存競爭與有限的資源分配，人際之間往往充斥著你爭我奪的算計傾軋，困陷在無止盡的貪念慾求和人際爭奪，生活將永無寧日，心靈也得不到真正的平靜。短暫的人生要滯陷在現實的經驗世界或往形上的永恆之路走，這是存在的抉擇，也是每一個人無法迴避的人生課題。

（三）生命格局的小大之辨

「天人合一」所開展的精神天地與價值宇宙無限寬廣，封限在現實世界的人生格局，則顯得卑微渺小。從「大鵬怒飛」的寓言內容來看，莊子分別在不同段落安排了蟬、小鳩以及小麻雀對大鵬鳥的訕笑情節，意在凸顯生命格局有小大之別。蟬和小鳥足於自身淺陋，飛行不高也感覺是「飛之至也」而心滿意足，以牠們短淺的視野完全無法理解大鵬鳥展翅高飛的生命型態，反而嘲

笑大鵬鳥如此費事，何必要飛上九萬里的高空，往南冥而去。這場生命格局的小大之辨，正呼應了老子所說：「上士聞道，勤而行之；中士聞道，若存若亡；下士聞道，大笑之。」[13] 修養工夫關係著生命格局的開闊，上士勤行修道，工夫日積月累成深厚道行，可以遙契天道，又能混同自己如塵土般，與萬物同在同行；中士的意念搖擺不定，無法持續在心上做工夫，與道的連繫也時有時無；下士陷溺在名利圈與權力場，自我放逐於天道之外，對於超越曠達的人生意境感覺迂闊玄遠，難有會心共鳴，於是鄙夷藐視而大笑之也成為自然反應[14]。

「形而上」的生命之旅需要三月聚糧的工夫條件，莊子後續補充說道：人生的精神之旅就像小鳥飛行，如果目的地就在不遠處的近郊，則備糧只要足夠三餐所需即可；想要飛到百里之外，就要多準備過夜的糧食；若是要前往更遠的千里之外，非得有三月聚糧的儲備，否則無法成行[15]。心胸氣度如小麻雀者，自我封限在本能欲求與名利爭逐的世界，以為錦衣玉食和功成名就即是人生最高的價值，殊不知人之所以為人的靈明，就在超越本能欲求的動物性與爭鬥的競爭性，不迷於物質生活的享樂，而能開創無限可能的精神價值。小麻雀的自足於小，當然無法體認超然物外的人生之大與三月聚糧的工夫意義。

---

[13] 語出《道德經41章》。

[14] 林秀珍、徐世豐（2011）。老子道德經義理疏解。台北市：師大書苑。頁406-407。

[15] 原文是：「適莽蒼者，三 而反，腹猶果然；適百里者，宿舂糧；適千里者，三月聚糧。」〈逍遙遊〉

（四）人生修養的四層境界

　　修養工夫的深淺成就不同的生命格局與人生意境。莊子以四種人生境界的對比，為大鵬怒飛的寓言故事畫下句點。

> 故夫知效一官，行比一鄉，德合一君，而徵一國者，其自視也亦若此矣。而宋榮子猶然笑之，且舉世而譽之而不加勸，舉世而非之而不加沮，定乎內外之分，辯乎榮辱之竟，斯已矣。彼其於世未數數然也；雖然，猶有未樹也。夫列子御風而行，泠然善也，旬有五日而後反。彼於致福者，未數數然也。此雖免乎行，猶有所待者也。若夫乘天地之正，而御六氣之辯，以遊無窮者，彼且惡乎待哉！故曰，至人無己，神人無功，聖人無名。

1.世俗肯定的功成名就

　　第一層次的人生境界，是世俗認定的成功者。這些贏得社會肯定的傑出人士，其聰明才智能勝任官職重任，行誼合乎鄉人肯定，品德得到國君賞識與全國人民信任，這是一般人欣羨的功成名就與典範人物，但是莊子卻給出最低等的評價。因為這個層次受限於「有己」、「有待」，一旦被「有」的執著束縛套牢，「有己」就會衍生為顯揚自身而好求表現，甚至短視近利，為成就人間工具性的「器用」價值，而為物所役，把自身扭曲為成就功名的利器。再者，現實世界的資源有限，陷溺在功名利祿的追求勢必形成競爭性的人際關係，彼此爾虞我詐，壓縮和諧共生與互助合作的空間。以外在條件的支持來建立自我價值感，等於是

把生命價值的主導權交由世俗決定，即使獲得世間榮寵也沒有天長地久的必然保證，因為「有待」於外在榮銜與掌聲肯定，缺乏自我挺立的內在根基，面對變化萬千的外在環境與起伏不定的人間氣運，自我的價值隨時可能崩解，這豈是人生的長久之道。

當代以快樂為主題的科學調查也指出，當個人的所得水準達到生活基本舒適與安全時，人的快樂程度開始停止上升，額外增加的財富和消費反而讓整體快樂的邊際報酬遞減，甚至更不快樂。研究顯示，財富的累積會變成沉重負擔，揮霍消費能帶來的心理報酬也會越來越少，越來越短暫[16]。所以想要依附名利來獲得社會認可，擴大自我的獨特存在，結果適得其反，莊子把世俗肯定的功成名就列在價值評量表的最低等，實為真知灼見。

2.宋榮子的「內榮外辱」

第二層是宋榮子之類，面對名利不為所動，無論外界是褒或貶，都無損於他的自我價值感，因為堅信「內是榮」、「外是辱」，回到內心世界才是尊榮的基礎，企求外在榮華必須仰人鼻息，帶來生命的屈辱。宋榮子是戰國時期的思想家，面對戰亂局勢，當時的思想家都在為苦難的年代找尋出路，墨家是以生命熱血的行動力量，直下承擔拯救天下的重責大任，墨家行誼的動人精神就在於「日夜不休，以自苦為極」[17]，其念茲在茲都在為天

---

[16] 陳儀、陳琇玲（譯）（2014）。J. Rifkin著。物聯網革命（The zero marginal cost society: the internet of things, the collaborative commons, and the eclipse of capitalism）。台北市：商周。頁368。

[17] 語出〈天下〉篇。意指為求天下人的福祉，日夜不停息的奔波受苦，以此自我責求，這是墨家追尋理想的充盡表現。同註1，頁484。

下大利而不惜讓自己受苦，這種生命情懷雖然感動人心，畢竟其道太苦，非常人所能承受，所以難以傳之久遠。宋榮子則將基調主軸轉向自我，強調不必依恃外在功名，回歸自身就能存全尊嚴榮耀，如此一來人際間的爭名奪利已無必要，只要從自我內在生發存在的尊榮感，人我關係可以相安無事，名利相爭的紛擾自然化解。

從宋榮子選擇退回自我的主張，可以想見整個戰國時代對人的壓迫實在太重，讓思想家在不得已的情況下，只能以「內榮外辱」為基石來守護心靈的平靜，並作為自救與救人之道。像宋榮子這種人不受外物牽引，不被名利所惑，在人世間實不多見，但是莊子的評比也僅列為第二等，原因就在「猶有未樹也」。宋榮子的潔身自愛只是停留在認知層次，以改變觀念來存全自我內在的平靜，他提出「見侮不辱」[18]之說，主張即使被別人欺侮，也不認為是屈辱，亦即當「侮」的意義不再是「受辱」時，心中的屈辱感自然消除，因為當我們賦予現象不同的意義時，接續引發的反應也截然不同，如果把他人的「侮」視為天將降大任前的錘鍊，當下的情緒立即可以轉為正面。不過，僅僅訴諸認知上的轉化來回應人間的複雜性，顯然是不足的。

宋榮子的人生哲學把尊榮定在內在自身，固然免除了向外攀緣投靠的委屈，可是「內榮外辱」只是理智心的認知作用，既無天道作為根源基礎，來提供生命的甘泉滋養，對「道生之，

---

[18] 語出〈天下〉篇。

德畜之」[19] 的人性存有之德也無深刻體悟，充其量只是捍衛一個空虛的內在自我。而且執守著空洞的自我，囿限在「有己」的「有」，容易變成執著陷溺，最後淪為困守於內的自我封閉，沒有主體生命超拔昇越的源頭活水，只能徒留「虛榮」，無法真正融入人間，成就實質豐富的生命內涵。從莊子〈天下〉篇對宋鈃（即宋榮子）的描述可以了解，他以「見侮不辱」和「禁攻寢兵」[20] 之說來對治天下亂局，儘管理念無法獲得天下人認同，仍然四處遊說，在眾人身旁說個不停，即便從君王到人民都深感厭煩，他依然堅持不懈，其救世熱情固然感人，但是沒有天道生成萬物的沖虛之理作為根基，自以為是的人生理念未能通達世人的心思和感覺，奮力地宣揚己見反而引人厭棄，難以在人間建立圓滿的事功。

3.列子的御風而行

第三層境界的代表人物是列子。列子比宋榮子更勝一籌，因為他能御風而行，沒有困守於內的局限和封閉，而且有居高臨下的高度和視野，不會目光如豆，甘為名利權勢的奴隸。「乘風」的條件是「無己」，沒有自我的堅持，才可能順著風勢而行。不過，列子的「無己」層次只達解消形體拘限，看似輕妙自得，可

---

[19] 語出《道德經51章》。意指：「天道創生萬物，又以內在於萬物之中的德來畜養之。」同註14，頁490-492。

[20] 依成玄英疏，「寢」是息，「禁攻寢兵」意指防禁攻伐，止息干戈。郭象（注）、成玄英（疏）（1998）。南華真經注疏（下）。北京市：中華書局。頁611。

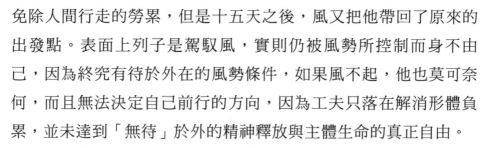

免除人間行走的勞累，但是十五天之後，風又把他帶回了原來的出發點。表面上列子是駕馭風，實則仍被風勢所控制而身不由己，因為終究有待於外在的風勢條件，如果風不起，他也莫可奈何，而且無法決定自己前行的方向，因為工夫只落在解消形體負累，並未達到「無待」於外的精神釋放與主體生命的真正自由。

〈應帝王〉中對列子也有所著墨，寓言故事是從列子遇見神巫季咸揭開序幕。季咸是鄭國巫士，能精準預斷別人的死生存亡與禍福壽妖，鄭國人對他避之唯恐不及，深怕被預卜死亡之日，唯獨列子對其占卜識相之神準傾心不已，頓覺自己的老師壺子相形失色。壺子只好展示自身道行，透過四次與季咸交會的「示相」歷程，提點列子的學習僅停留在理論層次，欠缺實踐篤行的體證工夫，學道的優越感盡寫在臉上，難怪季咸可以從其臉相而為其算命。〈應帝王〉描述列子的修行未臻究竟，與〈逍遙遊〉所述前後呼應，不過〈應帝王〉對於列子後續的生命成長，有進一步的詳述。經過壺子現身說法之後，列子終於大徹大悟，重新出發，走向證道的重生之路。對於列子來說，這是人生歷程中的重大「質變」，良師壺子的教導則是不可或缺的關鍵因素。

4.無己、無功、無名

莊子以至人無己、神人無功與聖人無名，作為人生境界的最高典範。「至人」通過「無己」的修養工夫，完全解消自家的心知執著，不必等待外在的功名利祿來高貴自己，精神天地無比開闊，隨時隨處都能優游自在，感受當下的生命美好。就此而言，神人「無功」與聖人「無名」的根本就在至人「無己」的化解作

用，沒有自我的執著，自然不會被功名所困。莊子描述至人、神人和聖人的共同點是：「乘天地之正，而御六氣之辯」，個人的生命意境可以通達宇宙生命，與天地大化同體流行，融合無間，這是修養的最高境界。人生的實然面都是處在「有待」的狀態，因為自然生命的維繫不可能脫離外在的環境條件，而且社會是有機連帶的複雜關係，人際互動網絡往往牽一髮而動全身，沒有人可以全然不受影響。莊子的「無待」是從精神層面來說，解消心知執著的桎梏，不必等待外在條件的成全，主體生命可以卓然挺立，不隨人間萬象流轉起伏，也不耽溺於浮華的富貴名聲，還能與天地自然結合，遨遊在氣化的宇宙流行中。

綜觀莊子的人生四重境界，從「有己有待」的功成名就到「無己無待」的逍遙自在，這是由形而下的「成器」往形而上的「成道」之路走[21]。第一層次的「成器」之路幾乎是社會主流的人生價值，通常也被視為努力的目標，不過莊子提點我們，「有己有待」的「有」是無形的框架，會限縮人生發展的多元可能，特別是放不下想要高貴自己的心知執著，一生都在等待外在的榮寵肯定，除了痛失精神的絕對自由，也難有海闊天空的人生之路。宋榮子的退守自我，反映身處戰亂年代的無奈與悲苦，雖然勉強以內在尊榮的認知作為最後防線，畢竟落在「有己」的圍限，再加上沒有形上天道給出源頭活水和生命甘泉，自我不免走向枯槁空洞，難以在人間的關係網絡中開展出實質的價值內涵。

---

[21] 「成器」與「成道」是超越的區分，前者偏重專業知能與技術養成，目的在成就個體成為「有用」之人；後者回到主體的生命本身，重在「天人合一」的精神昇越。

列子雖然有「無功」、「無名」的高度境界，可惜他的「無己」只是不受形體拘束，仍然需要依賴外在條件來成全，還未達到精神層面的全然釋放。最高的生命境界是至人「無己」，「無」是「損之又損」的工夫修養，化解對世俗榮華的癡迷欣羨，無執著分別的心能融入天地大化的生命流行中，所以毋須等待外在功名的榮耀光彩，當主體精神向上昇越的同時，不得已的現實人間也被轉化為逍遙無待的天池之境。

三、教育蘊義

莊子藉著大鵬怒飛的寓言故事，揭示生命的提升轉化可以通達無限寬廣的精神天地，創造自在逍遙的人生理境。教育的現實場域充斥著複雜的關係網絡，人際互動的爭端紛擾，往往吞噬了教育人員的熱情與動力。面對學生的桀驁不馴與叛逆衝動，除了需要有教育的專業知識與技能輔助之外，教師本身的生命哲學也至為關鍵。

（一）學生「自化」是教育的歸趨

從教育史的觀點來看，教育活動的發生、發展和演進，都是因人而起。就社會而言，教育的薪火相傳可以帶來永續發展；就個人而言，接受教育不僅為了維生，還有更高層次的價值創造，也就是將自然生命轉化為價值生命的存在意義。無論從社會整體或個人來說，「教人成人」都是教育工作不變的價值方向。歐陽教指出：「沒有健全的養育與合理的教化，人（man）將不成為人（person）。後一個人是經過文化陶冶的人，亦即有文化功

能，有人格品味的人。」[22] 從生物性的「自然人」蛻變為有品有格的「文化人」，有賴教育的人文化成。缺乏教育的啟蒙與變化氣質，人的存在只是順應本能欲求，就像其他生物一樣，人生歷程將囿限在形體的「量變」，難以開展精神價值的「質變」。人之所以為人的高貴和靈明一旦隱而不顯，「弱肉強食」的生存競爭也會成為人間世界的常態。

　　我國的文化傳統以儒家為主流，教育思想自然由儒家主導，儒家人文教化的根源動力在仁心的發用，通過教育啟迪德行的自覺實現，進而開顯人性的高貴與人生的價值；道家是以「不言之教」[23] 的超越智慧，化解積極有為的教育措施可能衍生人為造作的後遺症。王邦雄從思想史的發展，發現道家是以「無」的虛靈作用，來保存儒家義理[24]，「不言」是化解心知執著與人為造作，對教師而言，即是放下教人的高貴與自以為是的傲慢與威權，純然地施予學生，不夾雜要求回報的功利條件，大功告成也不居功，讓教育的「化成」之德圓滿無憾。所以老子言：「我無為而民自化」[25]，從教育的立場來說，「民自化」意味著教學只是媒介，最終的理想是學生自為生命主宰，能自我化成，自主自立。誠如莊子所言：「化貸萬物而民弗恃」[26]，教師的春風化雨

---

[22] 歐陽教（1990）。教育的概念分析。載於黃光雄（主編），教育概論。台北市：師大書苑。頁3。

[23] 語出《道德經2章》。

[24] 王邦雄（2013）。道家思想經典文論：當代新道家的生命進路。台北市：立緒。頁17。

[25] 語出《道德經57章》。意指執政者無心而為，給出人民自我化成的成長空間。

[26] 語出〈應帝王〉。本段意指：「儘管在賦予萬物中化成萬物，卻不讓人民有可

不是代替學生成長，學生無法依賴老師，才能真正回歸自身，導引出自我轉化與提升的力量。當成人求好心切，過度干預孩子的生活事宜，孩子有了依靠的空間，不必承擔成長的責任，「自我化成」的可能性微乎其微，即使未來功成名就，恐怕也難有昂然挺立的生命氣勢。

　　大鵬鳥的寓言是莊子生命理想的投射與追尋。在真實人生中，生命的成長昇越必須借助教育啟蒙，所以我們的文化傳統尊師重道，因為對教育工作的任重道遠，體認真切。現代的學校教育是透過有計畫、有組織性的人為活動，來達成具有正向價值的預期結果，無論是老子的「民自化」或莊子大鵬怒飛的精神逍遙，都在提點教育的最終理想是讓學生獨立自主，自我化成。成人無法取代孩子走成長的路，外在的教導力量只是輔助，唯有引導孩子從內在生發學習動力，蓄積「由大而化」的轉化能量，當時機成熟之際，才可能期待孩子像大鵬鳥一樣扶搖而上，展現絕高的生命氣象。

（二）教師的生命格局有小大之分

　　生命格局有小大之別，無形不可見的生命格局影響著教師對學生的包容力，以及人生價值方向的引導。

1.「有己」、「有待」的自困於小

　　我們總是身處在比自身廣大的世界，參與著社會生活。從社會學的觀點來看，社會體系和人是相互牽連，人使社會體系發

以依靠的空間。」同註1，頁370。

生，社會體系鋪陳阻力最小的路，往往決定了人們的參與方式，例如當從眾比不從眾阻礙更小的時候，一般人會選擇從眾[27]。當前台灣的學校教育深受升學主義箝制，許多教師感覺身不由己，「趕進度」的教學節奏與過多的考試評量，幾乎成為學校常態。在升學競爭的氛圍下，教師的個人意志很容易屈從現實壓力，展現出具有集體意義的從眾行為，因為選擇迎合家長對升學績效的期待，可以得到支持肯定，遭遇的質疑和阻力最小。

學校的運作是通過制度來保證規範的例行化與建立秩序，學者早已指出，制度具有約制力量，「制度化」的世界會把人的生命侷限在有限的選擇範疇中，限縮原本具有無限可能的存在意義，就像法制化發揮到極致時，講求的是法律條文細緻性的技術層面，而不是法律背後的基本倫理內涵和精神[28]。制度的外控方式強調外顯行為的順從，在制度化的學校體制中，如果教師不再思辨教育的終極價值與倫理意涵，教學活動只重視方法技術與學生成績表現，則教師和技術匠也沒有差別了。組織制度的外控影響力與人的自主選擇之間存在著互動關係，外控影響力越大，也意味著人的自由意志與精神空間萎縮；反之，當人的自主性越強，制度的箝制力量相對降低。誠然制度的形式枷鎖不可能輕易瓦解，但是人的存在也不必然完全受制於外在環境，人憑藉精神

----

[27] 成令方、林鶴玲、吳嘉苓（譯）（2003）。A. G. Johnson著。見樹又見林：社會學作為一種生活、實踐與承諾（二版）（The forest and the trees）。台北市：群學。頁23。

[28] 葉啟政（1991）。制度化的社會邏輯。台北市：東大。頁136-137。

力量可以通向自由解放的逍遙之境，猶如大鵬怒飛的生命樣態，則人間無處不能自在遨遊。囿限於「有己」、「有待」的「有」形同自我監禁，教師若自困於名利權勢的小格局，被眾所矚目的名師頭銜和掌聲喝采套牢，原本充滿著豐富意義的教學生涯，也會限縮在日復一日的進度追趕和目標導向的績效評量中，遺忘了每一個歷程當下都有著無限可能的創造性。

　　教師的自困於小也影響著學生的視野，以為功成名就才是人生唯一的目標，殊不知名利的競逐永無止境，有限的人生想要追求無窮盡的名利權勢，不僅事實上不可能，價值上更是不值得，因為自我才是真實，身外之物變化不定。誠如老子所言：「金玉滿堂，莫之能守」[29]，用盡一生氣力累積滿堂的財富，在造化遷移與天災地變中，隨時可能不保。儘管眼前享盡榮華富貴，也不能保證可以天長地久，更何況為了爭名奪利而機心算計，失去人性的天真本德，即使名利雙收也痛失真我。

　　幸福人生是教育的目的。何謂「幸福」？「幸福」如何可能？這是教育的重大課題。莊子站在生命的制高點，為我們開啟了「形而上」的超越之路，教師自身以「無己」、「無待」的精神起飛通往永恆的至樂之境，才可能指引學生體認到：原來幸福不必寄望來生或不可知的極樂世界，主體精神的超拔自立即能創造當下即是、所在皆是的人生美好。超然物外的逍遙自在是生命能量的涵藏蓄積，也是教師在現實困局中的自救與救人之道。

---

[29] 語出《道德經9章》。

2.無己」、「無待」的生命格局能與天道相契相合

「無己」、「無待」的人生不必等待身外之物來高貴自身，因為化解心知執著，精神天地無比開闊，能契入天地大化的流行，展現出波瀾壯闊的生命氣象與宏大格局，莊子評比為最高的人生境界。「無己」、「無待」的教師超然於名利之上，不會把學生當作自己成為名師的資藉，也不會拒絕教導任何學生，因為教師的生命中有道。老子曾言：「道者，萬物之奧。善人之寶，不善人之所保。」[30] 天道有無限奧藏的空間，可以容受萬物自生自長，無論是世俗眼光中的善人或不善之人，都可以在天道的世界得到庇護。

現代的學校教育系統過度偏重數理、科學、語文能力，輕忽身體、感官活動與藝能科目，而且越來越依賴特定種類的評量方式，在評量中勝出的學生等同「菁英」，這些學生也用「菁英」的成功標準衡量自我，在激烈競爭的升學主義環境中，除了背負過度的期許，也窄化受教學習的意義，儘管滿足父母親的期望，卻形成「虛假的自我」。至於在一體適用的評量標準中不斷失敗受挫的學生，自覺被老師捨棄，成為課堂中冷漠無感的「陌生人」。教師也許無力翻轉不公平的教育競爭環境，但是在班級的日常教學中，可以藉由自身心靈的超拔轉化，看到每一位學生的獨特性與存在價值，提供不同才情性向的學生全方位的學習體

---

[30] 語出《道德經62章》。本段意指：「天道無限奧藏，萬物在天道中都得到包容和接納。世俗評價的善人以道為立身之寶，不會被善名束縛套牢；被主流價值歸為不善之人，也能在天道的庇護下，免於失意與挫折。」同註14，頁609。

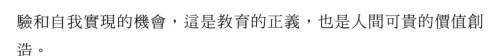

驗和自我實現的機會，這是教育的正義，也是人間可貴的價值創造。

　　教師生成學生可媲美天道生成萬物之德，所以我國的文化傳統尊師重道，因為教育工作神聖崇高，師道與天道精神相契相合。特別是教師對犯過學生的寬容以待，這不是是非不明的鄉愿，也不是放任縱容學生的偏差行為，而是從人性本源於天道的「德善」[31]給出根本的尊重和接納，為學習受挫或犯過者帶來絕處逢生的希望。不過，教師畢竟是凡人，以平凡人的有限性，要超然於學生的叛逆和不成熟之上，體現無限開闊的包容空間，實有待教師自覺與「三月聚糧」的工夫積累。尤其，教師文化中可能存在著「平凡規範」（mediocrity norm），不樂意見到同儕有「特立獨行」的表現，讓自己在對比之下相形見絀。這類教師就像小麻雀般安於自身的小格局，只把教學當作例行公事，對於開發形而上的精神天地，成就「大鵬怒飛」的生命格局之說，也難免嗤之以鼻或冷嘲熱諷。事實上，能對學生寬容以待，不僅成就師生關係的溫馨和諧，更是教師自我超越，更上層樓的成長歷程。

參、無用之用是為大用

　　世代傳頌的大哲學家通常都對人生的苦痛有深入的理解和深

---

[31] 《道德經49章》：「善者吾善之，不善者吾亦善之，德善」，「德善」意指人的天生本德。孔子和老子皆認為，人與生俱來有天道賦予的「德性」，前者以不安、不忍的「仁」為德性內涵，後者以無執著、無分別的「真」為德性內涵。

刻的同情。我們都是有限的人物，卻生活在複雜的人間，很少人可以離群索居，世俗給予「有用」、「無用」的人身評比，往往成為揮之不去的陰影和痛苦。莊子以「大鵬怒飛」的無待逍遙，為有限人生開創精神昇越的超越之路，當人心有向上提升的價值歸趨和依止停靠的終極之所，世俗的功利標準也不再成為生命桎梏。〈逍遙遊〉的故事從「大鵬怒飛」開始，最後以莊子和惠施的「有用」、「無用」之論為終結。莊子與惠子是莫逆之交，雙方精彩的對話傳頌千古，以下兩則寓言故事的對話內容，都與人間「有用」、「無用」的評價相關。

一、故事內容

第一則寓言對話呈顯惠子的拙於用大，第二則揭示「無所可用，安所困苦」的人生智慧。

（一）惠子的拙於用大

> 惠子謂莊子曰：「魏王貽我大瓠之種，我樹之成而實五石。以盛水漿，其堅不能自舉也。剖之以為瓢，則瓠落無所容。非不呺然大也，吾為其無用而掊之。」莊子曰：「夫子固拙於用大矣。宋人有善為不龜手之藥者，世世以洴澼絖為事。客聞之，請買其方百金。聚族而謀曰：『我世世為洴澼絖，不過數金；今一朝而鬻技百金，請與之。』客得之，以說吳王。越有難，吳王使之將。冬與越人水戰，大敗越人，裂地而封之。能不龜

手，一也；或以封，或不免於洴澼絖，則所用之異也。

今子有五石之瓠，何不慮以為大樽而浮乎江湖，而憂其

瓠落無所容？則夫子猶有蓬之心也夫！」

有一天，惠子收到魏國君王餽贈的葫蘆瓜種子，把種子種下之後，結出五石大的果實。他把長成的葫蘆瓜作為裝水的水壺，卻因為它的堅韌度不夠，無法撐持自身而提不起來；把葫蘆瓜剖開兩半當水瓢用，也因為太平淺而裝不了多少水。葫蘆瓜雖然很大，卻是中看不中用，既然留著無用，惠子就把它用力擊碎，捨棄不用。莊子聽惠子談起這件事，有感而發的說：「您實在很不會善用葫蘆瓜的大呀！」

為了提點惠子的偏狹，莊子接著說了一則發生在宋國的故事。宋國有戶人家世代都從事漂洗絲絮的工作，他們有祖傳祕方專治肌膚龜裂，在冬天可以照常工作，免受雙手龜裂之苦。有位從遠方來的人聽聞有此神奇藥方，想要出價百金請他們轉賣秘方。這戶人家很慎重地召開家族會議商討說：「我們代代以漂洗絲絮為業，所賺僅得數兩黃金，今天把藥方賣出，當下就有百兩黃金的獲利，請大家支持賣掉藥方吧。」這位遠方來客得到秘方之後，馬上獻給吳王，並向吳王遊說藥方的神奇功效。正巧越國對吳國發動軍事行動，吳王就任命他統帥部隊作戰。在天寒地凍的冬天與越國水戰，吳國軍隊有妙藥之助，可以不受肌膚龜裂的痛苦，因而大敗越軍，獲得全勝。他也因為立下大功而得到吳王割地封侯的酬賞。莊子認為，藥方的功效都是保護雙手不會龜裂，有人用它得到土地和爵位；有人則世代都在為人漂洗絲絮，

關鍵就在利用的方法有別，發揮的效應也截然不同。

最後，莊子對惠子說道：「你有五石重的大葫蘆瓜，卻不會善用，為什麼不把這個葫蘆瓜繫在腰邊當作大酒器般，隨著它浮游於江湖之上，竟還憂慮它太平淺，容量有限，甚至擊碎毀壞呢？您的心頭上好像長滿了雜草般自我封閉，沒有靈動的空間，當然就看不到葫蘆瓜的大用了。」

對話至此結束。

（二）無所可用，安所困苦

惠子謂莊子曰：「吾有大樹，人謂之樗。其大本臃腫而不中繩墨，其小枝卷曲而不中規矩。立之塗，匠者不顧。今子之言，大而無用，眾所同去也。」莊子曰：「子獨不見狸狌乎？卑身而伏，以候敖者；東西跳梁，不辟高下；中於機辟，死於罔罟。今夫斄牛，其大若垂天之雲，此能為大矣，而不能執鼠。今子有大樹，患其無用，何不樹之於無何有之鄉，廣莫之野，彷徨乎無為其側，逍遙乎寢臥其下。不夭斤斧，物無害者，無所可用，安所困苦哉！」

惠子對莊子說：「我有一棵大樹，眾人說它是樗。這棵大樹的主幹木瘤盤錯，不切合工匠繩墨取直的要求，它的小枝彎彎曲曲也不適合取材的需要。所以長在路旁，木匠都不屑一顧，真是沒有用啊。正如同你的言談論道迂闊玄遠，一無所用，眾人都不能接受啊。」

　　莊子回應道：「你沒有看過黃鼠狼嗎？牠們壓低身軀躲藏在路邊，等候出來覓食或遊樂的小動物。在捕食過程中東跳西跳，不在乎地勢高下，也沒有好好觀察地形，結果掉入獵人設下的陷阱，困死在獵網之中。再看看犛牛超大的體型就像天邊的雲，牠雖然身形巨大，但是不能捕鼠，看起來好像大而無用，卻能保存自身，免受陷阱之害。現在你有一棵大樹，何必煩惱它大而無用，你可以把這棵大樹種在沒有人心執著分別的自然之境，悠然徜徉在它的身側，自在地睡臥在樹蔭下。這棵大樹不會有工匠用斧頭柴刀砍斫，外物也無法傷害它，因為它在世俗眼光中一無可用，反而可以成全自己，不被有用的價值標準傷害，請問如此自在自得的生命還有什麼好困苦的呢？」莊子最後以「無所可用，安所困苦哉！」的安然自適作為結語，對比之下，陷溺在「有用之用」的世俗價值反而是自困自苦了。

二、哲學義理

　　以下分從成道與成器的人生兩路、無用之用的生命大用等兩部分，闡述其哲學義理。

（一）成道與成器的人生兩路

　　老子有云：「為學日益，為道日損」[32]，為學與為道是人生兩路，分別代表不同的價值取向，前者在回應生存與生活的現實

---

[32] 語出《道德經48章》。老子的「為學日益」是針對為學歷程衍生的負作用提出批判反省，「日益」意指日漸增長的心知執著，譬如專業的傲慢和自以為是的偏見等，不是指客觀知識與學問的增加。同註14，頁461-464。

需求，後者是安身立命的價值歸往，兩者層次有別。從為學往為
道之路走，是通過修養工夫，把生命境界由下往上提升，這段自
我超越的「成道」歷程，通往無限可能的精神天地，蘊含著價值
生命的創造開展，也凸顯人之所以為人，不同於其他萬物的獨特
靈明；停滯在為學之路的層次，缺乏立體昇越的精神空間，人的
眼界往往被侷限在資源有限的經驗世界，為了爭取立足的一席之
地，必須努力學習，充實專業知能，才能在現實競爭中免遭淘汰
出局的噩運。所以走在為學的路上，往往以成就工具性的「器
用」價值為務，人的存在就像器物一樣，能發揮特定的功能，符
應社會的需要，在世俗評價中也就是「有用」的人。由此可見，
「為學」是「成器」的必要條件，沒有器用價值的人恐怕很難在
社會生存。不過，孔子曾提點：「君子不器」[33]，各種器物的功
能都是有限的定用，如果人生只走在為學的「成器」之路，等於
把自我封限在平面的物化狀態，不僅壓縮了立體開展的精神空
間，也讓人間世界變成競爭資源的爭鬥場域。

　　萬物都寄身在有形可見的世界中，人獨有高度抽象與形上思
考的能力，可以立足有限的經驗世界，而上達無限寬廣的超越世
界，由此構成「成器」與「成道」的雙重開展。社會是分工的體
系，面對維生與社會互動的需求，人必須具備基本知識與技能，
除了延續生命，也彰顯自己的存在價值是「有用」的。所以「成
器」之路無可逃避，只有直下承擔，才是積極進取與負責的人生
態度。只是全然陷溺在「有用」的價值，不免被現實所困，同時

---

[33] 語出《論語・為政篇》。

也把自身工具化。值得關注的是,工具價值是由外在環境決定,沒有必然的保證,尤其當前的數位時代瞬息萬變,人工智慧的技術革新會大大改變職場的工作性質,許多需要機械重複和精準操作的勞力工作,已經逐步走向自動化。目前為止的證據顯示:相較於以前的工業革命,當前工業革命創造的就業機會似乎變少了[34]。高科技帶來顛覆性的影響,企業將更重視員工學習新技能和新方法的能力,換言之,現實的生活壓力與日俱增,求新求變的自我調適必不可免,只是全然以市場需求決定人生之路,一旦面臨短期失業,或者從職場退休下來,市場的利用價值不再,個人將如何自處?生命的存在感可以不受衝擊嗎?

依靠外在功利條件所建立的自我價值欠缺穩固根基,老子早有提點:「寵辱若驚」[35],把生命價值的主導權交由外在條件決定,無論得到外界賞識或者貶抑,都會帶來驚恐不安,因為患得患失的心理壓力始終相隨,難有真正的平靜。莊子也提到:「工為商」[36],販售的商品需要人為工巧,精緻的產品往往有較高的市場競爭力,當我們把商場上的競爭法則轉為人生準則時,「成器」之路往往成為生命重心,這段「為學」以「成器」的人生奮鬥,猶如費盡心力把自己打造成一流「精品」,等待時機成熟時,再高價拍賣給企業財團,或許這是人人欣羨的功成名就,但

---

[34] 世界經濟論壇北京代表處(譯)(2017)。K. Schwab著。第四次工業革命(The fourth industrial revolution)。台北市:遠見天下文化。頁61。

[35] 語出《道德經13章》。

[36] 語出〈德充符〉。本句依王邦雄解為:「人為工巧則是販售的商品」。同註1,頁273。

是對莊子來說，卻是生命的流蕩於外，終究失落了自為主宰的價值主導權。人生需要有「成道」的立體超越與精神開展，才能化解現實桎梏，免於心靈的漂泊不定，「成道」與「成器」兩路相輔相成，不是非此即彼的互斥關係，「成器」的專業知能是滿足生存所必要；「成道」則是超離器用的框限，不被現實功利套牢，在無限寬廣的形上世界中悠游自得，回歸生命本身的自在美好。

（二）無用之用的生命大用

　　人間世界的價值評斷，諸如成敗、得失、禍福等，都是相對而立，相因而成的概念。當眾人執迷一套價值標準來評價事物，合乎標準者是「有用」，不合乎標準者往往被冠上「無用」之名而加以貶抑。事實上，在標準之外的只是不同的用，不代表一無是處。眾人困陷在有用、無用的相對標準，為了成為社會認可的「有用」之人，設法迎合標準，壓抑自己的才情性向，最後也失落了個人的主體性。至於不合標準的「無用」之人則承受著自卑的傷痛，甚至自我放逐成為天涯淪落人。

　　莊子在〈齊物論〉曾提到：「其分也，成也；其成也，毀也。」[37]「有用」、「無用」的價值分判背後，往往潛藏著人為主觀的偏執意識，把這些價值主張視為唯一標準，依此對人進行分類與評價，其後遺症除了把不合標準的人視為「失敗者」而逼入絕境，也漠視了生命本身自為目的的價值，讓眾多被世俗評價

37　依王邦雄解，「其」是就心知說，「毀」是就生命說。意指心知的執著分別構「成」一套是非價值標準，在執著與造作中，失落生命的本德天真，帶來生命的「毀」壞。同註1，頁95。

為「無用」之人，在人生路上充滿挫折，飽受無謂的滄桑。即使被歸類為「有用」之人，依然無法擺脫「大用」、「小用」的高下評比與患得患失。超離在這些價值評判之上，化解「有用之用」的存在迷失與價值失落，從「用」的世俗標準中鬆綁釋放，生命本身的「大用」和潛能才可以全然展現。

　　惠子執著陷溺在既有的偏執當中，欠缺虛靜靈動的空間，當然看不到大葫蘆瓜與大椿樹在世俗功利實用之外的可能價值。莊子以不龜手的藥方為例，同樣的藥方只因為運用的方式不同，產生的效益卻是天壤之別。最後莊子在文末建議，把眾人視為無用的大樹種在「無何有之鄉」、「廣漠之野」，依王邦雄詮解：「無何有」和「廣漠之野」都是針對人心來說，心中沒有執著分別，精神天地自然無限寬廣[38]，行走人間可以逍遙自在，安適自得。莊子的寓言故事表面上說的是生活事物的利用，實則在反省人心執著與人為造作之弊。他明白指出惠子的心是「有蓬之心」，猶如填塞了滿滿的雜草，這些雜草讓心靈沒有空間，而且陷溺在自以為是的盲目中。人間紛擾是因為人心出了問題，破除「有用之用」的迷失，人生之路也無限寬廣。

三、教育蘊義

　　以下分就「有用之用」與「無用之用」的教育目的評析討論。

---

[38]　同註1，頁58。

（一）「有用之用」的教育目的失之偏狹

　　教育的存在歷史久遠。上古時代的生活簡單，上一代對下一代的教導方式雖然欠缺文字記載，不過合理推測，當時的教育活動就是生活的一部分，教育和生活是混而為一。隨著人類社會的進展，教育也逐步走向有計畫、有組織的制度化型態，在特定場所由專人職司教育下一代的工作，這就是今日所謂嚴謹的教育，或者名為學校教育[39]。誠如賈馥茗所言，教育既是因人而生，當人類社會與生活因發展而變化時，教育也要與時俱進，隨之調整變化，這是教育的適應性；另一方面，教育的發生、發展和演進，從未離開人，教人成為人，發展善良人性，培養人格與改善人生的目的永遠不變，這是教育的不變性[40]。綜合言之，教育的適應性在回應複雜多變的生活世界，如果從適應性著眼，教育的目的也多以外在、工具性、實利與特殊性的價值為導向，例如清末新式教育的興辦是為了「變法維新」、「救亡圖存」，所以光緒三十二年公布的教育宗旨（教育的最高理想或準據）即以「忠君、尊孔、尚公、尚武、尚實」為內容，忠君與尊孔反映當時的政治體制與文化傳統，尚公、尚武、尚實則是針對貧、弱、愚、私的社會病象而發[41]，這些內容反映教育的俗世功能，以促成政治、經濟與社會進步為務，偏重「有用之用」的價值思考。對國

---

[39] 林秀珍（2016）。適性教學與輔導的教育哲學基礎：從教育的世俗性與神聖性談起。中等教育，67，5。

[40] 賈馥茗（2005）。教育本質論（二版）。台北市：五南。頁217。

[41] 伍振鷟、高強華（1999）。新教育概論。台北市：五南。頁37-38。

家或個人而言，這種實用的工具價值切合現實需求，往往可以得到高度的認同和支持，不過，當教育變成國家育才與經濟競爭的利器時，短視近利的「世俗化」發展也成為教育趨勢，「教人成人」的理想闇而不明，學校充斥著「有用」、「無用」的價值迷思，師生困陷其中，嚴重扭曲教育的本質。

　　享譽國際的人類潛能開發先驅羅賓森（K. Robinson）指出，許多國家的教育系統十分相似，都有三種傾向：第一是偏重嚴謹分析與推理，特別是語文和數理能力，這些能力雖然重要，但是人類才智的範圍更為遼闊；第二是傾向科目階級制度，位於頂端的是數學、科學和語文，中間是人文學科，底部是音樂、視覺藝術、舞蹈等術科；第三是日益依賴特定種類的評量方式，各地學童必須在為數不多的幾種制式測驗中，不斷追求更高的分數，心理承受沉重壓力[42]。我國的學校教育仍沿襲工業時代標準化與一致性的經濟體系，一體適用的教育方式，讓天性不合於此的學生逐漸遭到邊緣化，在工具理性的運作下，這些學生因為不合工具價值，被貼上「無用」的標籤，成為終生揮之不去的陰影。當前教育系統標榜的主流能力、學科價值與標準答案，成為教師和家長評價學生的依據，獨尊一套標準的結果就變成霸權和宰制，讓眾多達不到標準的「無用」之人，內心承受重大的挫折和缺憾，轉而以叛逆作為無言抗議，學校也不再是學生心中學習的樂園。

　　教育目的有價值指引的功能，學校尊崇工具性的教育目的或

---

[42] 謝凱蒂（譯）（2011）。K. Robinson & L. Aronica著。讓天賦自由（二版）（How finding your passion changes everything）。台北市：天下文化。頁43-44。

有助於培養學生的社會適應力，不過這些外在目的只是特定價值的反映，難以兼顧人生整體與個別差異的才情性向，一旦把特定目的絕對化，就淪為固著僵化的意識形態。近年來，台灣社會的價值觀急遽變化，依據關秉寅、王永慈研究指出，1984年最受重視的教育目的是「學習知識與技能」與「學習做人處世道理」，但是到了2000年，「找到好工作」成為最重要的教育目的，其次是「學習知識與技能」，再其次是「學習做人處世道理」，這項調查結果反映教育體系與勞動市場間的關聯性日益緊密[43]。尤其，當前台灣社會的人口結構改變，少子化儼然成為國安問題[44]，學校面臨招生不足的巨大壓力，於是迎合產業發展需求，衝高畢業生的就業績效，以滿足家長期待，似乎也成為生存法則。其結果是「有用之用」的價值意識不斷受到強化，資本主義的競爭邏輯也長驅直入，成為校園文化。其實在學校競爭中失利的眾多學生，並非真的一無是處，只是不能合乎偏狹的教育目的而已。

（二）「無用之用」的教育目的讓人生之路無限寬廣

人的心靈本是無限，但是在成長歷程中，來自家庭、學校、社會和文化傳統等諸多外在因素的影響，逐漸形成特定的世界觀和人生觀，這些觀念系統因為心知執著產生「先入為主」的效應，特別是由權威者強力主導的價值信念，往往讓眾人有志一同的奔赴共同目標，以此獲得自我價值的肯定，就像惠子的「有蓬

---

[43] 關秉寅、王永慈（2005）。寧靜革命：台灣社會價值觀的變化。載於王振寰、章英華（主編）（2005）。凝聚台灣生命力。台北：巨流。頁65-99。

[44] 薛承泰（2016）。臺灣人口大震盪。台北市：遠見天下文化。頁34-36。

之心」，再也沒有空間容受異質多元的可能發展。

老子曾言：「治大國若烹小鮮」[45]，治國之道如同蒸煮小魚，不以人為造作的舉措介入干擾，小魚的原始風味才得以存全。同樣的道理，為政者不以賢德之名為尚，不推崇金銀財貨，人民不必競逐名利來證明自身的存在價值，名利也不會成為評價人生的依據，人人可以走在自己想走的人生道路上，活出自己想要的生命內涵。所以最高的治道是：「功成事遂，百姓皆謂：『我自然』。」[46]「我自然」是「我自己如此」，意指「然」從自己來，相對於「他然」而言，不是依他而立，或有待於外，而是美好都從自己來的卓然自立[47]。就個人而言，教育的目的在成就獨立自主的個體性，讓生命的價值和美好從自己而來，不是依賴別人的恩賜，唯有「我自己如此」的自立、自主，才是挺立生命價值的必然保證。「我自然」的獨立人生，不必攀緣投靠，也不隨波逐流，可以在世俗「有用」、「無用」的框架中遊刃有餘，活出「無用之用」的生命大用。「無用之用」的「無」不是否定意涵，而是化解心知執著與情識纏結，跳脫偏狹的視野，從整體看到生命的諸多可能。

當代西方的後現代主義與後結構主義指出，現代學校往往規定一套依循的標準範式，要求學生產出同樣的成果，以便利後續的評比排序，課程和教學則常常無視於師生內在生命情調的多樣

---

[45] 語出《道德經60章》。

[46] 語出《道德經17章》。

[47] 參考王邦雄詮釋觀點。王邦雄（2010）。老子道德經的現代解讀。台北:遠流。頁121。

性和處境的歷史性，忽略了經驗的多重可能建構與真實世界存在的多元差異[48]。通過莊子的生命哲學可以對治現代教育的迷失，開展出「無用之用」的教育目的觀，一方面為學校爭取超離世俗功利的價值創造空間，維繫向上超越的人性教育理想；另一方面，放下實用功利的世俗框限，回到生命本身的價值，人人都是獨一無二的存在，每個人的生命歷程就像藝術創造，既沒有標準模式，也無法全然複製。工業時代的學校採取標準化運作與特定成果導向模式，固然有其大量「生產」的效率和效能，但是人畢竟不同於無生命的產品，當代的教育思潮對此已提出嚴厲的批判反省。瞬息萬變的數位時代亟需靈動的應變力，定守在「有用之用」的教育目的觀，不僅扼殺生命豐富的可能性，在現實層面也難切合時代脈動。

「無用之用」的教育目的是從生命本身著眼，以開放的態度肯定人人都有從人性而來，本自俱足的價值根基，而不只是社會分工之下的角色功能。就此而言，教師有責任協助學生體認天道賦予的德性本源，由此建立自尊自信，進一步再依據個別差異的才情性向適性發展。「無用之用」的「無」是在作用層次化解實用功利的計算性思維，也就是超離工具性的關係網絡，從更高的層次看到人人身上都有自為目的的生命「大用」，在同等高貴的人性基礎上，給出潛能實現的空間。其實，生命本身即蘊含著豐富且未知的潛能，當孩子感覺自我的生命價值得到疼惜和珍視，

---

[48] 劉育忠（2016）。後現代／後結構哲學思想與教育：走向多元、差異、創造與流變。載於簡成熙（主編），新教育哲學。台北市：五南。頁93-107。

他們會從內在生發自信和自重的力量，學校只要提供正面積極的環境條件，重視「當下即是」的歷程價值，讓學習活動充盡實現認知、情意與技能的多元層面，學生在日積月累的寸進中，自然奠定了「成道」與「成器」並行開展的人生基礎。

「無用之用」的教育目的體現了「有生於無」[49]的天道生成原理，這是從形上的高度開展海闊天空的價值天地，以此化解學校滯限在世俗的「有用」、「無用」與「大用」、「小用」之價值迷失。回到生命本身自為目的的存在意義，則人人皆有「大用」，沒有人應該被放棄或看輕。從形上超越的眼光看到生命本身的大用，教育目的的價值導向不再侷限於功利實用，師生雙方都在廣闊無邊的價值天地中得到釋放，而保有逍遙自在的成長空間。

肆、結 論

〈逍遙遊〉列為《莊子‧內篇》之首，有其重要意義。首先，莊子以「大鵬怒飛」的寓言故事，呈顯人生歷程是由外形的「由小而大」，轉向「由大而化」的內在「質變」，這是主體解消心知執著，在精神層面開展「無己」、「無待」的超然意境，世俗的名利權勢不再是負累和壓力，生命能量可以全然釋放，即使身處複雜的人間世界，依然能夠悠遊其中，自在自得。無待逍

---

[49] 語出《道德經40章》。老子言：「天下萬物生於有，有生於無」，天下萬物生於天道的「有」，天道的「有」生於道體沖虛的「無」，他體悟天道生成萬物的形上原理是「有生於無」，「有生於無」也是人間美好的實現原理。同註14，頁401-402。

遙的境界是莊子將天道內化在自身生命的最佳寫照，就像「大鵬怒飛」寓言中的北冥與南冥不是地理方位，而是價值理境的超越區分，在「天人合一」的當下，北冥即是南冥，人間與天上無異。從絕高的價值理境觀照人間，就不會陷入「有用之用」的世俗框架，為證明自己的存在價值而與人比較相爭，失落自為主宰的生命主導權。

「大鵬怒飛」揭示生命格局有小大之分。自困於小的教師猶如訕笑大鵬鳥的小麻雀，自足於「有用之用」的世俗層次，全然以學生的成績評比、升學或就業率作為教學績效，缺乏廣闊的人生格局，對於教育是價值創造的工作，可以媲美天道生成萬物的崇高本質亦無體認，充其量只是個「教書匠」，沒有「師」的風範和氣度，自然也難引導學生超越現實，在升學或就業競爭的工具性思維之外，看到人生除了「成器」的專業之路，還有寬廣的「成道」之路，可以通往無限可能的精神世界和價值宇宙。「成器」與「成道」相輔相成，都是人生所需。

〈逍遙遊〉以「大鵬怒飛」的生命展現為開端，最終以人間「有用」、「無用」的價值思辨為結論。對於教師而言，面對「不得已」的教育處境，透過向上提升的精神力量潤澤自家生命，或許在「山窮水盡疑無路」之際，能看到「柳暗花明又一村」的新希望。

第二章

〈齊物論〉的哲學義理
與教育詮釋

壹、前　言

　　莊子的〈逍遙遊〉以生命自我為核心關懷，由此開展出無待逍遙的人生之路；接續的〈齊物論〉則從自我延伸到人我與物我的關係世界，探討複雜人間的和諧共生之道，就在眾生平等的基礎上。問題是萬物平等如何可能？

　　宇宙生態多彩繽紛，萬物都是獨一無二的存在，芸芸眾生皆不相同，「歧異」既然是無法改變的事實，只有從人文的範疇立論，才可能賦與萬物平齊，同等高貴的價值意義。所以莊子從「物論」出發，「物論」是人為建構的一套合理解釋萬物存在的思想體系[1]，用來說明萬物的根源和本質，通過「物論」的追根溯源，可以掌握萬物從哪裡來，確立人在宇宙中的分位，進而找到安身立命的依據和立身處世的準則。歷來各大宗教或哲學家派都

---

[1]「物論」的內涵包含西方哲學所探討的本體論或存有論（Ontology），除了說明萬物的根源和本質，也是價值的根源基礎，不同的「物論」開展出多元的價值論，眾多的價值論各自堅持自己的立場，在人間形成是非紛擾，例如儒墨的是非之爭。有關「物論」的界定，參考王邦雄（2013）。莊子內七篇‧外秋水‧雜天下的現代解讀。台北市：遠流。頁71。

有自成一套的思想體系來合理解釋萬物的存在，進而指引人生何去何從的價值依歸，唯眾說紛紜的「物論」間不僅各有堅持，由「物論」衍生的價值論還彼此較勁，以自己的主張為唯一真理，不同於己的是「異端」，甚至視為「邪說」，原初各家派建構「物論」的善心美意卻在人間形成是非紛擾。莊子的年代以儒墨兩家的爭端最為明顯，這兩大家派都在為苦難的戰亂時代找尋出路，但是彼此之間傾軋對抗，難以匯聚雙方之力，共同來面對時局困境。

莊子認為，人間能夠和諧共生，對萬物平等尊重的關鍵就在「物論」的平齊，他所要齊的「物論」主要是儒墨的是非[2]。要跳脫既定的思考框架，保持開放的心態，實在不是容易的事情。莊子通過「萬竅怒號」的主題寓言以及後續的幾則故事，把眼界拉到超越的層次，化解各家派視自家主張為唯一真理的執著與陷溺，開出理性對話與相互欣賞的可能性。各家派的「物論」不僅可以平齊，還有並行不悖的發展空間，值得細細品味。

貳、「萬竅怒號」的逼顯天籟

莊子是戰國時期的宋國蒙城人，蒙城位於河南省商丘縣東北[3]，當時的自然生態沒有太多人為造作的破壞汙染，而且他曾任漆園吏，工作環境就是綠意盎然、充滿生機而無俗染的青綠樹林，所以合理推測，莊子對於萬物的存在與萬化之美，當有真切

---

[2] 同前註，頁61。

[3] 張耿光（譯注）（2006）。莊周原著。莊子‧內篇（五版）。台北市：台灣古籍。頁1。

且深刻的體悟，他的筆下充滿著奇妙豐富的想像力，無論是展翅高飛的大鵬鳥或是參天巨木，都可以看出自然景物對莊子的啟迪，「萬竅怒號」的寓言也是從大自然的交響樂得到靈感啟發。

一、故事內容

「萬竅怒號」的主題寓言從一段師生對話開始，最後以「怒者其誰邪」的語句逼顯天籟，即無聲之聲的道體是萬物存在的根源。故事內容如下：

> 南郭子綦隱机而坐，仰天而噓，荅焉似喪其耦。顏成子游立侍乎前，曰：「何居乎？形固可使如槁木，而心固可使如死灰乎？今之隱机者，非昔之隱机者也？」子綦曰：「偃，不亦善乎，而問之也！今者吾喪我，女知之乎？女聞人籟而未聞地籟，女聞地籟而未聞天籟夫！」子游曰：「敢問其方。」子綦曰：「夫大塊噫氣，其名為風。是唯無作，作則萬竅怒呺。而獨不聞之翏翏乎？山林之畏佳，大木百圍之竅穴，似鼻，似口，似耳，似枅，似圈，似臼，似洼者，似污者；激者，謞者，叱者，吸者，叫者，譹者，宎者，咬者，前者唱于而隨者唱喁。泠風則小和，飄風則大和，厲風濟則眾竅為虛。而獨不見之調調，之刁刁乎？」子游曰：「地籟則眾竅是已，人籟則比竹是已，敢問天籟。」子綦曰：「夫吹萬不同，而使其自己也。咸其自取，怒者其誰邪？」

子綦是子游的老師，有一天子綦靠著茶几靜坐修道，他仰首

向天緩緩地吐了一口氣,在吐氣的當下,看起來好像已經擺脫了形體的負累。弟子子游陪站在旁,從表象看來老師的生命氣象和以往大有不同,於是提出疑惑:「老師靜坐時形體缺乏動態的生命力,所以看似枯木般沒有生氣,但是如果連心神也像死灰一樣了無生機,這有何道理呢?這樣的修行沒有問題嗎?老師今天靜坐的模樣和以往很不一樣啊。」子綦先肯定子游的提問質疑,接著回應:「你不知道嗎?今天心靈的我已經擺脫了形體的我,進入無拘無束的自由之境,這是修養工夫的重大突破啊。你會提出這樣的疑問,意味著你只能看到有形的我,看不到無形的我,這就好比你可以聽見人間之聲的人籟,但是不一定能聽見大地之聲的地籟,即使你能聽見地籟,也聽不到來自天上無聲的天籟。」子綦的言下之意是提醒子游,從他的外在形體看似槁木,就推斷其內在的心也如死灰一般,這是有問題的論斷[4]。子游仍然不解,請子綦指點迷津。子綦就以地籟、人籟和天籟的譬喻,引出道體是最高存有,也是萬物存在基礎的人文哲理。

　　子綦說道:「天地吐了一口氣,我們稱之為風。除非風不起,只要一有風吹向大地,通過大地萬種不同的竅穴,同時就會發出萬種不同的聲音。」接著他開始形容萬種竅穴,有像人形的鼻、口、耳;如物形的柱上斗拱、曲木、舂米的石臼或如深池、泥坑等地形的樣貌,當宇宙長風吹過這些不同形狀的竅穴,就會產生各種不同的聲音,有如水流湍急、射箭、喝叱、呼吸、叫喊、哭號、深谷回音、清脆鳥鳴等。這些聲音前後相隨,若是

4　參考王邦雄的詮釋觀點。同註1,頁63-65。

輕柔的風，彼此就小聲唱和；若大風起，就大聲唱和；風一停，眾竅穴就寂靜無聲，雖然此時萬籟俱寂，你依然可見樹梢枝葉微微的擺動，這正是長風吹過大地的餘留跡象。子游若有所悟的回應道：「地籟是大地萬種竅穴之聲，人籟是人間多樣的生命樂章，猶如管樂洞簫的合奏曲。請問何謂天籟？」子綦給出最後的提點：「宇宙長風吹向大地萬竅，發出萬種聲音，這些聲音皆由各竅穴自己認取而盡情發出，但是這種景象不會無端產生，必然有個發動的源頭，這個發動者是誰呢？就是生成萬竅怒號的『怒者』，亦即無聲之聲的天籟！」

「萬竅怒號」的寓言就在「怒者其誰」的問句中，逼顯出天籟的存在，也確立了道體是萬竅怒號的終極源頭，所以「怒者其誰」一語實兼含著問號和嘆號的雙重意涵[5]。

二、哲學義理

以下分從天道是最高的存有、清明的心是「真君」、「成心」帶來人生難關、忘年忘義等四部分，闡述寓言中的哲學義理。

（一）天道是最高的存有

1.心中有道，人生有路

根據我們有限的認知，人類應該是宇宙萬有中，唯一會探問

---

[5] 參考王邦雄觀點，王邦雄認為：「『怒者其誰』底下，既是嘆號的「有」，又是問號的「無」，又有又無的「玄」，就是道體天籟生成萬物的實現原理。」同註1，頁68-69。

自身的存有，想要追本溯源提出合理解釋的生物，西方傳統哲學的形上學就在回應存有（Being）的根本問題。我們的傳統文化是以天道作為宇宙萬有的根源基礎，天道不僅超越在萬物之上，是最高的存有，也是人生價值的終極指引。無形無象的最高存有，難以通過感官媒介來客觀掌握，也無法用精確的概念來指涉定名，所以老子說：「吾不知其名，字之曰道」[6]。「名」是根據客觀對象的實質而有，「字」是稱謂，反映出主體內在的期待[7]，既然宇宙最高的存有無法客觀認知而定名，老子就從個人主觀的情感投射，以「道」來稱謂，意味著人心有道，人生就有價值方向的路可以走。人道以天道為依歸也成為幾千年來，中華文化的核心價值。莊子藉著子綦和子游的師生對話，以人籟、地籟與天籟為喻，其實是指引通向修道之門的途徑[8]。

　　道體的無聲之聲是天籟，「萬竅怒號」則是莊子用來譬喻天道的作用，就像長風吹向大地的眾竅穴，讓萬竅盡情譜奏出自己的專屬樂章，從其顯發的作用可以證成天道的真實存在，而且是宇宙萬有生命動力的源頭。老子體悟：「道生之，德畜之」[9]，天道生成萬物，而且賦予萬物天生之德，萬物通過本自俱足的天生常德可以活出自家的精彩，莊子更進一步以「吹萬不同」點出一草一木皆有其獨特丰采，就像大地萬竅各具其形，雖然生

---

[6]　語出《道德經25章》。

[7]　根據王弼〈老子指略〉：「名號生乎形狀，稱謂出乎涉求」，名號由外在物象的客觀性質而定，稱謂是主體內在的願景投射。參閱樓宇烈（校釋）（2006）。王弼集校釋（二版）。台北市：華正。頁198。

[8]　同註1，頁65。

[9]　語出《道德經51章》。

命動力皆源於天道，但是天道給出獨立發展的空間，讓萬物「使其自己」、「咸其自取」，各依其獨特性而發展。從人的立場來說，人人的形體外貌、才情與性向都不一樣，就像寓言中殊異的眾竅穴，「自己」與「自取」的自我認取與抉擇，即是主體意識的彰顯，不是天道的宰制。唯盡管人人的才情不同，生命的開展各異，但是就根源而言，人與萬物同源於天道。所以莊子後續說道：「天地與我並生，而萬物與我為一」，天地是萬物的總稱，這句話意指我與天地萬物並生，我與天地萬物為一，亦即回歸最高的道體，從天道的眼光往下觀照，眾生是相依共生，而且一體皆大，其存在價值無分軒輕。

2.萬物同源於天道而一體皆大

我們的生存不可能離開複雜的生態網絡，莊子的體悟極具現代意義。最近科學界有一個逐漸受到注意的想法：「組成網絡的生命型式可能比單一個體更能長久存續。」[10]「天地與我並生」的「並生」關係，應該來自莊子對自然生態的敏銳觀察，發現物我間是相依相存的共生關係，個人或人類都無法脫離整體生物圈而孤立自存。當代的未來學學者里夫金（J. Rifkin）也指出，傳統的科學將自然視為物件（object），希望能征服自然，新科學則將自然視為關係的組合，期望和自然建立一種夥伴關係[11]。新科學

---

[10] 王心瑩（譯）（2018，1月）。E. Gies著。地衣訴說的故事。載於科學人，191，頁59。

[11] 張體偉、孫豫寧（譯）（2013）。J. Rifkin著。第三次工業革命（The third industrial revolution）。台北市：經濟新潮社。頁333。

觀不再把自然當作只是開發利用的對象，整體生態圈其實物物相關，共構形成複雜的生命共同體。這種相互依存的共生關係，對於人類思考自身在浩瀚宇宙中的分位，具有重大的意義。

十六、十七世紀西方的科學發展，推動工業革命的巨大變革，也讓「人定勝天」的迷思甚囂塵上，人類的傲慢自負，漠視萬物間有機連帶的互動關係，也造成今日全球性的生態浩劫。莊子對自然整體的關係體認，實為真知灼見。不過，莊子畢竟是大哲學家，他從「我」與天地萬物相互聯繫的「並生」關係，向上昇越轉為「我」與萬物「為一」的形上思考，和「萬竅怒號」的主題寓言肯定有個無聲之聲的發動者存在，前後呼應。

天道是萬物的生成之母，若追本溯源則人與萬物「為一」，皆源於天道，所以一體無別，同等尊貴。從無執著、無分別的天道眼光來看，人間因為相對性判準而產生的大小、壽夭與福禍之別，隨即得到化解。在萬物之中，人獨有複雜的心靈，可以通過形上思考追問「存有」的問題，為萬物的存在給出根源性的合理解釋，進一步以最高的存有（天道）作為人生動力與價值歸趨。若從萬物同源的形上道體來看，萬物一體無別而同等尊貴，多元歧異的「物論」由此建立平齊的基礎，人間因為「物論」分歧衍生的是非爭端，也得以化解。

3.修道的工夫歷程是由下而上達最終的道體之境

人心是上達天道的關鍵，心靈的層次有多高，決定著自身所見的世界有多寬廣。對於現代人而言，數位科技產品帶來的感官刺激有增無減，如同老子所言：「五色令人目盲，五音令人耳

聲，五味令人口爽。」[12] 人為造作的聲光音效和人工調味料的過度刺激，麻木了人的耳目官覺，更嚴重的是「馳騁畋獵，令人心發狂」[13]，名利炒作讓人心癡迷狂熱、機心算計，人間變成爭名奪利的戰場。從感官麻痺到心發狂的巧詐爭奪，人性逐步失落天真而向下沉落，對於「他者」的存在也視而不見，遑論欣賞和讚嘆了。

子綦提點子游：「女聞人籟而未聞地籟，女聞地籟而未聞天籟夫！」莊子以人籟、地籟、天籟的三籟之喻指引出通向修道的門徑，首先是能聽見人間之聲，也就是人人譜奏的生命樂章；更進一層，是能聽見大地合奏的交響樂音；最高的境界是聽見道體的無聲之聲。這一段修道的工夫歷程由下而上，從「聽聞」有聲之聲的人籟到無聲之聲的天籟，看似聽覺感官的作用，實則是用精神層次的心靈來聽。心靈的我無形而不可見，當精神的我擺脫具象的形體我，不再受到有限的形體拘限，這是「吾喪我」的自由境界，既無執著也無分別，如同「乘天地之正，而御六氣之辯，以遊無窮者」[14] 的生命意境，可與天地同在，與萬物同行而無待逍遙，此時心靈的我自然能聽到道體的無聲之聲，因為天

---

[12] 語出《道德經12章》。本段白話語意是：「造作的五光十色讓視覺麻木，造作的紛雜聲音麻痺聽覺，多種人工調味料讓味覺遲鈍，失去品味原味的敏銳度。」林秀珍、徐世豐（2011）。老子道德經義理疏解。台北市：師大書苑。頁135。

[13] 語出《道德經12章》。本段白話語意是：「為求名利而奔競爭逐，讓人心躁動狂亂」。同前註，頁136。

[14] 語出〈逍遙遊〉。依王邦雄解，「乘天地之正，而御六氣之辯」意指：「任何時段任何地點，主體的我，都與天地同在，與六氣同行」；「以遊無窮」則是生命的無待自在。同註1，頁40。

人已然合而為一。世俗眾人如老子所述是「俗人昭昭」、「俗人察察」[15]，即好顯富麗光彩而精明有為，由於人心陷溺於名利競逐，導致人際互動存在著無形障隔。子游走在修道的路上，由於工夫未臻完善，充其量只能打破人我障隔，走出孤芳自賞的獨奏，參與人間生命樂章的合鳴，工夫更進一層則能走出人類的自我中心，進而聽見大地之聲，但是畢竟工夫不夠透徹，仍然滯限在具象的經驗世界，無法聽見天籟之音，也看不到老師的心靈已經擺脫形體束縛，達到天人合一的自由自在。

（二）清明的心是為生命做主的「真君」

莊子藉「萬竅怒號」的寓言確立最高的道體是萬物根源，也點出人的存在樣態可以包含有形的形體與無形的心靈，形體的我是有限的物質性，心靈的我屬於精神層次，不僅具有無拘無束的無限性，也是通達天人合一的重要媒介。所以接續著「萬竅怒號」的主題寓言，莊子回到真正為生命做主的「真君」，也就是虛靜清明的心，來加以論述。

1.證成「心」的存在

現代的腦科學研究指出，大腦神經系統的運作和人類的言行舉止、思考活動密切相關，中國哲人則把決定生命活動的主宰機制統稱為「心」，心的運作雖然可以從大腦神經系統得到部分解釋，但是至今仍是人類生命中的奧秘。對於莊子而言，能為生命

---

[15] 語出《道德經20章》。依王弼注解，「昭昭」是耀其光，「察察」是分別別析。樓宇烈校釋（2006）。王弼集校釋（二版）。台北市：華正。頁48。

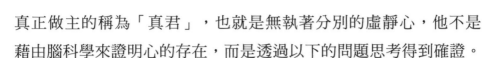

真正做主的稱為「真君」，也就是無執著分別的虛靜心，他不是藉由腦科學來證明心的存在，而是透過以下的問題思考得到確證。

　　莊子的思考有兩大主軸：第一，我們在日常生活中，多少都經歷過「喜怒哀樂」的情緒變化，「慮歎變慹」[16]的心思起伏，展現過「姚佚啟態」[17]的多元姿態，這些生命情態的變化一定有個促成萌發的源頭，到底源頭在哪裡？如果源頭在形體，但是形體內的百骸、九竅、六臟彼此無法互相取代或統攝，可見真正做主的不在形體。第二，「可行已信，而不見其形」，既然形體不能當家做主，從個體外顯的作為來看，必然有個無形不可見的主宰，發揮著決定性的作用，從其作用可確證有個「真君」存在，「真君」是無形的我，也就是虛靜清明的心。不過，心有「知」的作用，心與外在環境互動會構成心象，一旦心知與外在物象糾結牽引，產生「大知」、「小知」，「大言」、「小言」的比較分判和價值論定時，心也不再虛靜如鏡，而是執著分別與比較得失的戰場，衍生患得患失與大恐、小恐的情緒起伏，如果任其繼續下去，最後是「近死之心，莫使復陽也」的結局。當家做主的心一旦執著陷溺，被物慾所役使，很難有靈動活力，也不再是能真正做主的「真君」，人的生命也逐步走向枯萎僵化。

　　莊子通過層層反思，肯定了心是真正的生命主宰。人生的喜怒哀樂都從心的作用來，要解開生命的困苦，癥結也在心，所以修養工夫從心上做起。

---

[16] 意指憂慮、感歎、游移與惶恐。同註1，頁73。
[17] 意指美好、放縱、開放與修飾的人間姿態。同註1，頁73。

2.心是「不亡以待盡」

莊子證成了虛靜清明的心是「真君」，即生命的真正主宰，不管我們是否能透過修養工夫讓心虛靜清明，得以「聽聞」無聲的道體天籟，都對「心」的實存性沒有影響。而且，心的特性是「一受其成形，不亡以待盡」[18]，形體只是心的暫居之所，有形的形體會在歲月中變化，最終走向死亡，但是心不會隨著形體消逝而亡失，「不亡以待盡」不宜解為「靈魂不滅」，此種詮釋會扭曲莊子極為深刻的人文思考。莊子藉由子綦的「吾喪我」，說明人的自我包含心靈的我和形體的我，心靈的我決定著主體的人生方向和價值理想，關係著精神生命的開展；形體的我是自然生命，死亡是必然的終點。形軀生命有時而盡，至今還沒有長生不老的靈丹，但是精神生命所開顯的人生價值，卻可以穿越時空而亙古長存。受到後人景仰的古聖先賢，都是最佳的印證。

老子曾言：「善建者不拔，善抱者不脫，子孫以祭祀不輟」[19]，立足於自身常德，懷抱素樸天道者，人生的美好從自己來，外力無法拔除，天真也永不失落，此精神生命可與天道相通，世代相傳。莊子承繼老子的睿智，從人文的立場指出，形軀生命的結束雖然無可避免，但是為生命做主的「真君」可以超離物質的有限性，創造萬古流芳的價值，由此來說「真君」不亡，

---

[18] 這句話的白話語意是：「真君寄身形體，以待生命能量的耗盡」。同註1，頁78。

[19] 語出《道德經54章》。本段的白話語意是：「善建於德的人，常德來自自身，所以不會被拔除；善抱於道者，因為懷抱素樸天道，天真永遠不會脫落，此精神生命可與天道相通，世代相傳。」同註12，頁521。

不僅經得起實證檢驗，更能為有限人生開啟價值創造的無限生機。

　　形上道體雖然是萬物本源，但是讓人人「咸其自取」，有自生自長的空間，「自取」來自主體意識的自我抉擇，借用西方存在主義的說法：「我選擇，所以我存在」，自我抉擇的人生方向和價值歸趨，將決定自己成為什麼樣的人，不同的選擇所開顯的意義也截然不同。

　　人有選擇的自由，同時也必須為自我的抉擇負責。就莊子的思考而言，虛靜心可以自做主宰，上達天道之境而創造「不亡」的價值生命，但是心有「知」的功能，心知也會自我中心，執著陷溺，向下沉落在比較得失與名利權勢的泥淖中。所以莊子先從「萬竅怒號」的主題寓言逼顯天籟，接續證成心是做主的「真君」，可以「聽聞」無聲的道體天籟，緊接著提出警示：執著陷溺的「成心」，不再是虛靜靈動的「真君」，人生自困自苦的癥結就在這裡。

（三）「成心」帶來人生難關

　　「成心」就像蒙塵的鏡子，陷溺在執著分別中，無法照現本自俱足的天真常德，不能領悟富貴就在自家身上，所以會向外馳求，以外在的名利權勢榮耀自身，害怕失落存在的價值。此正如老子所言：「寵辱若驚，貴大患若身」[20]，得到榮寵或受到屈辱

---

[20] 語出《道德經13章》。意指得到榮寵和受到屈辱，都會帶來驚恐，因為希望受寵和害怕受辱，都是從「貴身」的執著來。想要高貴自身的執念讓自己一生陷入患得患失，所以說「貴身」是大患。同註12，頁143。

都讓人心惶惶不安,因為執迷於「貴身」,想要藉由功名利祿彰顯自我,就會被外在環境牽制,在得失間情緒起伏不定,即使飛黃騰達也欠缺永久的保證。一生走在執迷求得的路上,迷於「貴身」的外在虛榮,注定陷入患得患失的憂慮恐懼,難以感受自在自得的生命美好。

莊子對於奔競爭逐、汲汲營營於名利富貴的人生認取,給出深沉的悲憫同情。他以悲、哀和大哀形容之:

> 「與物相刃相靡,其行盡如馳,而莫之能止,不亦悲乎?終身役役而不見其成功,苶然疲役而不知其所歸,可不哀邪!人謂之不死,奚益!其形化,其心與之然,可不謂大哀乎?」[21]

這一段悲歎人生的話語,點出執著的「成心」將帶出自困自苦的人生難關。

1.忙碌與茫然的悲哀人生:名利與是非之爭

(1)名利爭奪

人人都有來自生命自身,不待外求的本然高貴,但是在成長

---

[21] 「相刃相靡」是揮刀相向,砍倒對方。「苶然」是疲累貌。這段話的白話語意是:「心執著於街頭名利,在人間與人爭鬥對抗,互相砍殺傷害,人生路上盡在奔競爭逐名利,無法停下疾行的腳步,這不是很令人悲傷嗎?一生都被外物役使,辛苦勞累,卻看不到成功在哪裡,也不知人生歸向何處,豈不讓人哀傷嗎?如此的人生,世人會給出就算不死,又有何價值的評斷。形體在歲月中老去,心也跟著衰老下去,這不是人生最大的傷痛嗎?」同註1,頁78-79。

歷程中，生理自然的欲求因為心知執著的介入干擾，促使貪欲萌動，衍生人為造作，逐步走離原初如嬰兒般的天真素樸，人際關係也在利害糾葛中，陷入你爭我奪的緊張關係。老子曾言：「名與身孰親？身與貨孰多？」[22] 他以提問方式刺激我們思考：外在的名聲、頭銜和自身相比，何者關係親密？自身的天真美好和財貨利益相較，何者更為重要？答案不證自明。莊子進一步指出，人心一旦陷入名利洪流，會以自己的專長當作競爭利器，每天在人間街頭與人互鬥，以打倒對手為能事，人生步履盡在爭鬥的路上疾行，不敢有絲毫鬆懈，深怕一停下腳步就淪為輸家，這不是很可悲嗎。如此忙碌一生，就像服勞役一樣，心為物役而身心俱疲，況且名利追逐根本沒有止境，也看不到成功在哪裡，終身奔波勞累，卻茫然不知失落了真我與生命的終極關懷，怎不令人感傷哀痛呢。如此忙碌又茫然的人生，沒有閒暇品味生活之美，也不見成功何在，世人只能給出活著有何意義的感嘆，這樣行走一生真的值得嗎？

　　莊子先對與人爭鬥的忙碌人生給出「不亦悲乎」的同情，繼而對「不知其所歸」的失落「真君」與價值迷茫，提出「可不哀邪」的痛切感受。儘管現代物質文明的成就遠遠超過兩千多年前的莊子時代，但是自古至今的人性現象與人生困苦的癥結，並無太大差別。許倬雲指出，當前的資本經濟已是「弱肉強食」的叢林法則，由銀行家、股票商和投機的冒險家操控，玩弄資金者像

---

22 語出《道德經44章》。

獵食巨獸，這種經濟型態以各種投機取巧的操作為主[23]。而且，資本主義的市場經濟原本只是建立生產活動的有效工具，現在市場和市場價值已經滲入人類生活的各面向，把社會關係都以市場的形象呈現[24]。人際互動一旦只有利害計算，爭名奪利成為社會現實，人性的貪婪、自私、佔有慾和權力慾也不斷膨脹，人生行程就像莊子所言：「與物相刃相靡，其行盡如馳，而莫之能止」，人間也淪為「勝者為王，敗者為寇」的競技場。當代資本主義鼓勵消費，誘導名利的虛榮價值，助長自我利益的追求，人心陷溺其中，「真君」闇而不明，任由「成心」鼓動貪欲，這樣的人生在莊子心中無疑是悲哀的。

(2)是非紛擾

　　先秦時代百家爭鳴，反映出知識分子面對戰火兵亂的苦難，積極為時代找尋出路的努力。孟子與莊子是同時代的大思想家，他以仁義的價值理想，來對抗周文禮樂崩解，社會常軌遽失的亂局，期望扭轉功利現實的時代風氣。他在面對梁惠王提出：「亦將有以利吾國乎？」的問題時，直言疾呼：「王何必曰利，亦有仁義而已矣。」[25] 梁惠王的提問反映了時代的功利氛圍與危機，人際關係若懷利以相接，終必造成上下交征利的局面，孟子以仁義價值貞定是非，試圖挽救以利害計量的天下頹勢。義利之辨讓

---

[23] 許倬雲（2014）。現代文明的批判：剖析人類未來的困境。台北市：遠見天下文化。頁83、164。

[24] Sandel, M. J. （2012）. What money can't buy: the moral limits of market. London: Penguin Group.

[25] 語出《孟子・梁惠王上》。

個人自主有本，能穩住生命定向，不會隨俗浮沉而散落無根，這是道德生命的存養[26]，往外擴充至人際關係，「義」的價值判斷形成社會公理，可以穩固倫常理序。孟子高舉仁義，肯定道德價值，這是孔子之後的儒學再興，也是孟子承繼歷史傳統，捍衛文化理想的使命承擔。

　　儒、墨同為戰國時代的顯學，墨家徒眾也以救天下為己任，但是從批判儒家的立場，主張「泛愛兼利而非鬥」、「毀古之禮樂」[27]，力倡節用、節葬，其慷慨悲歌的救世情懷感動人心。不過，墨家的主張是站在儒家的對反面，兩家派雖同為時代問題奮鬥，但是堅持己見，彼此互不相讓，若儒家的仁義、禮樂為「是」，墨家的交相利、毀古之禮樂則為「非」，反之亦然。兩家徒眾各自捍衛自家學派的合理性，「自是」而「非他」的相互攻訐，不僅引發是非爭端，也徒然耗損雙方能量，無法同舟共濟，齊心解決時代困局。這些英雄豪傑不爭名奪利，為解眾生之苦可以犧牲性命，在所不惜，但是彼此衝突對抗，難以互助合作。從莊子來看儒墨爭端是：「彼亦一是非，此亦一是非」[28]，儒墨本是相對關係的「彼」和「此」，由於各自執守一套認可的價值論，通過自己的價值標準而有「是」、「非」的價值判斷，

---

[26] 王邦雄、曾昭旭、楊祖漢（2004）。孟子義理疏解。台北市：鵝湖。頁249-258。

[27] 語出〈天下〉篇。墨子主張的「兼相愛」是無差等的愛，也就是「泛愛」；「交相利」即是「兼利」；「毀古之禮樂」是毀壞自古以來的禮樂傳統。同註1，頁479。

[28] 語出〈齊物論〉。意指儒、墨各自執守一套價值論，通過各自的價值標準而形成一套是非判斷的依據。

合於儒家標準者為「是」，不合於儒家價值論的墨家主張就變成「非」，反之亦然。儒墨「彼此」之間本是相對關係，卻演變成對錯的是非紛擾，彼此看不到對方的「是」，當然也無法互相欣賞，更難以對方所長來補充自家的不足。

儒墨徒眾被「成心」囿限，以自己的「小成」為唯一真理，雖然不慕榮利，卻難逃人間的是非紛擾。偏執的「成心」建構出一套僵化的觀念系統，執迷於自我認定的價值觀念，就會把不同於己的判為不對，就像當代學術所批判的「意識形態」（ideology）作用，無論是從宗教、種族、政治、性別或階級的立場出發，一旦陷入「自是」而「非他」的傲慢與偏見，看不到對方只是不同，不一定代表不對，人間的是非紛爭就沒完沒了，對個人或社會而言都是悲劇，無怪乎莊子會給出「悲哀」的痛切批判！

2.心隨形體衰老而老去是人生的大哀

人於「成形」之後，就是獨特的個體，形體在歲月中歷經「由小而大」的變化，到達青年期的顛峰後，開始走下坡而步向衰老之途，這是生命常態，猶如花開花謝，最終的結局是死亡。在生物演化的歷史長河中，個人的存在只是偶然機緣，衰老與死亡則是人人無所逃的宿命，即使當代科技可以給出人類延年益壽，甚至永生不死的希望，天災與人禍帶來的死亡威脅依然存在。年華老去與死亡是「形化」的自然現象，但是面對生死問題，尤其死亡意味著一切榮華的終結，往往讓人感到恐懼憂慮，即使如秦始皇享有一統天下的霸業，也難敵死亡陰影，所以想盡

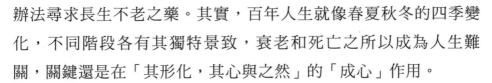

辦法尋求長生不老之藥。其實，百年人生就像春夏秋冬的四季變化，不同階段各有其獨特景致，衰老和死亡之所以成為人生難關，關鍵還是在「其形化，其心與之然」的「成心」作用。

「成心」是分別心，若以福禍、吉凶判別生死，生是大吉的福，死亡即成為大凶的禍。趨吉避凶是人之常情，面對人的貪生怕死，宗教給出永生的天堂或極樂世界以撫慰人心，但是訴諸超自然的神奇靈驗或不可知的來世，已超出人類的理性範圍，同時也壓縮人文價值的伸展空間。莊子把生死問題轉向主體的心境，他認為「形化」是客觀事實，心若隨形體老化而跟著衰老，失去靈動的生機活力，甚至恐懼死亡，被悲愁的陰霾籠罩，不能品味生命歷程當下的美好，人生的大哀莫此為甚。

（四）忘年忘義，海闊天空

「成心」的執著作用讓人生陷入死生惶惑與是非爭端的難關，失去自在自得的美好。面對這兩大關卡的現實考驗，莊子以「忘年忘義，振於無竟」[29] 的超然姿態，把生命寄託在無執著、無分別的逍遙無待之境，沒有死生與是非的執著分別，生命也得以重振而恢復生機活力。

1.超離生死難關：忘年

莊子以美女麗姬被迫嫁入王宮的心情故事，來破解人的悅生惡死之情。麗姬的父親是麗戎國的艾地守疆之人，晉獻公征伐麗

---

[29] 語出〈齊物論〉。意指超離生死與是非紛擾，生命可以無待逍遙，恢復生機活力。

戎國時俘獲了他，當時麗姬被迫嫁給晉獻公的時候，他想到要遠離親人與故鄉，前往陌生的他鄉重新生活，心中憂慮害怕，傷心不已。進入王宮後受到君王寵愛，發現生活安樂富足，對於自己先前的痛哭難過也感到後悔[30]。沒有人知道死後的世界如何，面對未知的不確定性，往往讓人心生恐懼，莊子以麗姬的悔恨點醒世人：也許死後的世界是無憂無慮的樂園，所以死去的人對於自己生前的堅持求生，會感到悔恨不已呢。莊子言：「予惡乎知說（悅）生之非惑邪！予惡乎知惡死之非弱喪而不知歸者邪！」[31]悅生是執著生死而產生的癡迷大惑，厭惡死亡就像迷途在外的孩童，找不到回家的路。若以睡夢為喻，正在做夢的人並不知道自己正在夢中，一直要等到夢醒之後，才清楚知道這只是夢境一場，放不下死亡的罣礙就像處在迷夢之中，只有徹底覺悟的「大覺」者，才能了悟執著死生的憂慮驚恐，就像一場人生大夢，所以莊子說：「且有大覺而後知此其大夢也。」[32] 如果步向死亡的歷程彷彿走在回家的路上，回到人生最終的歸宿，生命也得以安息，則死亡又何足懼呢！

　　「大覺」者已達無執著分別的超然境界，能省察貪生怕死只

---

[30]　參考成玄英疏。郭象（注）、成玄英（疏）（1998）。南華真經注疏。北京市：中華書局。頁53。

[31]　語出〈齊物論〉。依王邦雄解，本段意指：「我怎麼知道執著生死而有的悅生之情，不是自家心中的困惑，我怎麼知道執著生死而來的厭惡生死之感，不是像一個迷途在外的童稚找不到回家的路呢？」同註1，頁132。

[32]　語出〈齊物論〉。「大覺」是對人生的大徹大悟；「大夢」意指成敗得失與是非死生的執著分別，以及名利權勢的奔競爭逐，是一場人生的迷夢。同註1，頁133。

是人生迷夢，不執著於生，就不會求生太過而養生太厚，結果適得其反。歷史上許多貪求榮華享樂的權勢者，為厚養自身而搜括民脂民膏，甚至不惜動用軍事武力以強霸天下，在與人相爭的過程中，過度耗散生命能量，也把自己置入死亡的境地。這些自認為是精明能幹的聰明人，從莊子的眼光看來，也只是執迷生死的愚昧之士，在迷夢中還自以為是清醒的覺者。「大覺」者能破死生之惑，連切身之痛的生死問題都可以看開，人間的利害得失與禍福成敗，自然也不會放在心上，成為心頭的負擔和壓力。

2.化解是非紛擾：忘義

老子體悟：「道沖，而用之或不盈」[33]，天道無形無象，沖虛是其內涵，因為至虛，所以沒有限制，能無所不包的奧藏萬物，其生成作用也無窮盡之時[34]。人間的「物論」本是體道真言，天道沒有封界，真言也無執著的定常，但是各家派為了證明自己的觀點為「是」，各自劃出區分彼此的疆界畛域[35]，衍生「自是」而「非他」的是非爭端。〈天下〉篇描述莊子行誼：「獨與天地精神往來而不敖倪於萬物，不譴是非，以與世俗處。」[36] 莊子的

---

[33] 語出《道德經4章》。意指：「形上道體至虛無形，其作用無窮無盡。」同註12，頁53。

[34] 同註12，頁52。

[35] 莊子〈齊物論〉：「夫道未始有封，言未始有常，為是而有其畛也。」其白話語意是：大道無封界，所以道無所不在；真言無定常，亦即言無所不可，各家物論為了證成自己的觀點是對的，所以有了區分的界域。同註1，頁113。

[36] 「獨」是真人人格朗現，亦即天真朗現；天地精神是天道精神，也就是天道的生成作用；「敖倪」同「傲睨」，傲慢與輕視；「譴」是責。本段意指朗現生

生命意境是以本然的真我與天道精神契合為一，就像「吾喪我」的子綦可以聽聞無聲天籟，與天地大化同體流行，由於生命寄託於無待逍遙之境，既不會驕矜傲慢，睥睨眾生，也不會落入人間相對的是非之爭。

面對儒、墨的孰是孰非，莊子說了一個「朝三暮四」的寓言，開出「因是兩行」[37]的和解空間。故事情節很簡單，有個豢養猴群的老人，每天早晚要餵養猴子們山果，他對猴群說：「早上給你們三個，晚上給四個」，猴子們聽了非常不高興，老人馬上改口說：「既然大家不開心，那我改成早上給四個，晚上給三個」，猴子們的態度立刻改變，高興萬分。故事結論是：無論朝三暮四或朝四暮三，看起來名稱不同，實質總數是不變的，老人懂得順應猴子們的喜怒情緒，或許猴子們因為早上活動量大，需要較多果子補充能量，當其生理需求得到滿足，當然感覺開心；反之，當其需求被漠視，心情自然憤憤不平。老人願意尊重猴子的需求與感受而靈動調整，也因為不堅持己見，才有隨順對方的空間，能看到對方的「是」並給出尊重，最後雙方都得到成全而皆大歡喜[38]。若從天道的眼光往下觀照，眾家派的主張各有

命的本真常德，以此通達天道精神，既然生命已達天道層次，對萬物既不會傲慢，也不會輕視，而且能超離人間相對二分的是非紛擾，融入世俗之中與世人和諧共處。同註1，頁521-522。

[37] 「因」是順任。在原文中「因是」、「兩行」分屬不同的論述脈絡，筆者依莊子的哲學義理，統整為「因是兩行」，意指順任對方的「是」，讓雙方的「是」有並行不悖的發展空間。

[38] 本則寓言的原文是：勞神明為一而不知其同也，謂之朝三。何謂朝三？曰：「狙公賦芧，曰『朝三而暮四。』眾狙皆怒。曰：『然則朝四而暮三。』眾狙

其精彩，莊子從超越的層次化解人間是非的執著與堅持，讓彼此的「是」得以並行不悖，在多元並立中相互激盪，彼此欣賞，不同「物論」間不僅有了平齊伸展的空間，也能消彌無謂的是非紛擾，促成天下的和諧共生。

「忘義」的「忘」不是記憶的遺忘、壓抑，而是通過修養工夫達致超然的境界，給出眾生一體和諧，多元發展的價值空間。人間有許多苦難是從價值的衝突對立來，尤其以天下為己任的聖君、賢者與豪傑志士，往往迷失在自以為是的崇高理想，打著拯救世人的旗幟，渾然不知自己認為的「是」未能通達人心，充其量只是壓迫別人的獨斷偏見。莊子筆下的寓言故事曾以堯、舜為主角，展開一段對話。有一天堯問舜：「遠方邊陲地區有三個小國，都是未開化的蠻夷之地，我想出兵征伐，以完成行教天下的使命。不然，總覺得自己的責任未了，無法釋懷。請問為什麼我會這樣耿耿於懷呢？」舜回應道：「這三個小國好像蓬蒿、艾草，藏身在天下的一個小角落，為何不放過他們呢？以前曾經同時出現過十個太陽光照大地，熾熱的陽光不免灼傷萬物，人之德猶如太陽光照，不過人可以通過沖虛修養柔和光芒，不會像大自然的陽光如果太過強烈，就會有殺傷力。」[39]懷抱淑世理想的聖君，如果缺乏沖虛修養的化解作用，自以為是直道而行，反而造

皆悅。」名實未虧而喜怒為用，亦因是也。是以聖人和之以是非而休乎天鈞，是之謂兩行。」同註1，頁91。

[39] 這則寓言的原文是：「我欲伐宗、膾、胥敖，南面而不釋然。其故何也？」舜曰：「夫三子者，猶存乎蓬艾之閒（間）。若不釋然，何哉！昔者十日並出，萬物皆照，而況德之進乎日者乎！」同註1，頁119。

成傷人的惡果。老子體悟「聖人傷人」的禍害之深，提出：「治大國，若烹小鮮」[40] 的領導智慧，治國就像蒸煮小魚，守住清靜無為之道，避免造作之舉，不高舉聖智仁義的價值責求於人，人民才能回到生命的自然美好，就像小魚的甘甜原味獲得存全。堯、舜都是儒家歌頌的聖君典範，儒家的「兼善天下」可能衍生聖人傷人的後遺症，莊子以堯舜為對話主角，實有其用心良苦之處。

致虛守靜的沖虛涵養可以化解自以為是的行動，給出「因是兩行」的包容空間，看到人我間只是「不同」，不等於「不對」。讓雙方並行不悖的寬容接納並非鄉愿式的不問是非，而是以虛靜明照的沖虛智慧，回歸「道通為一」[41] 的形上理境。道體的存在樣態本是渾然一體，天道所生成的萬物在道體的層次是一體無別，一體皆大，有此體悟可以避免一意孤行的善心美德，變成有稜有角的鋒銳利器，不小心會傷了自己，也壓迫他人。根據歷史記載，十八、十九世紀時，英國的船隊曾佔領澳洲東南方的塔斯馬尼亞島，島上原住民遺世獨立達上萬年之久，這些原住民被英國殖民者有計畫有組織的殺害，最後僅存的少數倖存者被趕到一個新教集中營。傳教士一片好意的循循善誘，要他們信仰基督，學習閱讀、寫作、耕作、縫補衣物等現代生活所需的技能，這些原住民拒絕學習，還變得越來越憂鬱，對生命放棄希望，也

---

[40] 語出《道德經60章》。
[41] 語出〈齊物論〉。

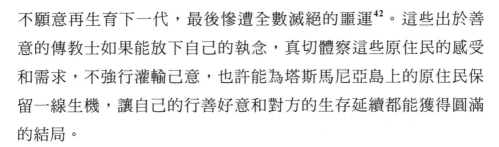

不願意再生育下一代，最後慘遭全數滅絕的噩運[42]。這些出於善意的傳教士如果能放下自己的執念，真切體察這些原住民的感受和需求，不強行灌輸己意，也許能為塔斯馬尼亞島上的原住民保留一線生機，讓自己的行善好意和對方的生存延續都能獲得圓滿的結局。

　　莊子有言：「欲是其所非而非其所是，則莫若以明。」[43]「因是兩行」的包容空間來自心靈的沖虛作用，放下心知執著的價值標準，才可能跳脫自己的觀點，在質疑對方的主張時，看到雙方從各自的立場出發，都有相對應的合理基礎，同時也能在彼此相異的基礎上，承認大家都有不周延的缺失。既然各個主張都有其限制與不足，最好的解套或許就是讓各自保有原本的優點，並且互相補充彼此的不足，其關鍵還是在主體的「心」。「莫若以明」即是在心上做工夫，心如明鏡的沖虛包容才可能虛靜觀照，以天道的眼光照現對方的「是」，同時也生成雙方共存共榮的「兩行」空間。

　　「萬竅怒號」的主題寓言逼顯道體的無聲天籟，人人皆有天道給予的天生之德，通過「莫若以明」的沖虛心靈，得以聽聞天籟，朗現天真常德而與天地並生，與萬物為一。如此逍遙無待，

---

[42] 林俊宏（譯）（2014）。Y. N. Harari著。人類大歷史：從野獸到扮演上帝（Sapiens: a brief history of humankind）。台北市：遠見天下文化。頁310。

[43] 語出〈齊物論〉。本句的白話語意為：想要翻轉雙方對抗而產生的價值錯亂與迷失，就得放下自己，在雙方所「非」之中，看到雙方本有的「是」，在雙方所「是」之中，看到雙方各有不足的「非」。要如何可能做到呢？關鍵就在心如明鏡，才能清明觀照彼此的短長而互補不足。同註1，頁84。

自在自得的生命意境，無論是面對生死大關或是名利是非，當有超然於上的精神空間，看到海闊天空的可能出路。這是莊子留給世人的人生智慧，也是當代人極為重要的心靈滋養。

三、教育蘊義

以下分從以天道作為我國教育哲學的形上本源、教師修養不可或缺等兩部分，衍釋寓言中的教育蘊義。

（一）以天道作為我國教育哲學的形上本源

1.當前我國的教育哲學研究多以歐美哲學為基礎

近百年來，我國教育哲學的發展，深受西方潮流影響。簡成熙研究百年來華人世界教育哲學的發展，他指出：兩岸目前的教育哲學都很重視引進西方思想，台灣學者相較於大陸學者，更長於引介西方世界的哲思[44]。西潮東漸之後，由於國勢衰弱的現實，以及文化自卑的心理效應，讓我們把歐美視為「先進」國家，與西方思潮接軌也成為國際化和全球化的「進步」表徵。

陳文團認為，近三十年來，台灣的教育哲學從國民黨主導的三民主義意識形態之後，接續的是由科學家而非教育學者所引領的教育改革，這波改革以「改變」為訴求，幾乎照單全收美國模式，屬於技術導向的意識形態（the ideology of technocracy），還混雜著短視近利的粗俗實用主義（vulgar pragmatism），以為

---

[44] 簡成熙（2011）。民國百年教育學的發展。載於中國教育學會（主編），百年教育的回顧—傳承與創新。台北市：學富。頁327-370。

所有的教育問題都可以藉由高技術來解決，結果改變越多反而讓台灣教育越陷入無所適從的方向迷失。他也提到，過去三十年來，有許多台灣的教育學者立基於盧梭（J.-J. Rousseau）、杜威（J. Dewey）、洪寶德（W. von Humboldt）、馬克思（K. Marx）、批判理論（Critical Theory）、皮亞傑（J. Piaget）、哈伯瑪斯（J. Habermas）和弗雷勒（P. Freire）等學者的理論，開展出多元並存的台灣教育哲學，但是目前為止，並沒有獨佔優勢的教育哲學主張[45]。分析近三十年來國內教育哲學教科書的內容也可以發現，有高達三分之二以上的論述是以歐美哲學為主，以中國哲學為根柢的教育哲學十分少見[46]。

根據牟宗三的研究，西方哲學大體上是以「知識」為中心而展開，有很好的邏輯、知識論，有客觀分解的本體論和宇宙論，善於邏輯思辨與工巧的架構[47]。近代以來西方重要哲人的思想，深受科學發展的影響，著重經驗證據與分析方法，使哲學具有邏輯嚴謹與科學實證的精神。以「知識理性」為取向的西方教育哲學，凸顯理智思辨的精彩，強調客觀分析、邏輯嚴謹、論證有據的理性判斷與批判能力[48]，所以重視正確「認識」和豐富「知識」的「泛知主義」（Pansophism），在西洋教育思想史上，始

---

[45] 陳文團（2013）。A critical reflection on the philosophy of education in the last thirty years. 載於周愚文、林逢祺、洪仁進等（主編），教育哲學2012。台北市：學富文化。頁1-23。

[46] 林秀珍（2015）。老子哲學與教育。台北市：師大書苑。頁10。

[47] 牟宗三（1994）。中國哲學的特質（再版）。台北市：學生書局。頁6-7。

[48] 同註46，頁27。

終佔有重要地位，「知」和「能」的獲得是教育的直接目的，自
然科學知識和技能成為教育思想的核心[49]。近三十年來，我國的
教育改革明顯可見受到歐美，尤其是美國的影響，例如建構式數
學、學校本位管理、教師評鑑等，不過在模仿和移植美國模式的
過程中，並沒有真正吸收其邏輯嚴謹與科學實證的哲學精神，而
流於技術與制度層面的仿效。此外，值得關注的是，教育哲學的
功能之一是指引教育的價值方向，完全倚賴西方所長來建立我國
的教育哲學是否妥當？還有不同學者引介多元的歐美哲學主張，
這些相異的論述之間如何截長補短，兼容並蓄，避免「自是非
他」的傲慢與偏見？莊子的「萬竅怒號」主題寓言或可提供啟發
性的思考。

2.以天道為依歸的教育哲學發展

根據黃建中為教育哲學所下的界定：「教育哲學是實踐哲學
之一，乃從全體人生經驗上、全部民族文化上，解釋整個教育歷
程之意義與價值，批判整個教育活動之理論與實施，綜合各教育
科學及其他相關科學之知識，以研討教育上之根本假定、概念及
本質，而推求其最高原理者也。」[50] 每個民族各有其不同的文化
特色，由此建構的教育哲學對於整個教育歷程所賦予的意義與價
值，以及教育上之根本假定、概念、本質與最高原理的推求，也
應該有不同的思考。賈馥茗即指出，「根本」是形而上的，在哲
學中等於「本原」或「本質」（essence），西方的教育書籍中

---

[49] 田培林（編著）（1956）。教育史（四版）。台北市：正中。頁41。
[50] 黃建中（1954）。教育哲學。中國地方自治函授學校講義。頁12。

幾乎沒有談到教育的本質，偶有「本質」的概念出現，卻非本質的意義。他根據《中庸》推究教育的本質，發現「修人道以配天道」是教育「由本至根」將人和天地貫通起來的任務[51]。由此也可以推知，我們的文化傳統尊師重道，教師可與「天地君親」並列，成為世代禮拜的對象，其實是對教育賦予了極為崇高神聖的價值[52]，這是我們的民族文化對教育之獨特思考。

教育負有傳承與創造文化之責，過度倚重歐美的教育思維，以「西方」為範本的學校教育實施，無法完全契合國內不同的環境條件，就像過去曾有學者在國民小學大力推行美國的「建構式數學」，因為衍生不少問題而備受批評，最後只能草草收場。特別是中西各有不同的文化脈絡，「修人道以配天道」是我們傳承千年的教育歸趨，無論是儒家或道家皆重視「天人合一」的存有接續，體認人性有從天道而來的德性，實現人性價值以上達天道，也是教育不變的方向。盲目移植歐美的教育作為，不僅潛在著「橘逾淮而為枳」的負面效應，也容易迷失在現實激烈的國際競爭中，以人才培養為務，獨重知識技能的專業養成，失落了教育中最根本的人性教育與人文陶冶。

王邦雄指出，清末民初的政治社會遽變，西風壓倒東方，整個中國傳統的世界觀被擊垮，幾千年來支持我們安身立命的價值根源被質疑、否定，形上世界失落之後，人心漂泊無依，不知

---

[51] 賈馥茗（2005）。教育的本質（二版）。台北市：五南。頁2-3。

[52] 同註46，79-86。

歸向何處[53]。中華文化是以中國哲學的「天道人性論」[54]為根基而展開，天道是萬物存在的形上本原，也是人間價值的根源基礎與人生指引。誠如牟宗三、徐復觀、張君勱、唐君毅所言，百年之前的中華文化，在本原上有著一脈相承的一本性，學術思想以「道統」為共同歸趨[55]，所謂的「道統」即是以天道作為統整與貫通人文思想的核心。莊子以「萬竅怒號」的主題寓言逼顯天道是最高存有，無論是人籟之真或地籟之和皆從無聲之聲的天道來，不過天道只是發動的源頭，它讓萬物通過自己的「竅穴」發聲，給出了「咸其自取」的空間，所以能成就繽紛多樣的宇宙精采。天道是生成動力，人道走天道的路是教育的「常道」，教育有「道」才有「生成」學生的源頭活水。天道沒有執著分別的偏私，也無宰制壓迫的威權，體現天道的教育實踐即是「有教無類」、「一體皆大」的包容接納，以及「適性揚才」的價值創造。教育的力量猶如春風吹拂大地，學生是學習主體，讓學生通過各自的才情性向，譜奏自家的生命樂章，在如沐春風的受教歷程中，不僅怡然自得，也能與他者間融合無間，共譜和諧的宇宙交響曲。

---

[53] 王邦雄（1985）。儒道之間。台北市：漢光。頁10-11。

[54] 「天道人性論」意指天道是萬物存在的本源，也是人間價值的根源基礎，人生而有天道賦予的德性，就儒家而言是仁心善性，就道家而言是天真常德，無論是儒家或道家皆主張，人通過修養而朗現德性，可以上達天道之境，開顯天人合一的生命理境。

[55] 牟宗三、徐復觀、張君勱、唐君毅（2005）。中國文化與世界。載於唐君毅，說中華民族之花果飄零（二版）。台北市：三民。頁130-133。

中西文化各有其特色，引介西方學術的多元論述，固然可以豐富教育哲學的視野，但是多元並立的學說主張各有堅持，不僅難以匯聚力量，還可能互不相容。莊子以「萬竅怒號」的主題寓言逼顯天籟，在天道的統貫下，萬物一體無別，眾多「物論」的對立衝突因為「復通為一」[56] 的超然眼光，得以化解對抗決裂。各家的精采充盡朗現，沒有權力的傾軋排擠，可以相互成全，共同創造教育的美好。儒、道兩家是中華文化源遠流長的兩大根源基礎，兩家皆以天道做為安身立命的所在與情意理想的匯聚之處，以天道作為教育哲學不變的「常體」，在形上的超越層次確立人性的德性根基，以此「統貫」教育的哲學思考，在現實的經驗世界開展「旁通」的多元支脈，讓「一體多元」的教育哲學發展，既有自家的文化根土，又能兼容西方所長，這是值得思考的方向。

（二）教師修養不可或缺

近代以來，歐美的教育哲學發展除了承繼古希臘時代邏輯嚴謹的批判理性，也深受科學思維影響，重視經驗實證的精神，偏向知識中心的研究進路，教育活動不離認知、判斷與推理的「理知」基礎，少見以生命為中心，凸顯變化氣質與教師修養的重要性。歐美國家或許因為有源遠流長的宗教傳統，攸關生命的修養

---

[56] 莊子在「萬竅怒號」的寓言之後，陸續提出「道通為一」（道體本來是一的存在樣態）、「知通為一」（悟道者體認到萬物在道中相通為一）與「復通為一」（通過修養工夫回歸於道，萬物在道的統貫下，一體無別）的生命醒悟。同註1，頁95-96。

與安頓主要由宗教教化承擔重任，哲學領域鮮少有「修養論」的探究也就不足為奇。

　　我國哲學傳統以天道人性論為根基，偏向「生命」取向的發展進路，對於為生命做主的「真君」，也就是清明的心，有真切而深刻的體悟。所以強調工夫在心上做，特別著重修養工夫論，而弱於客觀認識世界的知識方法論。由於我們的先哲謹守人文理性的分際，天道沒有意志，也不主宰賞罰，它只作為萬物存在的合理基礎，以及人間價值的終極指引，回歸天道的教育哲學不離天道的生成之理與「天人合一」的理想，「修人道以通天道」也成為教育不變的歸趨[57]。天人相通奠基在人性教育的基礎上，人性價值的朗現固然需要知識的力量，以免落入盲昧無知的嘗試錯誤，但是僅僅停滯在抽象的認知層面，遠離真實生命，也難有道德的感動力，遑論情意美感的共鳴。如果人性教育包含著「以生命感動生命」的歷程，教育者自身的修養工夫與人性價值的實現，也成為實踐教育理想的關鍵因素。

　　在「萬竅怒號」的寓言故事中，子綦擺脫「形體我」的侷限，以無執著無分別的「心靈我」聽到無聲之聲的天籟，這是天人關係的聯繫與會通。誠如王邦雄指出，莊子最根本的學術性格是把老子的「道」經由修養工夫，完全內化在我們的生命流行中。對道家而言，道又有又無，給出萬物「咸其自取」的自

---

[57] 老子言：「孔德之容，惟道是從。」（《道德經21章》）道家也以天道作為人生價值的指引，所以「修人道以通天道」之說，也適用於道家的教育哲學，只是儒道兩家的義理有別，如何「修人道」也有各自的主張。

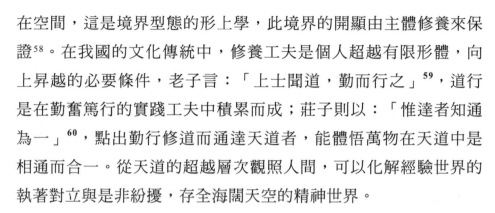

在空間，這是境界型態的形上學，此境界的開顯由主體修養來保證[58]。在我國的文化傳統中，修養工夫是個人超越有限形體，向上昇越的必要條件，老子言：「上士聞道，勤而行之」[59]，道行是在勤奮篤行的實踐工夫中積累而成；莊子則以：「惟達者知通為一」[60]，點出勤行修道而通達天道者，能體悟萬物在天道中是相通而合一。從天道的超越層次觀照人間，可以化解經驗世界的執著對立與是非紛擾，存全海闊天空的精神世界。

對於教師而言，化解執著的「成心」即是轉化主體生命為自我超越的向上提升，通過「致虛極，守靜篤」[61]的修養工夫，消解心知執著與人為造作，能聽聞「人籟」、「地籟」與最高的「天籟」，教育之路也無限寬廣。但是衡諸現實，群體社會的體制架構可能隱藏著價值扭曲，壓縮情意理想的伸展空間，能超離在「不得已」與「無所逃」的現實處境之上，不被牽動喜怒哀樂之情，才能見微知著，洞見教育的希望。以當前我國盛行的升學主義為例，鄭英傑指出，學校內部成員回應考試制度的方式是以「分數至上」為首要考量，影響所及，教師平日的班級管理與師生互動，可能獨厚中上階級，對不同學生給予不成比例的學習機會和教育期望，學校則可能實施「隱然」的能力分班，讓社會的

---

[58] 王邦雄（2010）。莊子道。台北市：里仁。頁III-IV。

[59] 語出《道德經41章》。意指上士聞道是勤奮篤行，工夫日積月累成深厚道行，可以通向天道，成就不凡的生命氣象。同註12，頁406-407。

[60] 語出〈齊物論〉。

[61] 語出《道德經16章》。意指：「心致虛的工夫要達到最高程度，心守靜要到最篤實真切而無造作的地步。」同註12，頁172。

優勢階級從中得利,學校教育也再製了社會的不平等[62]。此外,「分數至上」衍生量化、功利與競爭的價值意識,過多的教、學、考試與獎懲,讓學生疲累厭倦,喪失學習興味,同時助長投機取巧的心態,使身心皆受傷害。教師身處在高度競爭與現實功利的洪流中,除了以正向思維改變「認知」之外,根本之道是整體生命的質變轉化,就像南郭子綦的「吾喪我」與「大鵬怒飛」的逍遙遊,透過精神的崇高來回應現實,在不得已的處境中,猶保有自在自得的靈動空間,可以在山窮水盡疑無路之處,開啟柳暗花明又一村的可能性。

人在成長過程中,深受家庭、學校與社會影響,逐漸形成「固著」與「先在」的世界觀、價值觀,這些既成觀點是無形框架,一旦僵化就變成束縛與限制,人生的困苦由此而來。所以化解「成心」的執著陷溺,無疑是教師自救與救人的兩全之道,教師修養的重要性不言可喻,這也是立足於我國文化根土,可以開展出教育哲學的獨特與精采。

參、罔兩問景[63]

在接近〈齊物論〉的末了,莊子說了個「罔兩問景」的故事,再次證成「心」才是主宰生命動向的關鍵。

---

[62] 鄭英傑(2017)。學校教育害我一生?載於林逢祺、洪仁進(主編),請問盧梭先生。台北市:五南。頁87-100。

[63] 「罔兩」是影子的影子,「景」是「影」,意為影子。

一、故事內容

> 罔兩問景曰：「曩子行，今子止；曩子坐，今子起；何
> 其無特操與？」景曰：「吾有待而然者邪？吾所待又有
> 待而然者邪？吾待蛇蚹蜩翼邪？惡識所以然！惡識所以
> 不然！」

「罔兩」是影子的影子，有一天罔兩對著影子抱怨說道：「剛剛你還在行走，現在突然間又停下來；方才你是坐著，現在又突然站了起來，你在行止坐起間，怎麼沒有自己獨立的操守呢？」影子回應說道：「我只是形體的影子啊，不得不受到形體牽動，形體行止坐起，我也只能跟著如此，根本由不得自己做主。而我所依賴的，那個牽動我的形體，其實也是身不由己，它也是被動的等待命令，因為真正主導的不是形體。我所依賴的形體，它的被動處境不正是像蟬脫的殼，或蛇褪下的皮一樣嗎？蟬殼和蛇皮都只是外在表象啊。你從外顯的形體層次來看，怎麼能夠理解生命現象為何是這樣，為何不是這樣的原由呢！」

對話就此結束，莊子雖然沒有給出真正的解答，但是在一問一答間，已隱然逼出形體之上，有個真正統合生命為一體的真宰，也就是「真君」的存在。

二、哲學義理

「罔兩」的不由自主與「真君」做主的逍遙自在，呈顯出兩種不同的人生境況，值得玩味。

（一）「罔兩」的人生處境

　　人間世界是複雜的關係網絡，身處在全球化的資本主義潮流中，人際間彼此拉扯牽引，幾乎無所遁逃，就像2008年的全球金融危機，造成許多人的投資血本無歸，大型金融機構倒閉，市場低迷也讓工廠關門，員工的失業問題相繼而生。由於全球金融體系是相互依存的關係，這波金融危機也帶來世界性的經濟衰退，直接或間接地衝擊著每個人的生活。資本主義的市場經濟原本是建立生產活動的有效工具，現在市場價值也滲入人類生活的各個面向，似乎沒有什麼東西是不能用金錢買到的[64]。資本主義鼓勵消費，誘導名利虛榮的價值，助長自我利益的追求，金錢價值凌駕一切，股票市場有短線操作，公司經理人可以為了業績不顧誠信，不擇手段，有識之士憂心忡忡，直指資本主義的理性和誠信不復存在，只有貪得無厭的慾望[65]。

　　資本主義已經變質為金錢遊戲，玩弄資金者以各種投機取巧的方式快速累積財富，人性的貪婪、自私、佔有慾和消費慾望不斷膨脹擴大，「金錢至上」的氛圍無所不在，牽動人心起伏不定，深陷其中不由自主也不能自主，這是人生的真諦嗎？

　　莊子以「罔兩」為喻，透過層層遞進的質問，發掘在每個人的生命現象背後，都有著一體統合的決定力量，也就是「心」。「心」一旦執著陷溺於名利權勢，以競逐外物作為生命動向，人

---

[64] Sandel, M. J. (2012). What money can't buy: the moral limits of market. London: Penguin Group. pp.10-11.

[65] 同註23，頁164-167。

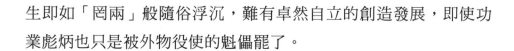

生即如「罔兩」般隨俗浮沉，難有卓然自立的創造發展，即使功業彪炳也只是被外物役使的魁儡罷了。

（二）「真君」做主可以逍遙無待

〈逍遙遊〉中列舉四種人生境界，世俗肯定的功成名就在價值評量表上是最低等，因為缺乏自我挺立的內在根基，自我價值隨時可能崩解。為生命做主的「真君」原本清明如鏡，但是人在成長路上，會因為心知執著介入，促使貪欲萌動，衍生人為造作，「真君」（虛靜心）沉落為執著的「成心」，不再能觀照本自俱足的天真常德，無法體認「知足者富」[66]的價值歸往，只好流落街頭，在名利圈與權力場中你爭我奪，彼此傾軋。與莊子同時代的孟子也有相似的體會，孟子言：「耳目之官不思，而蔽於物；物交物，則引之而已矣。心之官則思，思則得之，不思則不得也。」[67]孟子認為，本心是「大體」，即生命的主宰，心思善則能得天理，活出人的高貴尊嚴，但是耳目的感性私欲往往障蔽本心，讓人昏昧不覺，所以要時時作工夫，保持理性的明覺[68]。儒道兩家的哲學義理雖然有別，但是對天生德性的覺察，以及體認「心」的主宰地位，彼此間並無扞格。

社會存在著相互依存的關係網絡，往往牽一髮而動全身，這

---

[66] 語出《道德經33章》。老子認為，回歸內在生命的圓滿自足，才是真正的富有，因為天真本德從天道來，道與德的尊貴就在於不受外力命令，可以獨立不改，由自身來作為存在的支撐和保證，所有的美好也都從自己來，所以不必強求外在名位與金玉滿堂的財富。同註12，頁328-330。

[67] 語出《孟子‧告子上15》。

[68] 同註26，頁89-92。

是人人無可逃的現實處境。如何在瞬息萬變與有機連帶的人際網絡中，保有生命動向的主導權，不必攀緣投靠，向外奔馳，孟子的解方是：「先立乎其大者」[69]，以後天的工夫存養本心，體現立體超越的生命人格，就不會囿限在浮淺的平面生命，隨外象變化而行止不定；莊子則以虛靜心的化解作用，達至「忘年忘義，振於無竟」的無待逍遙，藉此超離人際間相互牽引，同歸沉落的存在困局。兩大哲人都不離「心」的修養，因為形體不是「真君」，心才是真正的主宰。

三、教育蘊義

以下分從現代社會緊密的互聯關係、以深度的自然體驗喚醒本真自我等兩部分，衍釋「罔兩問景」的教育蘊義。

（一）現代社會的互聯關係更為緊密

1.數位革命的互聯網時代

世界經濟論壇創始人兼主席施瓦布（K. Schwab）認為，二十一世紀是以數位革命為基礎而發展，與過去相比，網路變得無所不在，人工智慧和機器學習開始嶄露鋒芒，他預期各種重大技術創新將在全球掀起巨變[70]。里夫金也指出，結合通訊、能源與物流網路的物聯網（the internet of things）將透過一個高度

---

[69] 語出《孟子・告子上15》。

[70] 世界經濟論壇北京代表處（譯）（2017）。K. Schwab著。第四次工業革命（The fourth industrial revolution）。台北市：遠見天下文化。頁21。

整合的全球網路，把所有事物和每個人全部連結在一起[71]。換言之，隨著物聯網和智慧科技的高速發展，生活世界的互聯關係將日益緊密，而且是打破區域、國界的全球性聯繫，如此綿密的關係網絡，似乎無人可以置身事外，全然不受影響。里夫金樂觀的認為，物聯網的強大力量讓每個人和所有事物都能彼此溝通，尋求合作，可以預見人類生活方式將急速轉型，並帶領我們走向一個更永續發展且富足的未來[72]。

不過，不是所有的人都樂觀看待科技浪潮的力量。已經有研究指出，電腦的網路世界猶如都市街頭喧囂的嘈雜聲，永不停歇又迷惑人心，它帶來的刺激和都市聲色一樣，有可能充滿活力，帶來啟發，但同時也造成倦怠和分心，讓我們對最細微、最具人性的感情，如同理心、同情心等，失去敏銳的感受力。當人們日益習慣和依賴電腦之後，會出現線上的閱讀草率，思考急迫不專注，學習較膚淺而不深入，大腦神經迴路會被網際網路形塑，不僅減低寧靜深思的能力，也改變了情感的深度[73]。

數位科技除了強化人際互聯，也讓人和科技工具逐漸融為一體，對科技倚賴越深，彼此的連結與交互影響也越來越強。卡爾（N. Carr）指出，網路連線的電腦是個通用媒體，可以高度延伸我們的感官、認知和記憶能力，讓某些認知工作的效率大增，但是造成的麻木效應也不容忽視。網際網路的電子連結和呈現方式

---

[71] 同註11，頁20。

[72] 同註11，頁24。

[73] 王年愷（譯）（2015）。N. Carr著。網路讓我們變笨？數位科技正在改變我們的大腦、思考與閱讀行為。台北市：貓頭鷹。頁242-243。

包括文字、聲音和動畫，這種多媒體會分散注意力，加重認知負擔，進而削弱學習能力和理解程度[74]。不僅如此，長期流連在網路世界中，還會出現網路成癮的病徵，因為所有成功的電腦遊戲都被刻意設計來引發成癮行為。根據國際間的比較研究顯示，日本、韓國、台灣等亞洲地區的網路依賴明顯偏高[75]，沉浸在數位媒體可能引發的記憶力、專注力失調，以及情緒淡漠和反應遲鈍等問題，在我國更值得關注。以數位媒體為媒介的商業操控，也無所不在地牽動著我們的生活。

2.如影隨形的媒體操控力量

資本主義和消費主義藉由數位媒體的強力行銷，不僅影響成年人的價值觀，連孩童也被視為極佳的市場，行銷商透過線上和行動媒體的設計，追蹤孩子的瀏覽習性，再提供個人化的廣告，讓純真的童年也出現讓人憂心的商業化危機[76]。多數媒體原本提供不同的溝通形式，如今卻變成行為與思想的控制途徑，洛西可夫（D. Rushkoff）長期從事媒體與網路顧問工作，他以親身參與觀察的經驗指出，現代人身處在自以為自由，其實是被強大隱形力量操控的不自由時代，廣告說服術已滲入生活世界，阻礙理性

---

[74] 同前註，頁146。

[75] 李中文（譯）（2015）。M. Spitzer著。數位癡呆症：我們如何戕害自己和子女的大腦（Digitale Demenz: Wie wir uns unsere Kinder um den Verstand bringen。台北市：暖暖書屋文化事業。頁257。

[76] 洪瑞君（譯）（2017）。J. Golin & M. Campbell著。制止童年商業化。載於黃晶晶等（譯），E. Assadourian等著。2017世界現況：地球教育：重新思索教育因應地球變遷。台北市：看首台灣研究中心。頁174-186。

思維的運作，我們是根據情緒信號做反應，這些信號卻是由消費
代理商所放入，讓社會沉迷於消費之中[77]。

　　網路媒體無遠弗屆，讓天涯若比鄰不再是空想，拒絕接受或
不願意參與在網路體系中，就像隱居山林，得承受孤立閉塞，喪
失與他人建立更密切之互聯關係的機會。只是，無孔不入的商業
操控也隱身其中，催眠我們的理性意識，尤其以兒童為行銷對象
的廣告活動，不只銷售商品，也販售消費娛樂的人生價值，嚴重
戕害孩童的身心發展。被媒體操控的人生無法理智抉擇，身處在
無所遁逃的網路化社會，面對名利誘因與消費慾望，很難不受牽
動。洛西可夫說：「最聰明的人，努力發展出哲學思維，希望能
以某種方式來限制民主體系延伸出的這類瘋狂現象。」[78] 兩千多
年前的莊子大概無法想像當前網路社會的互聯關係與數位媒體的
商業操控，但是他對「罔兩」人生的覺察，認為形體不能當家做
主，「心」才是關鍵樞紐，其哲學智慧猶如暮鼓晨鐘，直指問題
的癥結。

（二）深度的自然體驗能喚醒內在本真的自我

　　中國哲學是生命的學問，以形上天道作為人生的價值指引，
無論儒家或道家都是為了使生命能上達天道之境而開出。但是誠
如牟宗三所言，生命不只是向上翻的問題，還有往外往下的牽
連，產生諸如政治、經濟、社會等特殊的問題，需要特殊的學

---

[77] 蔡承志（譯）（2002）。D. Ruskoff著。誰在操縱我們？現代社會的商業、文化
　　與政治操控（Coercion: why we listen to what "they" say）。台北市：貓頭鷹。

[78] 同前註，頁335。

問，即專家科技的知識來處理。這些特殊學問與生命的學問涉及
層面不同，也不能互相取代[79]。莊子提點我們，生命現象在複雜
人間所以如此表現，以及不如此表現的癥結在「心」，回歸天真
本德，朗現虛靜清明的真君，是穩立生命動向的根本之道，此有
賴勤行修道的工夫實踐。但是面對當代無孔不入的商業力量與廣
告操縱的實際問題，顯然必須藉由專家的專業知能，提出具體的
方法策略來因應處理。

　　英國一項大型研究指出，教育是健康的首要因子，缺乏教育
的大腦就像空白的書本[80]，缺乏理智辨析與批判的能力，對外在
環境的強制力量也會渾然不覺而任其擺佈。所以要對治童年商業
化或是媒體操控，教育之力不可或缺，尤其親近大自然的深度體
驗，直接關係著個人身心靈各層面的健康發展，值得關注。美國
生物學家威爾遜（E. O. Wilson）認為，人類天生就有親近自然
世界的本能，這是個體發展必要的生物基礎，雖然他的看法還沒
有獲得學術界全面的認同，但是近幾十年來的研究確實證明，開
闊的植被景觀、樹叢、牧場、溪流、彎曲小徑等自然景物，會讓
人產生強烈且積極的心理反應[81]。依據莊子的體悟：「天地與我
並生，而萬物與我為一」，萬物皆從天道的生成作用來，人類會
受到大自然的吸引，也極為合理。當今美國的自然教育家柯內爾

---

[79] 牟宗三（2003）。中國哲學底傳統。載於立緒文化（編選）。百年大學演講精
　　華。新北市：立緒文化。頁133-150。

[80] 同註75，頁304。

[81] 郝冰、王西敏（譯）（2009）。R. Louv著。失去山林的孩子（Last child in the
　　woods: saving our children from nature-deficit disorder）。台北市：遠足文化。頁
　　60。

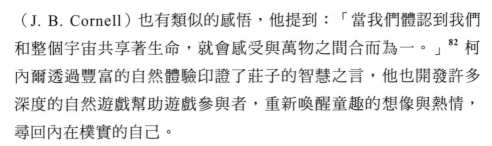

（J. B. Cornell）也有類似的感悟，他提到：「當我們體認到我們和整個宇宙共享著生命，就會感受與萬物之間合而為一。」[82] 柯內爾透過豐富的自然體驗印證了莊子的智慧之言，他也開發許多深度的自然遊戲幫助遊戲參與者，重新喚醒童趣的想像與熱情，尋回內在樸實的自己。

我們可以從孩童身上發現童稚的純真無邪、素樸與開放，他們沒有固著僵化的習性，對一草一木可以清明覺察，而且充滿好奇地探索，與其說這是孩子的天性使然，不如說他們比較接近內在真實的自己，還沒有失落素樸的天真本德。預防童年商業化的方式，消極方面當然是減少孩童接觸螢幕的時間，積極作為則是讓兒童走出戶外，從事身體活動與創造性的遊戲，特別是野地活動需要的專注力與意志力，有助於身心整體的健康，強化孩童對自然世界的敬畏與聯繫，開啟豐富的視野。至於成人如何與內在真切、實在的自我重逢？柯內爾認為，探索大地與訪問自然的深度遊戲會引出個人內在的「真實性」，當成人全心投入其中，可以經驗到最高層次的自我，體認到不斷改變與精進的自我生命[83]。自然環境的蟲鳴鳥叫充滿著原始的真實與力量，沒有人為加工的複製仿造，沉浸其中讓我們得以重回本真，感受與萬物合而為一的宇宙生命。莊子所處的時代儘管戰禍連年，但是人與自然的關係密切，「大鵬怒飛」的生命意境即是融入自然大化，與萬物同在同行的逍遙自在。

---

[82] 李佳陵（譯）（2017）。J. B. Cornell著。自然就該這樣玩（Deep nature play）。台北市：張老師文化。頁67。

[83] 同前註。

當代的科技產品逐漸成為休閒娛樂的玩具，倚賴科技越深，讓我們越難專注於生活的體驗，人與大自然也嚴重疏離。藉由深度體驗重回自然的懷抱，在真實的自然環境中探索學習，不僅可以刺激感官，激發創造、想像，培養解決問題的知能，還能喚醒內在本真的自我，感受宇宙生命的有機整體。以自然為師而兼容知識與生命智慧，這是現代教育的「下學而上達」，面對當代人被數位媒體操縱，猶如「罔兩」般的人生困境，或能開出自立自主的脫困之路。

肆、莊周夢蝶

　　每個人幾乎都有作夢的經驗，二十世紀奧地利的心理學家弗洛依德（S. Freud）認為，一個人在現實中被壓抑或無法實現的願望，會透過某種形式在夢境中出現，這是意識表層下的潛意識活動。他以精神分析的方法研究夢的內容，完成《夢的解析》（Die Traumdeutung）一書，這本書也成為精神分析學派的經典作品。莊子是哲學家，他沒有把夢視為客觀分析的對象，而是從一段具有藝術美感的夢境內容中，引申出自問自答的生命體悟，以此作為〈齊物論〉的總結。

一、故事內容

　　　　昔者莊周夢為胡蝶，栩栩然胡蝶也。自喻適志與！不知
　　　　周也。俄然覺，則蘧蘧然周也。不知周之夢為胡蝶與，

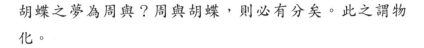

胡蝶之夢為周與？周與胡蝶，則必有分矣。此之謂物
化。

「莊周夢蝶」的故事情節很簡單。某一天的夜晚，莊周在睡
夢中，發現自己竟然變成了一隻蝴蝶，可以隨心所欲而自由自在
的翩翩飛舞，當下根本忘了自己是莊周。沒多久，從夢中醒來，
這才驚覺自己還是原來的莊周，而不是夢中翩翩起舞的蝴蝶。這
時心裏浮現出一個疑問：不知道剛才是莊周夢到自己成為蝴蝶，
或者現在是蝴蝶作夢成了莊周？

莊子自問自答：莊周還是莊周，蝴蝶還是蝴蝶，兩者的本質
不同，各有其天生本然的性分。而莊周在夢中化為蝴蝶的這段歷
程，就像真實人生中，個體可以通過修養工夫化解形體障隔，而
達致物我兩忘的「物化」之境。

二、哲學義理

〈齊物論〉有兩處以夢為喻，第一次出現時，莊子以「夢」
和「覺」參照對比，意指心知執著的人生猶如迷夢一場，徹底醒
悟而化解執著者才是大覺之人，所以莊子言：「方其夢也，不知
其夢也。……，覺而後知其夢也。」人生的成敗、是非與死生的
執著分別，都帶有主觀判斷的相對性和侷限性，一旦時空改變，
主體認知的立場和觀點轉移，評量論定的結果也會不同。困陷在
主觀認定的價值判斷而患得患失，會讓人生處在虛幻不定的迷夢
當中；化解執迷的醒覺者，可以超離心知執著的相對性，活出真
實的人生。第二次出現「夢」是在篇末，莊子以「莊周夢蝶」為

結論，這次的夢極具藝術美感，暗喻物我兩忘的人生意境。這段藝術化的寓言故事，至少有兩點值得關注：

（一）物　化

「莊周夢蝶」的寓言以「此之謂物化」作為結語。依王邦雄詮釋，「物化」兼有「解消」的工夫與「渾化」的境界義，意即解消形體拘限是工夫，達致物我交融的冥合則是工夫開顯的修養境界[84]。莊周與蝴蝶分屬不同物種，從實然的形體外貌來說，人不可能變為蝴蝶，但是人有「心靈」層面，心的轉化提升可以打破形體障隔，直接通過生命的交會融入，與萬物合而為一。

當代以研究黑猩猩享譽世界的珍‧古德（J. Goodall）博士，他對黑猩猩不僅追蹤和觀察，而且跟牠們共處，他對黑猩猩的了解，大部分是建立在對牠們的移情作用上。他認為，一旦把黑猩猩的特徵抽象化，加以分類，黑猩猩就只是一隻黑猩猩而已，在這個認知作用的過程中，一部分的奇妙就不見了。他曾和一隻名為大衛的黑猩猩在森林中相遇，珍‧古德拾起地上的堅果放在手掌上伸向大衛，大衛伸手拿果子，而後把果子放掉，溫柔的握住他的手，大衛知道他的善意，他們彼此用一種比語言更為古始的語言溝通了。這種被野生動物徹底接受的感覺，讓珍‧古德深受感動，永難忘懷。他在自傳中提到：「黑猩猩、狒狒、猴子、鳥類、昆蟲、躍動的森林中豐沛的生命、大湖永不止息的漣漪、太陽系的諸行星，以及繁天無盡的星辰形成了一個整體。全都是一

---

[84]　同註1，頁145-146。

體,也是那偉大的神秘的一部分。我也是其中一部分。」[85] 珍‧古德在岡貝的森林中,深刻體驗了莊子的「萬物與我為一」的一體感,他放下人類中心的本位立場,讓自己成為黑猩猩的一員,用牠們的眼睛來觀看世界,就像「莊周夢蝶」的寓言故事,莊周改變的不是物形,根本是心境上的蛻變轉化。

　　莊子於〈秋水〉篇末的「濠梁之辯」傳誦千古,可與「莊周夢蝶」相互輝映。「濠梁之辯」是莊子玄理與惠施名理的一段學術對話[86],莊子代表道家的生命哲學,惠施是名家,擅長邏輯解析的知識進路。故事內容很簡單[87],有一天,莊子和惠子共遊於濠水之上的石橋,莊子見水中的白魚游來游去,脫口而出:「這些魚兒從容出遊,牠們好快樂啊!」沒想到惠子立即回應:「你不是魚,你怎麼知道魚很快樂?」莊子隨順著惠子的理路回應:「你不是我,你怎麼知道我不知道魚很快樂呢?」惠子以邏輯思路繼續問道:「我不是你,本來就不知你;同理可推,你本來就不是魚,所以你也不會知道魚是否快樂,這是可以確信的。」惠子以探究知識真理的態度,要莊子給個合理的理由,最後逼得莊子只得回到道家生命哲學的立場。他回應:「讓我們回到問題的

---

[85] 孟祥森(譯)(1999)。J. Goodall & P. Berman著。希望:珍‧古德自傳(Reason for hope: a spiritual journey)。台北市:雙月書屋。頁95。

[86] 同註1,頁458。

[87] 本則寓言原文是:莊子與惠子遊於濠梁之上。莊子曰:「儵魚出游從容,是魚樂也。」惠子曰:「子非魚,安知魚之樂?」莊子曰:「子非我,安知我不知魚之樂?」惠子曰:「我非子,固不知子矣;子固非魚也,子之不知魚之樂,全矣。」莊子曰:「請循其本。子曰『女安知魚樂』云者,既已知吾知之而問我,我知之濠上也。」

原初情境，當你質問我：『你怎麼知道魚很快樂』，你已經預設
了我們彼此是可以溝通的，不僅人我間可以相通，物我之間也能
感通，當我說魚很快樂，這是我站在濠水的橋上觀魚時，很真切
的存在體悟，生命的交會感通不必理論證明，也毋須提出經驗證
據。」[88] 惠子的追根究底是典型的知識進路，把自然事物當作外
在對象，著重客觀明確的掌握其屬性，以方便分類、量度、預測
和控制，對於無法度量、判別和操控的，往往很難接受。

惠子從名家的認知立場出發，可以對外在世界建立清晰嚴謹
的知識體系，這是開展物質文明很重要的知識方法論。不過，
〈天下〉篇評論惠子：「弱於德，強於物」、「逐萬物而不
反」[89]，抽象的知識學問畢竟不能取代生命的真實，把外在的人
和物抽象化，固然有利於管理和操控，但無法成為安頓生命的力
量。尤其心思逐物於外，對於生命本德天真的流失渾然不覺，也
會讓人生之路困陷在現實名利之爭而越走越窄。「莊周夢蝶」的
「物化」是解消自我的物我兩忘與情景交融[90]，在「萬物與我為
一」的一體無別之下，莊周可以是蝴蝶，當然也可以「知道」魚
的快樂。

柯內爾提到，理性只能幫助我們描述一棵樹，無法經驗樹的

---

[88] 有關「濠梁之辯」的哲學意涵主要參考王邦雄的詮釋系統。為了方便讀者理
解，筆者不採逐字翻譯方式，而是根據其隱含的哲學義理來說解。同註1，頁
458-461。

[89] 「弱於德，強於物」意指內在本德天真流失，心思重在追逐外物；「逐萬物而
不反」意指爭逐外物而不知返回生命本身的天真本德。同註1，頁541-542。

[90] 同註1，頁460。

整體，在全然投入於深度遊戲中而渾然忘我時，我們真切感受到自己變成了一棵樹或一隻動物，我們和樹或動物間的差異也消失無蹤[91]。天真的孩童沒有太多計算、控制和佔有的心思，一隻微不足道的小昆蟲也能讓他們全神貫注，成為整個的世界。在成長路上，講究競爭，追求目標績效的現實生活，讓人心充滿執著雜念，再也無法深刻體認與天地並生，與萬物為一的一體感。物我交融的工夫與境界，其實是重拾人性的純真本德，像孩童一般地開放自己，以覺察宇宙整體無所不在的生命奧妙。誠如珍‧古德所言，當他對黑猩猩的了解越多，對生命的敬畏也越深，而且不只是對其他生命的敬畏，也是對人類生命的敬畏[92]。

（二）周與蝴蝶必有分

　　「莊周夢蝶」的藝術意境提供世人自由想像的空間，其中隱含的美感元素，得以化解人生哲理所具有的莊嚴性。當我們如孩童遊戲般地開放自己，在與「他者」相遇的契機中全然投入，渾然忘我，此時人可以是山川、巨木，或是蟲魚鳥獸，對宇宙生命的奧妙充滿驚喜與謙卑。唯儘管物我交融的體驗極為深刻，但是生而為人，終究還是要回到人的身分，繼續在充滿艱困挑戰的人間做人，活出人的尊嚴和價值，就像萬物各有其性，在天地間各自展現獨特的生命樂章。依王邦雄詮解，「則必有分矣」的「分」是存有論意義的性分[93]，如同老子所言：「道生之，德畜

---

[91] 同註82，頁72。

[92] 同註85，頁95。

[93] 「性分」意指人從天道而來，本自俱足的天真之德，這是人活出生命價值的根

之」，天道生成萬物，同時賦予萬物天真本德，以活出一生的美好。莊周與蝴蝶都有自身本真的「分」，唯萬物之中人獨有複雜的心靈，得以通過修養工夫向上昇越，體現「天人合一」的生命理境。人的天真本自俱足，這是人性本然的尊貴，也是不待外求的存在根基，體認生命的富足從本有的性分來，不必攀緣投靠，或流落街頭與人相爭，因為「知足者富」。

　　周與蝴蝶「必有分」的省察可與「吹萬不同」、「咸其自取」的「萬竅怒號」前後呼應。首先，回到宇宙萬有的本源，萬物皆從天道而來，存在價值一體皆大，無分軒輊，所以莊子言：「和之以天倪，因之以曼衍」[94]，站在天道的高度，順任萬物各自的精彩，在無窮變化的人間是非中，可以開出超越紛爭的「因是兩行」之路。其次，在經驗世界中，萬物各不相同，人人的才情殊異，就物我關係而言，人不能只是陶醉在物我交融的感動，遺忘生而為人的「性分」，人與飛禽走獸大不同，因為人能超越本能，創造人文價值；就人我關係來看，人人都是才情殊異的獨立個體，不必比較高下，也毋須欣羨他人，只要走在適合自己的人生道路，活出自己想要的生命內涵，就是老子所說的「常道」與「常名」[95]，也唯有「適性」[96]發展的人生之路，才可能一生一世，無怨無悔的走下去。

　　源基礎。同註1，頁145。

[94]　語出〈齊物論〉。「和」是解消對待，融入天道樞紐；「天倪」是天道透顯的端倪；「因」是順任，「曼衍」是無窮盡的變化。同註1，頁139。

[95]　有關「常道」、「常名」的探討，請參閱註12，頁7-10。

[96]　此處「適性」的「性」指涉才情性向，不是人人本源於天道的性分。

三、教育蘊義

　　學校是一個小型的社會，有著複雜的人際關係網絡，其中教師與學生的互動關係直接影響教育成效。「莊周夢蝶」的「物化」工夫與境界，或能為師生關係開啟嶄新的視野。

（一）數位時代的教師角色

　　社會是專業分工的合作體系，各行各業有其職司的功能，所以「教師」一詞在定義上是功能性的，亦即教師之所以為教師，有其應盡的功能，也就是要把教育辦好[97]。由於近年來我國的教育發展深受西方國家影響，為了確保教育品質，「教師」也被放在西方專業主義的思維框架中檢視，新近的「教師評鑑」即是借鏡歐美，以提升教師的專業水準。根據譚光鼎研究，教師評鑑主要集中在教師資格和教學素質兩項焦點，前者關注任教者所具備的基本能力，包括職前教育的種類、數量和水準；後者包含任教後的實際表現。傳統的教師評量工具包括：專業知能紙筆測驗、以檢核表作教室觀察、或依據學生的學業成就回溯衡量教師素質，最新發展的則是運用「同僚評量與自我評量、評量實驗室的觀察和操作」等方式[98]。由於評鑑結果攸關教師權益，無論評鑑方法如何操作，客觀與公平將成為基本準則，評鑑內容也偏向外顯、明確、可控制和度量的性質，至於師生互動的生命交會與美感意境，既模糊又難以具體測量，自然被排除在評鑑之外。當

---

[97] 歐陽教（1991）。教育哲學導論（十版）。台北市：文景。頁93。
[98] 譚光鼎（2010）。教育社會學。台北市：學富文化。頁385-386。

教師遵循評鑑規範而行動時，評鑑內容潛在的價值取向與認知模式，也會點點滴滴形塑教師的教育意識，最後變成深根固柢的意識形態，教師的自我期望恐怕也囿限在評鑑內容中，難有生命向度的超越與開展。

「教師」是社會角色，有其應該承擔的角色功能與社會責任。工業革命時代，教室被轉變成工廠的縮影，學校採標準化的生產線模式，把學習內容分割成各自為政的不同學科，教師猶如工廠領班，以培養技術性工人的目標導向與科學管理模式來促成績效的達成，學生只能聽命行事，鮮少能質疑教師權威。里夫金指出，當前是數位時代，傳統工業化教室的學習模式已逐漸被打破，現在世界各地的教室都可以透過科技輔助即時連結，即使相隔千里之遠的學生，也能透過虛擬組隊的方式來進行協同學習，教師傳授知識的重要性逐漸降低，由過去的講師身分，轉為促進者（facilitator），重在提問與創造關鍵學習技巧[99]。科技發展一日千里，可以預期新技術會大大改變各行業和職業的工作性質，教育也不例外。

當大規模的網路公開課程日益普及，學生可以擺脫傳統教室的侷限，在多元開放的網路虛擬空間協同學習時，教師的功能會被科技取代嗎？二十一世紀利用網路科技成功建立全球大學校的可汗（S. Khan）樂觀認為，傳統課堂中教師常常負擔過多機械性的，枯燥瑣碎的例行工作，科技帶來的新希望是解放教師，不

---

[99] 陳儀、陳琇玲（譯）（2014）。J. Rifkin著。物聯網革命（The zero marginal cost society: the Internet of things, the collaborative commons, and the eclipse of capitalism.）台北市：商周出版。頁154-168。

必再處理瑣碎事務，有更多時間與學生一對一，面對面的聆聽與交談，讓課堂更有人味。他強調這不是唱高調，因為這種解放式教學已經在真實生活中出現過[100]。當前數位科技結合民主思潮的進展，學生成為教育的主體，知識、技能的學習不必全然仰賴教師，教師的角色功能也應隨之調整，加強科技無法取代的部分，也就是師生互動關係中的「人性」教育。

（二）「復通為一」的師生關係[101]

有一位台灣名醫曾語重心長指出，從他當見習醫師開始，就一直被教導要看「病人」，不是看「病」。但是台灣醫界普遍的現象是只看到「器官」或是「病」，沒看到「人」或「病人」。何以如此？他有感而發：「或許老師身教不好吧」[102]，雖然輕描淡寫，一語帶過，卻直指醫療糾紛層出不窮的癥結，多半來自醫病間不信任的緊張關係，原因在於醫師對病「人」視而不見，追根究底恐怕醫學教育的教師責無旁貸。

師生間不僅是社會角色的教者與學習者，更根本的是人與人的關係，把學生當作「人」，而不只是抽象化的學習「客體」或

---

[100] 王亦穹（譯）（2013）。S. Khan著。可汗學院的教育奇蹟：兩億人的家教課，跟比爾‧蓋茲的孩子一起學習（The one world schoolhouse: education reimagined）。台北市：圓神。頁136。

[101] 從「復通為一」說師生關係，意指教師通過自身的修養工夫，回歸於道，從天道的層次開展出超越主客對立的師生關係。

[102] 柯文哲（2013）。駐院醫學團隊在台大醫院之出現。載於柯文哲、林裕峰、臺大醫院駐院醫學團隊。熱血仁醫：開創新局的台大醫院駐院醫學團隊。台北市：台灣商務。頁14-15。

「對象」，學生在耳濡目染與潛移默化下，才更有可能發展出成熟的人味。尤其，新科技提供師生間更多深度互動的機會，不管面對的是身心尚未成熟的生命個體，或者是年齡較大的成年學生，誠如歐陽教所言：「師生間之互敬互愛，是使德育成為可能的最起碼條件」[103]。「互敬互愛」看似相互對待的平等關係，實則教師必須有超越師生相對性的生命涵養，可以從「復通為一」的天道高度往下觀照，在一體無別的開放中，順任學生本有的美好而肯定之。如果停滯在相對層次，很難不被學生的衝動、叛逆或盲目無知牽動情緒。也只有當學生感受到教師有教無類的包容接納，他們才會從內心生發真摯的敬愛之情。

教師把自己變成學生，才能「看見」學生而融入對方，猶如「莊周夢蝶」的寓言故事，「夢」隱喻心的轉化，即南郭子綦解消物形拘限的「吾喪我」之境。真實生活中就像珍·古德把自己投入在黑猩猩之內，成為黑猩猩的一員，以便覺察客觀認知與理性分析所無法全然掌握的生命奧秘；又如諾貝爾獎得主麥克林托克（B. McClintock）也是把自己投入顯微鏡下的玉米基因和染色體中，才獲致顛覆分子生物學界的研究成果，他說道：「我可以看到染色體的內部結構，我也覺得很吃驚，因為我真的覺得自己彷彿就在那裡面，而他們都是我的朋友。」[104] 科學家把自身投入研究對象之內，成為對方的一部分，才得到更真切而深入的洞

---

[103] 歐陽教（1985）。德育原理。台北市：文景。頁252。

[104] 轉引自李佳陵（譯）（2017）。J. B. Cornell著。自然就該這樣玩（Deep nature play）。台北市：張老師文化。頁73。

見，此時雙方的關係已經超離研究者與研究對象的主客對立，進入主客相融的「為一」境界。莊子〈天下〉篇曾引述關尹之言：「在己無居，形物自著」[105]，主體的心沒有執著滯陷，就像夢蝶的情境，莊周全然地開放自己，蝴蝶得以生命本然的自在自得顯現，在彼此相融交會的當下，到底是周夢蝶，亦或是蝶夢周，似乎也無關緊要了。

　　教師回歸天道的超越層次涵養自我，師生在「復通為一」的關係中交感會通，譜奏出動人的教育樂章，這是教育的藝術化境，端賴教師的生命涵養與人文高度，無法完全訴諸言語或科學解析。教育哲學如果欠缺生命哲學的內涵，純然以認知分析與價值批判為進路，難免在理性思維的運作過程中，把學生抽象化與客觀化，難以貼近其真實的生命感受，引發內心的共鳴。根據國外研究，近年來美國和德國青少年每天花在數位媒體（電腦、智慧型手機、遊戲機、電視）的時間已經超過七個小時[106]，雖然數位媒體以「智慧型」或「虛擬實境」為標榜，終究還是機器與「虛擬」，無法取代師生間交感會通所生成的教化之力。尤其當青少年對科技產品依賴越深，人際間真實情感的互動交流也更為重要。儘管科技發展一日千里，教育方法日新又新，在變化不定的教育現場，不變的是學生對教育愛的渴望與需求，師生間的交感會通不僅反映教師的生命智慧，也開顯教育愛的崇高意境。

---

[105] 依王邦雄解，「無居」是無執著無滯陷；「著」是照現。本段意指心無執著而虛靜如鏡，可以鏡照萬物，萬物在心如明鏡的照現中，得以朗現他自己。同註1，頁510。

[106] 同註75，頁16。

（三）師生「必有分」

在德育過程中，師生關係的深淺，直接影響師生相處是否和諧，也影響德育效果的成敗[107]。師生本有各自的立場和角度，彼此的堅持立場往往形成是非僵局，教師走不出自己，也難以看見學生的委屈和痛苦，師生形同陌路，教育的成效必然大打折扣。「復通為一」的師生關係來自教師的自我涵藏，向上昇越，讓學生在一體無別的包容接納中，活出生命的自在美好。不過，師生間再真摯的深知深愛，終究教師是教師，不能取代親職；亦師亦友的情誼不管有多深厚，師生本有的分位不能遺忘。夢蝶的莊周還是要回頭做自己，因為蝴蝶與莊周天生的本質不同，教師與學生都是「人」，除了活出人性存有的天真本德，也不能忽略社會角色的責任承擔。從功能性的意義來說，教師之所以為教師，有社會期待應該表現的行為、態度和信念等，這是教師的社會「本分」與職責；學生作為學習的個體，有社會賦予的角色期望，儘管師生關係融合無間，生命交會的美感意境令人陶醉，但是彼此間「必有分」的角色分際也不能模糊或悖離。「教」與「學」各有其應盡的「本分」，歷經「物化」的交融相契，當雙方回歸各自分位，攜手共創的教育意境也必然更上層樓。

伍、結　論

〈齊物論〉的要旨在探討人我與物我關係的平等共生之道。

---

[107] 同註103，頁258。

莊子認為，「物論」是人為建構的一套合理解釋萬物存在的思想體系，用來說明萬物的根源和本質，眾說紛紜的「物論」原初都是想為萬物找尋合理的存在根基，但是眾家派對於自己主張的「物論」各有堅持，由「物論」衍生的價值論也互比高下，在人間形成是非爭端，無法齊心協力面對時代的亂局。莊子從形上天道的最高存有，確立萬物一體無別與一體皆大的存在價值，給出多元「物論」之間，可以「因是兩行」，並行不悖的發展基礎，以此化解是非紛擾。「萬竅怒號」的主題寓言就在逼顯天籟，證成道體是萬物的終極源頭，人心可以通過修養工夫而聽聞天籟，達致天人合一之境。

接續著子綦「吾喪我」的形體我與心靈我之別，莊子回到人的身上，凸顯真正能為生命做主的「真君」，就是虛靜清明的心，所以修養工夫在心上做，心中有道，面對生死與是非的人生難關，可以「忘年」、「忘義」，無待逍遙。在〈齊物論〉篇末的「罔兩問景」和「莊周夢蝶」兩則寓言故事，都與「萬竅怒號」的主題寓言前後呼應，「罔兩問景」旨在說明外顯的形體不能自主，「心」才是真正的生命主宰；「莊周夢蝶」的解消自我，融入對方，開顯物我交融的「物化」之境，這是藝術美感的極致，可以化解人生哲理的嚴肅性。經歷物我兩忘的藝術化境之後，莊周沒有遺忘自己身而為人的「性分」，最後他還是要回歸自己，在人間繼續做人，朗現天真本德的人性價值。「周與蝴蝶則必有分」點出了道家不是歸隱山林，與鳥獸同群的遁世哲學，「必有分」的「必」是堅定不疑的肯定論斷，意味著人必須認清

人性存有的「性分」，不必欣羨蝴蝶的世界，萬物各有其天生的「分」，物我交融的藝術化境提升了生命理境，這時候再回頭「盡分」做自己，也當有一番新的人生體悟。

　　當前我國的教育哲學研究多借鏡於歐美國家，多元並立的西方哲學各有堅持，甚至相互批判，如何立足自家文化根土，兼容西方哲學所長，發展出「統貫」教育的哲學思考，實為重要課題。莊子的〈齊物論〉以「萬竅怒號」逼顯天籟，眾多「物論」的對立衝突因為「復通為一」的超然眼光，而開出「因是兩行」的共生空間。回歸我國的文化「道統」，以天道作為教育的價值根源與不變的「常體」，或能化解百家爭鳴的是非紛擾，在經驗世界開展「旁通」的多元支派，讓「一體多元」的教育哲學既有自家文化根土，又能兼容西方所長。尤其教育是生命感動生命的歷程，以「生命」為中心的中國哲學，實為發展我國教育哲學不可或缺的一環。

　　天道人性論是中國哲學的核心主軸，〈齊物論〉的證存真君直指「心」的主宰地位，透過「心」的修養工夫接續合一的天人關係，可以聽聞人間多采多姿的生命樂章、大地之聲的交響合鳴，以及無聲之聲的天籟之音，體認「天地與我並生，而萬物與我為一」的宇宙生命。面對當前數位時代更為緊密的互聯關係，與無所不在的媒體操控，涵養向上超越的生命理境可免於流落街頭，困陷在不由自主與不能自主的「罔兩」人生。也因為主體生命的蛻變轉化，人我、物我間得以打破形體障隔，達致交感會通的藝術化境。

　　〈齊物論〉以「萬竅怒號」為首，篇末以「莊周夢蝶」的「物化」為終，整篇義理不離天道人性論，莊子是把道化入生命之中，以精神的崇高回應現實人間的是非恩怨，促成人我與物我關係的和諧共生。從教育的立場來看，師生雙方都是真實的生命個體，各有不同的觀點和生活經驗，在互動歷程中難免困陷在不能相知的僵局，特別是面對身心尚未成熟的學生，教師的考驗更為艱鉅，心靈修養也更為重要。「萬竅怒號」、「罔兩問景」和「莊周夢蝶」隱含的人生智慧與生命理境，對於追求自我蛻變轉化，以開創教育新局的教師，顯得彌足珍貴。

第三章
〈養生主〉的哲學義理
與教育詮釋

壹、前 言

　　莊子順著〈齊物論〉的理路發展，接續的是〈養生主〉。〈齊物論〉揭示真正為生命做主的「真君」是心，不是形體，此說並非貶損形體價值，或否定身心有著交互影響的作用，莊子只是從人體生理結構的百骸、九竅、六臟不能互相管轄治理的事實推得，形體官能都像臣妾的地位，在臣妾之上必然有個真正的主宰，統一決定著行動方向，如此才能合理解釋人的生命之整體與一致，由此推證有個「真君」，也就是心在主導人生動向，所以修養工夫就在心上做。

　　法國存在主義哲學家卡繆（A. Camus）對心的主宰力量體認深刻，他在《薛西弗斯的神話》（Le Mythe de Sisyphe）一書中，描述薛西弗斯因為得罪眾神，被諸神懲罰日夜不休地推滾巨石上山，當他好不容易把巨石推向山巔，瞬間巨石又滾落下來，他又得重新開始。日復一日，薛西弗斯重複著徒勞無功和毫無指望的苦役，眾神認為這種刑罰最可怕，不是因為肉體痛苦，而是

根本看不到希望[1]。絕望感應該會讓薛西弗斯感到痛苦不堪，但是卡繆在書中的結語卻寫道：「奮鬥上山此事本身已足以使人心充實。我們應當認為薛西弗斯是快樂的。」[2]「心」的絕望感帶來生命意義的虛無，理當讓人生不如死，但是諸神沒有料到，當薛西弗斯領悟自己才是命運的主宰時，他的心念一翻轉，所有的磨難都成為生命的滋養。

　　薛西弗斯是古希臘神話中的人物，在中國歷史上真實上演的故事，是周文王被囚禁在羑里而推演《周易》；孔子周遊列國絕糧於陳蔡而後作《春秋》；司馬遷替李陵辯護遭受最羞辱的宮刑而發憤著書，留下傳世的《史記》，這些「傳奇」都在說明人是心靈與形體的兩層存在，心是真正的主宰，莊子〈養生主〉的全篇要義就是針對「養心」來說。

　　王邦雄歸納有關〈養生主〉的題旨，主要有三種說法，第一是「養生」之主，意指養生的根本之道，如郭象；第二是養「生之主」，即養「心」，如宣穎；第三是統合前兩者的說法：「養生」之主在養「生主」，如憨山，意指養生之道，就是養「生之主」，「生之主」即是「心」[3]，第三種說法更為完整清楚。現代人的養生多以養身為主，關注飲食營養、規律運動等，莊子體認心與形是主從關係，人的情緒起伏、人為造作與人間衝突來自心

---

[1] 張漢良（譯）（1991）。A. Camus著。薛西弗斯的神話（再版）（Le mythe de Sisyphe）。台北市：志文。

[2] 同註1，頁143。

[3] 王邦雄（2013）。莊子內七篇・外秋水・雜天下的現代解讀。台北市：遠流。頁149。

的執著陷溺，所以養生的根本應從「心」著手，「庖丁解牛」就是經典的說解。

　　本章以庖丁解牛、右師的有名有刑與澤雉的無名無刑、老聃之死等三部分作為論述焦點，先詳述故事內容，再闡述其中的哲學義理與教育蘊義。

貳、庖丁解牛

　　「庖丁解牛」的寓言故事以文惠君和庖丁為主角，舊注有把文惠君解作戰國時代的梁惠王[4]。孟子曾晉見梁惠王，梁惠王開口就問：「叟不遠千里而來，亦將有以利吾國乎？」孟子對曰：「王何必曰利，亦有仁義而已矣。」[5]孟子筆下的梁惠王看起來像個短視近利的君王，面對權勢者的淺薄無知，孟子選擇以頂天立地的浩然正氣直接勸諫；莊子虛構的「庖丁解牛」寓言故事也以梁惠王為主角，不過莊子所述的梁惠王是個虛心傾聽的悟道者，莊子則化身為道行高深的庖丁，藉著「解牛」的藝術展演說明養生之道在「養心」，其實是點化君王為政的要領要從心上做工夫。庖丁從頭到尾都沒有直接說出君王的不是，他只是分享自身「解牛」的工夫進程，讓君王自己恍然頓悟。相較於孟子的理直氣壯，不給君王閃躲巧辯的餘地，莊子是內斂涵藏，婉轉含蓄，不著痕跡地指點君王如何成為明君。孟子與莊子的不同也顯現出儒道兩家各有其獨特精彩的處世智慧。

---

[4]　吳怡（2001）。新譯莊子內篇解義。台北市：三民。頁127。

[5]　語出《孟子·梁惠王章句上》。

以下先就寓言內容詳述之。

一、故事內容

「庖丁解牛」的「庖丁」相當於現代負責掌管廚房事務的廚師，這則寓言故事描述君王看完庖丁宰殺牛牲，分解牛體的展演之後，彼此間展開的一段對話。

（一）庖丁的神乎其技讓文惠君讚嘆不已

> 庖丁為文惠君解牛，手之所觸，肩之所倚，足之所履，膝之所踦，砉然嚮然，奏刀騞然，莫不中音。合於桑林之舞，乃中經首之會。文惠君曰：「譆，善哉！技蓋至此乎？」

有一天，庖丁在文惠君的眼前，表演了一段神乎其技的「解牛」過程。只見他一手按著牛身，肩膀靠著牛體，用一隻腳踏壓著牛體，另一隻腳的膝蓋壓著牛身，牛的骨肉在一聲響中瞬間分開，庖丁手握的刀快速進入牛體的骨肉節理處，隨著出刀的揮舞節奏所發出的聲音，猶如美妙的樂音，整個解牛動作乾淨俐落，簡直就像在表演古代桑林樂曲的舞蹈律動。牛體經脈首尾相接處被解開之後，整場表演也畫下句點。

文惠君讚嘆地問庖丁：「你的表演太精彩了，這解牛技術是怎麼達到出神入化的境地啊？」

解牛大戲的序曲剛落幕，真正的「養生」對話才開始。

（二）庖丁解牛的工夫進程

庖丁釋刀對曰：「臣之所好者道也，進乎技矣。始臣之
解牛之時，所見無非牛者；三年之後，未嘗見全牛也；
方今之時，臣以神遇而不以目視，官知止而神欲行。依
乎天理，批大郤，導大窾，因其固然。技經肯綮之未
嘗，而況大軱乎！

庖丁先收起手中的刀，從容回應：「我一生所追尋的是道的
意境，老早就超越了技術的層次。我剛開始學習如何解牛時，眼
前所見盡是一頭龐然大物的牛體；三年之後，工夫精進，再看牛
體已經不是昔日的龐然大物，而是只見其血脈筋骨結構；到了現
在，我已經不用視覺感官和心知作用，而是以心神和牛體相遇，
這是順著牛體的天然節理，劈開筋骨的間隙，再引刀入骨節的空
處。一切全然順任牛體本然的空隙原理，任何微小經脈骨肉交結
處都不會碰到，更何況是大骨交錯之處！」

（三）庖丁的遊刃有餘

良庖歲更刀，割也；族庖月更刀，折也。今臣之刀十九
年矣，所解數千牛矣，而刀刃若新發於硎。彼節者有
間，而刀刃者無厚；以無厚入有間，恢恢乎其於遊刃必
有餘地矣，是以十九年而刀刃若新發於硎。雖然，每至
於族，吾見其難為，怵然為戒，視為止，行為遲，動刀
甚微，謋然已解，如土委地。提刀而立，為之四顧，為

之躊躇滿志，善刀而藏之。」文惠君曰：「善哉！吾聞庖丁之言，得養生焉。」

　　庖丁接著說：「技術好一點的廚師，大概一年左右要換刀，因為是用切割方式處理牛體。多數的廚師對牛體是用砍的，這樣每個月就必須換刀了。而我這把刀已經用了十九年，所解開的牛體不下數千，然而刀刃依然像剛從磨刀石磨出來般鋒利。當中的關鍵就在牛體的骨節再密實，都存有間隙，只要我的刀刃沒有厚度，再小的骨頭間隙都像是寬大的空間，可以容許我任意揮舞刀刃而綽綽有餘。所以十九年來，我的刀刃不會損傷，就像從磨刀石剛磨出來。雖然如此，我每一次解牛依然小心謹慎，不敢大意，每每遇到刀刃很難通過的牛體筋骨交結處，還是戰戰兢兢，感官和心知都暫停運作，刀刃的分解動作也慢下來，完全以心神來引領，不疾不徐，微妙的動一下刀，牛體就解開了，像塵土飄落大地，無聲無息。此時的我，謹慎的拿起刀站立起來，環顧四周，心中有完成藝術傑作的適意自得和滿足，隨後我趕緊把刀收入刀鞘，以免志得意滿，鋒芒畢露。」

　　文惠君聽完庖丁之言，點頭稱許：「說得好，今天聽你一席話，我領悟了養生之道啊。」故事至此結束。

二、哲學義理

　　文惠君與庖丁的對話內容暗喻著道與術的關係，至於解牛的工夫進程則是庖丁體道的自述。

（一）道與技術是超越的區分

1.道與術相輔相成

當文惠君讚嘆庖丁解牛的技術超群，庖丁回應：「臣之所好者道也，進乎技矣。」這句話委婉的提醒君王，視覺感官只能看見表象，出神入化的解牛技術其實是道的顯化，當主體的修行上達天道意境，道術合一的全體大用就在解牛的藝術化境中展現出來[6]。道與術不只是無形與有形的區分，兩者根本上分屬形上超越與現實經驗兩層次，彼此間一隱一顯，相輔相成，缺一不可。形上道體是心靈的甘泉滋養與源頭活水，沒有天道潤澤的心靈只有平面向度，難以開展立體超越的精神天地與價值宇宙，所以有術而無道易滯限於平面浮淺的技術表現，由於欠缺價值方向的貞定和指引，難免現實功利或盲目應用的風險。有道而無術者，沒有具體的技藝或方法，無法把道接引到人間，體道之言也易淪為空言，難有取信於人的教化之力。

2.道的體現在高科技時代更為重要

歷史學家哈拉瑞（Y. N. Harari）指出，當前人類的科技發展突飛猛進，基因工程打開了創造全新物種的大門，半機械人工程結合生物組織（或器官）與機械構造，可以創造出半機械人，還可以打造完全無機的生命，例如設計出能夠自行演化的電腦程式和電腦病毒。這些嶄新科技很可能取代天擇，改變生命的法則，

---

[6] 〈天下〉篇對於道術的全體大用有更精闢的慧解洞見。詳細內容可參閱註3，頁463-542。

連帶會影響人類的自我意識、身分認同、情感與欲望。整體而言，人類的生存條件確實因為科技而有實質的進步，但是其他動物的生存條件卻急遽惡化，範圍前所未有。哈拉瑞為人類未來感到憂心忡忡，因為似乎只要再跨一步，人類就有可能進入神的境界，不僅有希望獲得永恆青春，還擁有創造和毀滅一切的神力。換言之，我們擁有比以往更為強大的力量，但幾乎不知道該如何妥善使用這些力量，而且不負責任，貪得無厭，天下最危險的事，莫過於此[7]。以當前人工智慧（AI）的聰明程度與基因工程革命，沒有人能預知幾年後這些技術會如何被應用，哈拉瑞的擔憂實有其道理，技術的神力可以創造希望，也可能帶來毀滅，關鍵在於使用技術的人心。

物理世界屬於具象的器物層，物質世界的刀刃再鋒利，也不可能沒有厚度。莊子是大哲人，庖丁的刀刃「無厚」，看似悖離物理學的常識，實則「無厚」刀刃隱喻消解執著的心靈，屬於形而上的精神層次，因為心沒有執著分別可以直通天道，原本宰殺牛牲的場景被提升轉化為形而上的道之體現，所以聽不到牛隻的痛苦哀號，也看不到牛體被解開的掙扎與血腥畫面，只有美妙樂音與曼妙舞姿共創的藝術意境。

莊子以牛體譬喻複雜人間，技術的應用可以成就人間和諧共生，也可以讓人間成為血淋淋的戰場。尤其當代新科技的「神力」不可小覷，社會主流的功利主義助長心知執著與人為造作，

---

[7] 林俊宏（譯）（2014）。Y. N. Harari著。人類大歷史：從野獸到扮演上帝（Sapiens: a brief history of humankind）。台北市：遠見天下文化。頁445-468。

回歸生命的涵藏修養，以超然於上的人文心靈化解技術誤用的潛在危機，創造一體和諧的宇宙生態圈，顯得迫切而必要。莊子的「養生」之道是對治人心執著的良方，心如明鏡可以觀照人性本有的天真常德，涵養天人接續的生命高度，朗現天真之德，就不必流落在爭名奪利的人間街頭。天道是生成之母，心中有道，現代科技的應用將是造福萬物的利器，而不致成為毀滅生靈的殺手。

（二）庖丁的體道歷程

面對文惠君的提問，庖丁先「釋刀」再回應，「釋刀」不只切合君臣之禮，也意味著庖丁以身示教，點化文惠君要放下自身的榮耀光采，若緊緊抓住權位的高貴不放，就像手持鋒利的大刀，對他人是無形的壓力。庖丁接著分享解牛的工夫進程，可以分成肉眼、心眼和道眼觀牛等三層次來說。

1.肉眼觀牛

庖丁初執屠刀之時，所見的是龐大的牛體橫在眼前，因為經驗不足，只能用生理官能的視覺作用，來作為人與牛的互動橋樑。通過肉眼所見的牛體外形雖然真實，也僅止於牛體的外在表象，可以想像解牛的場景中，他得用盡全身氣力跟瀕死的牛搏鬥，被解的牛隻掙扎哀號，庖丁也精疲力竭，彼此的關係對立緊張，如此「見牛是牛」的歷練長達三年之久。

我們對外在世界的認識常常受限於感官，以為眼見為憑，其實許多生物是生活在不同的視覺世界裡，例如人類只能看到簡單的黃色或白色花朵，但呈現在蝴蝶眼中的，則是明暗相間的同心

圓和零散的點；人類的視網膜只能接收四百到七百毫微米波長的光波，若沒有外在輔助儀器，我們完全看不到電磁輻射，大腦會以為只有可見光存在[8]，所以感官有其限度，眼見不必然為真。從人生的成長歷程來說，嬰幼兒階段屬於感覺動作時期，主要憑藉耳目官覺來探索世界，庖丁執刀的前三年就像嬰幼兒一般，以肉眼觀牛可以對牛體外形有整體與概略的掌握，不過這只是學習的初階，若停滯在感官層次只能觸及外顯的表象，看不見複雜牛體內在的肌理筋骨結構，運轉刀鋒時難以精準到位，骨頭筋肉盤結處都成了窒礙難行的關卡。此時的庖丁對牛體只能用蠻力大砍，由於刀刃折損嚴重，每個月都必須換刀。

如果缺乏涵藏修養，只以形軀官能的自我行走人間，就像解牛的學徒仗勢著體能強行在牛體內運刀，刀刃與牛體時有摩擦衝突，自我和外在世界扞格不入，耗損的不只是體能，還有心神難安的精神折磨。

2.心眼觀牛

庖丁自述：「三年之後，未嘗見全牛也。」三年的歷練下來，他終於理解牛體的結構細節，昔日眼中的龐大牛體，現在變成了牛體的血脈筋骨結構，就像現代科學的X光透視作用，直接穿透表裏，洞見牛體的內在。此時解牛已省時省力，這是生命境界的第二關，用認知的「心眼」把牛體抽象化，全牛不見了，牛

8　梁錦鋆（譯）（2001）。E. O. Wilson著。知識大融通（Consilience）。台北市：天下遠見。頁71-72。

體變成抽象的肌理結構圖，猶如當代專業醫療體系利用儀器分析，把病患快速的轉成各種數據和圖像資料，真實的人不見了，只有一堆抽象的符號。

「心眼」是專家的眼光，有知識、理論基礎與精密的儀器輔助，可以把複雜現象精簡為符號公式或結構系統，這是掌握世界的一種策略，比起憑藉「肉眼」的感官知覺更有科學的說服力。把具象的世界抽象化，能達「執簡馭繁」之效，但是再客觀嚴謹的知識理論也無法等同真實生命的複雜與奧妙，獨尊抽象的化約作用，忽略真實情感的生命互動，難免讓「心眼」成了「小心眼」或「死心眼」，不僅缺乏整體性的宏觀，還容易陷入自以為是的傲慢與偏見。

庖丁能以「心眼觀牛」，意味著他的技藝精熟足以躋升大廚之列，此時的他已進入生命境界的第二關，可以精湛技藝立足人間。不過生命是有機整體，「專業」是彰顯，同時也是遮蔽。停滯在專業的認知心來理解世界，眼光所及盡是抽象的文字符號和數據圖像，真實世界的複雜被化約遮蔽，隱藏其中的生機情趣，往往也視而不見。

3.道眼觀牛

庖丁用了三年的時間，才從第一關的肉眼觀牛，進到第二關的境界，但是莊子沒有說明，庖丁經歷多少歲月的勤行修道，生命的體悟才進入第三關，這時候的觀牛已不見第一關的全牛，亦非第二關的抽象牛體，而是第三關充滿神韻的牛。由於庖丁體道已達最高意境，感官的「肉眼」與心知作用的「心眼」都被消解

超越，可以隨順心神自在而行，就像老子說的「滌除玄覽」[9]，當心知執著的塵垢汙染都被清除殆盡，可以上達天道之境，用無執著、無分別的清明眼光觀照世界，此時「道眼」所見的萬物一體無別，就像莊周可以是蝴蝶，庖丁也可以是牛體，當主體解消自己，才能融入對方，彼此會通為一，共譜物我兩忘的絕妙樂章。

原來「庖丁解牛」不在支解真正的牛體，而是化解自己的心知執著與傲慢偏見。當自我的生命境界蛻變昇越，可以隨順外在世界的變化而靈動因應，物我不僅兩不相傷，還能和諧共生。所以十九年來，庖丁的刀刃沒有絲毫損傷，因為「依乎天理」、「因其固然」[10]，他沒有自己的固著堅持，能順任牛體的筋骨結構而行，即使縫隙非常細微，對於「無厚」的刀刃而言，都是寬廣的空間，可以遊刃有餘，無入而不自得。

庖丁解牛的三關，也是人生的體道進程，牛體暗喻複雜的人間世，刀刃則是每個人的「自我」[11]。自我的心靈如刀刃般「鋒銳」似乎是創造「頂尖」與「卓越」的人間功業所必須，但是稍有不慎，也容易傷人傷己，就像解牛屠刀因為使用方法不當而嚴重折損。老子曾言：「柔弱勝剛強」[12]，柔弱即是以「無」的

9　語出《道德經10章》。「滌除」是清除心知執著的塵垢汙染；「玄覽」是以天道般的形上眼光觀照人間。

10　「依乎天理」的「天理」與「因其固然」的「固然」，都是指涉牛體本有的筋骨結構。

11　參考王邦雄之詮釋系統。同註3，頁149-163。

12　語出《道德經36章》。「柔弱勝剛強」不是以柔弱為手段，來打敗剛強的他者，選擇柔弱是自我修行，超越想要與人爭勝的世俗走向，回歸自在自得的人生美好。林秀珍、徐世豐（2011）。老子道德經義理疏解。台北市：師大書苑。頁355。

沖虛修養，化解有心有為的「剛強」後遺症，在人我間給出寬容餘地，生成和諧的關係[13]。莊子傳承老子思想，以「無厚」的自我行走人間，再艱難的處境都能看見轉圜的空間。人生的終極境界即是超越經驗世界的器物和制度層面，專注於精神層次的修行工夫，才能證入第三關，達於形而上的「無厚」境界。「遊刃有餘」的逍遙人生關鍵還是在主體的自我修行，而不是被動等待世界的改變。

　　自從庖丁進入第三關，體悟解牛之道以來，已經過了十九年，雖然解牛工夫可以遊刃有餘，但是每一次遇到棘手處，依然戰戰兢兢，不敢大意。順利完成之後，他提刀而立，環視四周，感覺自己成了眾所矚目的焦點，彷彿就是宇宙的中心，當自我實現的成就感浮上心頭時，他不忘涵藏自己，以免迷失在洋洋得意的傲慢自負中，引來殺身禍害。魏晉時代的「竹林七賢」自許是清高的隱士，卻缺乏「善刀而藏之」的智慧，讓自己過人的才氣成為名滿天下的「名士」，光采蓋過了當時的權位者，最後招來不得善終的禍害。面對位高權重的君王，庖丁的體道修行讓自己可以全身而退，還適時點化君王為政之道，其「養生」智慧既保住自己，同時也成全對方，可謂高明的兩全之道。

三、教育蘊義

　　莊子認為，養生的根本在「養心」。無執著、無分別的虛靜心就像「無厚」的刀刃，行走複雜人間可以遊刃有餘，逍遙自

---

[13] 同前註，頁426。

在，這是體現天道的生命理境。庖丁的體道進程歷經三關，不同層次的技藝展現分別代表不同階段的成長，隱含著道家版的「下學而上達」[14]，只是不同於儒家以詩書禮樂的人文涵養通達天道，庖丁的「下學」是從具體的感官經驗進入抽象的心知作用[15]，進一步解消感官、心知的侷限，向上翻轉至「萬物與我為一」的一體無別與心靈無限之境。

（一）第一關的生理官能

　　儘管莊子揭示的人生三關以第三關為最高境界，但是從教育的立場而言，第一關是入門，也是基礎。人類的嬰幼兒與童年時期的學習，大多處於第一關的生理官能階段，此時是以身體活動為主，重在具體實物的接觸和認識，屬於初級經驗（primary experience）的性質。美國教育學者杜威（J. Dewey）指出，初級經驗是整體的經驗內容，未經系統化的反省分析，呈現主客界線模糊，行為與經驗材料不分的粗糙原貌，在初級經驗中主體直接感受、經歷、欣賞、享受或忍受事物的存在，這些日常生活的直接經歷是形成抽象概念和理論的基礎[16]。東晉時代的大書法家王羲之的學習歷程即為一例。

　　王羲之被後世尊為「書聖」，李白讚譽其書法表現「精妙

---

[14] 「下學而上達」出自《論語·憲問篇》，「下學」指「講習詩書禮樂」等的人文涵養；「上達」意指「向上通達於天道的美善」。參閱王邦雄、曾昭旭、楊祖漢（2003）。論語義理疏解。台北市：鵝湖。頁45。

[15] 心知作用有兩種意涵，一為中性涵義的認知，二為負面涵義的執著。此處的心知指涉認知作用。

[16] Dewey, J. (1958). Experience and nature. New York: Dover. pp.3-9.

入神」[17]，可謂極致的形上意境。他小時候拜師衛夫人學習書法，衛夫人曾提出：「每為一字，各象其形，斯造妙矣，書道畢矣」[18]之論，其書法論著《筆陣圖》即是從自身豐富的初級經驗取材，來說明抽象的理論。藉由《筆陣圖》一書，我們也可以瞭解衛夫人如何引領王羲之進入書法世界，奠定其成為書法大家的基礎。年幼的王羲之如何能體會書法中「、」（點）的力道與意境呢？對於孩童來說，最好的方式是體驗學習，直接帶著王羲之玩石頭，一遍又一遍地透過身體活動累積初級經驗，體會石頭從高處墜落的速度與力道，掌握寫「、」（點）的要訣有如「高峰墜石」般的筆力與氣勢；又如要寫出蒼勁有力的「I」（豎），就帶著王羲之觀察「萬歲枯藤」的強韌生命力。可見書法的形上美感意境和生命的直接體驗密切相關，原來衛夫人不僅是王羲之的書法老師，更是生命導師，引領著王羲之從感官的體驗學習中，領略書法的抽象概念與理論，進一步將書法技藝與生命涵養融合，達致道術為一的藝術化境。

豐富的初級經驗是進入抽象概念與知識理論的基礎，如果缺乏第一關的厚實基礎，直接進入認知的抽象世界，孩童對了無生機的文字符號興趣缺缺，沒有主動學習的意願，未來對於第三關的形上境界也將體證無門，原本內在於萬物之中的天道，成了外在客觀化的抽象玄理，難有天人交感會通的生命領悟。第一關是

---

[17] 李白有詩《王右軍》曰：「右軍本清真，瀟灑出風塵。山陰過羽客，愛此好鵝賓。掃素寫道經，筆精妙入神。書罷籠鵝去，何曾別主人。」取自https://zh.wikipedia.org/wiki/王羲之。

[18] 參考https://read01.com/KgoPzR.html。

進入第二關和第三關的必要條件，忽略孩童身心發展的需求與初級經驗的重要，過早學習抽象的文字和符號，短期內或有競爭力高的速效，但是從百年人生來看，這是揠苗助長，適得其反。不過若停滯在第一關的生理官能層次，則人與蟲魚鳥獸無異，只有天生本能的反應，難有開創性的突破和發展。從具體進入抽象認知的學習方式，不僅加廣與加深我們和世界的連結，也是通往第三關的中介橋梁。

（二）第二關的心知作用[19]

人類與其他動物的學習能力在第二關出現明顯差異。人類獨有複雜心靈，可以進行高度抽象的認知學習，第二關即是透過心知作用，不必藉由具體實物，就能理解存在物的屬性與關係，執簡馭繁地掌握大千世界。現代學術建立嚴謹的知識論體系與科技器物的文明，都是心知作用的豐碩成果，此時的生活世界已經不是耳目官覺所見的世界，而是各領域的專家開展專業人生的場域。具體的存在事物變成研究對象，繼而被轉換成數量或系列文字描述的分類系統，這些專業人員所關心的是如何掌握自然事物的性質，並加以研發利用。除了自然世界的研究之外，人間社會也充斥多元的學術研究，例如人類學、社會學、心理學、歷史學等，這些研究成果對於理解人類自身與複雜的社會，提供重要的知識和理論。不過，誠如〈天下〉篇所言：「天下之治方術者多

---

[19] 心知作用意指認知作用，但是當個人把未經檢證的主觀認知結果視為絕對真理，心知就轉成執著的負面涵義。

矣，皆以其有為不可加矣。」[20] 不同領域的專家若以自己專研的成果和知識系統為最高明，原初客觀的認知作用將轉成自以為是的心知執著，形成專業的傲慢和偏見，彼此之間缺乏認同、理解和接納，讓人間社會更顯複雜。

人的成長歷程由具體操作進入形式的符號運思階段，個體得以突破生理官能與世界互動的極限，以更有效的方式向外延伸與拓展，這是學習的轉捩點。不過，老子有言：「為學日益」[21]，在「為學」路上執守書本文字作為媒介，會衍生以抽象知識取代真實生命的偏誤，特別是有關生命的學問不假外求，一心一意向外馳求以增益知識，遺忘生命的根土就在自身的天真常德，此為本末倒置之舉。而且自認為有知之士，其傲慢自負比知識增長更為快速，所以老子提出「為道日損」[22]，在「為學」歷程中，時時勤行修道，減損心知執著，在每一步的前行中，以向上超越的修養進路回歸無執著、無分別的天道之境，可以存全生命真實，證入生命境界的第三關。

（三）第三關的解消自我

人的成長歷程經過第一關的生理官能階段，可以累積豐富的初級經驗，為第二關的認知學習奠定厚實基礎；第二關的心知作

---

[20] 意指眾家派僅治一方之術，卻執守自己有限的理論觀點，以為是完美無缺之論。同註3，頁465-466。

[21] 語出《道德經48章》。「為學日益」不是針對客觀知識的增長來說，而是就「為學」的有心有為，會增加心知執著的負作用而言。同註12。

[22] 語出《道德經48章》。形而上的為道之路是「日損」，也就是日漸減損心知執著的羈絆，達至無執著無分別的「無心」之境。同註12，頁461-464。

用是成就專業知能的必要條件，也是推動現代化的文明發展所必須。由於人心有知的作用，知的本質是「執」[23]，各種專業領域對理解人類自身與社會複雜結構雖有其貢獻，但是在認知外在對象的過程中，人與人或人與物之間呈現主客對立的狀態，不同的專家若以自己所知為唯一真理，看不到研究對象是複雜的整體，此時的心知作用即從原初的認知轉成執著，自我就像「有厚」的利刃，自以為是而隨時可能傷己傷人。

人生若只停留在第二關的層次，至多成為頂尖、卓越的專業人，可以滿足生存、生活的需求，創造功成名就的社會價值，但困陷於心知執著的作繭自縛，也難有安身立命的心靈滋養。誠如老子所言：「吾所以有大患者，為吾有身；及吾無身，吾有何患！」[24]「有身」是放不下自身的專業自負，以強者姿態顯耀自己的存在價值，在人際間逼出決裂對抗的衝突緊張，自身也提早耗散生命能量而快速衰亡；「無身」不是從有形的形體來說，而是放下自己的傲慢與偏見，以「無厚」的涵藏修養把生命向上翻轉，讓心神隨順大化流行，如同大鵬怒飛九萬里，精神天地無限寬廣，人生之路也能免去執著與造作而帶來的憂慮大患。

第三關的生命境界海闊天空，這是人類作為萬物之靈的永恆嚮往和追尋。就教育的立場而言，近年來國內努力推動教師專業

---

[23] 參考王邦雄觀點。王邦雄（2010）。老子道德經的現代解讀。台北市：遠流。頁218。

[24] 語出《道德經13章》。本段意指人生的大患是從想要高貴自己的「貴身」執著而來，執著於高貴自身，就會向外追求名利，終生陷入患得患失中，內心不得安寧。若能放下自己，沒有自我執著，也不會有執著自身帶來的大患。同註12，頁145-147。

發展，希望透過教育知能的進修成長，讓教師具備「專業」眼光，能穿透行為表象，超離主觀偏見，更客觀的認識學生。在專業系統的運作與科學效能的管理之下，學生的性向、智力、學習成就等，都被轉化為抽象數字和文字符號，如果教師專業只停留在知識、技能層次，難免落入「庖丁解牛」的第二關，被囿限在抽象符號所勉強概括的世界，無法看到學生的外顯行為和量化表現之外，不為人知的內在世界。體現天道的教師修養沒有執著分別與傲慢偏見，可以突破感官與認知心的藩籬，以「無厚」的精神自我進入學生的生命世界，開展「師生為一」的交感和合，教育之美盡在其中[25]。

現代的學校從國民教育開始，偏重圖像表徵和符號表徵的形式運思，換言之，第二關的心知作用一直是學校強調的重點。羅賓森（K. Robinson）即指出，當前多數國家的教育系統偏重嚴謹分析與推理能力，特別看重語文和數理學科，忽略術科如音樂、舞蹈的價值，學童必須在為數不多的幾種制式測驗中，不斷追求更高的分數[26]。莊子的「庖丁解牛」暗喻著人類的成長和發展並非線性與機械性，而是充滿複雜與活力的生命模式，可以開出立體超越的精神世界。然而，回顧過去三百年來，人類由工業主義和科學化管理所主導的學校教育系統，不僅對人缺乏整體性的理

---

[25] 林秀珍（2013）。庖丁解牛。載於林逢祺、洪仁進（主編）。教育哲學：隱喻篇。台北市：學富。頁269-276。

[26] 謝凱蒂（譯）（2011）。K. Robinson & L. Aronica著。讓天賦自由（第二版）（The element: how finding your passion changes everything）。台北市：天下遠見。頁43-44。

解，也嚴重低估「下學而上達」的人生可能性。通達「形而上」的生命高度是精神的釋放與全然的自由，在自我超越中感受到「天地與我並生，而萬物與我為一」[27]的一體感。「庖丁解牛」揭示的人生第三關即在是真實人生中，精神向上昇越的登峰造極之境。

庖丁的神乎其技是體道之後的精神展演，也是全幅生命力的專注投入，歷經實踐體證的工夫涵養，才能成就形上超越的精神自我，擺脫現實世界人我傾軋的悲劇[28]。悟道之後的庖丁不曾更換刀刃，因為刀鋒不會碰觸到牛體的骨肉而折損，即便如此，每一次的解牛歷程，他都是敬謹小心，在大功告成之際不忘「善刀而藏之」，以免恃才傲物，得意忘形。雖然證入第三關的庖丁已達道術合一的最高意境，他依然持續地勤行修道，不敢有絲毫懈怠，因為深知功成名就的榮耀光采會讓人心陶醉其中，最後忘了自己是誰。

人生是一系列不斷自我超越的歷程，從學習的角度來說，「庖丁解牛」的第一關是學習的基礎和入門，第二關是專業知能的養成，通過專業的「技藝」媒介，才有顯化天道的中介輔助，不過自恃專業的自負與偏狹後患無窮，所以生命必須有「道」，以化解心知執著的後遺症。道術合一的生命意境是莊子為我們揭示的人生方向，也是超越感官與心知作用，在更高的形上層次與

---

[27] 語出〈齊物論〉。本段意指我與其他萬物是相互依存的共生關係；萬物皆為天道所生，我與萬物同源於天道而一體無別，同等尊貴。

[28] 同註25，頁276。

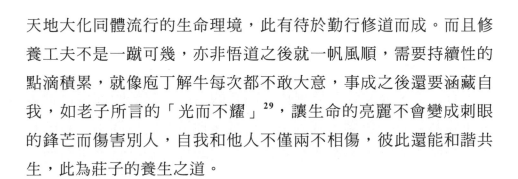

天地大化同體流行的生命理境，此有待於勤行修道而成。而且修養工夫不是一蹴可幾，亦非悟道之後就一帆風順，需要持續性的點滴積累，就像庖丁解牛每次都不敢大意，事成之後還要涵藏自我，如老子所言的「光而不耀」[29]，讓生命的亮麗不會變成刺眼的鋒芒而傷害別人，自我和他人不僅兩不相傷，彼此還能和諧共生，此為莊子的養生之道。

參、右師的有名有刑與澤雉的無名無刑

「庖丁解牛」的寓言以文惠君的悟道作為結束，接續兩則寓言的主角是右師和澤雉，右師是人間的高官職銜；澤雉是水澤中不起眼的小鳥，右師的權貴地位與微不足道的野鳥處境形成強烈對比，由此引出有名有刑與無名無刑的人生反省。

一、故事內容

（一）右師的受刑

名利權勢是社會推崇的主流價值，位高權重者可以光宗耀祖，成為眾人欣羨的對象。「右師」明明是名滿天下的權貴，在故事中卻是一位受到刑罰而少了一隻腳的「受刑人」。寓言內容如下：

> 公文軒見右師而驚曰：「是何人也？惡乎介也？天與？

---

[29] 語出《道德經58章》。

其人與？」曰：「天也，非人也。天之生是使獨也，人
之貌有與也。以是知其天也，非人也。」

　　有一天，公文軒[30]見到位居高官的右師，對於眼前這位權貴
人士竟然只有一隻腳，感到不可思議。他驚訝的自問：「右師到
底是何等人啊？怎麼會遭受砍斷一隻腳的刑罰呢？是老天給他的
處罰，還是人為使然呢？」接著公文軒自問自答說：「我想一定
是老天讓他少了一隻腳，不是人為所造成。我相信他是天生就少
了一隻腳，因為人人天生的形貌都有兩隻腳。所以我推斷右師斷
腳是老天的意思，不是人為造成的傷害。」

　　公文軒的問答之間看似前後矛盾，其實莊子是以反諷的敘寫
方式，透過公文軒驚見右師斷腳後的獨白，呈顯出「成名人」也
是「受刑人」！

（二）澤雉的自在

　　相較於右師的「有名有刑」，水澤中的野鳥「無名無刑」，
活得自在適意。有關澤雉的描述如下：

　　　澤雉十步一啄，百步一飲，不蘄畜乎樊中。神雖王，不
　　　善也。

　　水澤中的野鳥走十步才能啄到一口食物，走上百步才能喝到
一口水，生存的每一步都要自食其力。不過，牠寧可辛苦覓食，

---

[30] 寓言的主角之一，依據王邦雄之見，大概其人出現在政府的聯合辦公中心，所
　　以因地以為名。參閱註3，頁164。

也不會祈求被人豢養在鳥籠中，過著衣食無虞的生活。牠在野地精神飽滿，姿態昂揚[31]，但也不會沾沾自喜，賣弄炫耀。

這段寓言極為簡短，但寓意深遠。人生要活在名利的樊籠中，或是如澤雉般自在自得呢？莊子沒有明說，他把答案留給每個人的理性來選擇。

二、哲學義理

以下分從「名」與「刑」的關係、循虛而行的處世智慧等兩方面，闡述其哲學義理。

（一）「成名人」也是「受刑人」

1.戰國時代名利爭競是熱潮

莊子身處戰國時代，各國間互相攻伐，強凌弱，眾暴寡，社會經濟則因為冶鐵技術的進展，全面推進農業生產能力，也開闢了工商的結合，大大提高商業財富的累積，從當時錢幣流通的情形與鑄幣地域的普遍，不難想見其商業活動的高度發達[32]。工商活動的貨利誘引刺激物質慾望，再加上貴族為鞏固權勢，紛紛起用賢才，養士之風大盛，布衣可為卿相，名利爭競也成為熱

---

[31] 有關「神雖王，不善也」有解為籠中的鳥可以免去覓食之苦，表面看來很神氣，卻一點也不快活。參閱葉海煙（2006）。莊子的處世智慧。台北市：健行文化。頁70；第二種解為野地的水鳥精神飽滿，但是不自以為是善。參閱註3，頁166。兩種詮釋雖然有別，基本上皆不違背莊子哲理，但是筆者認為第二種解法更能傳達澤雉在野地中自由自在的樣態。

[32] 徐復觀（1974）。周秦漢政治社會結構之研究。台北市：學生書局。頁105-108。

潮。老子曾言：「馳騁畋獵，令人心發狂；難得之貨，令人行妨。」[33] 他感慨上位者崇尚賢德之名，尊貴金玉珠寶的價值，讓人心在爭名奪利中躁動狂亂，自然美好的人生行程就此失落[34]。莊子在老子之後，面對沉濁的天下，如果再用莊重的語詞來說道理，恐怕引人反感，他借用想像的寓言來針砭時代病痛，故事情節引人入勝，右師與澤雉的反差對比，凸顯人生價值的抉擇。

依儒家義理，生命的價值在於德行實踐，內聖外王是人生理想。子夏曰：「學而優則仕」[35]，治學若有餘力，可以出仕任官，透過政治之力將理想與實際通貫結合。孔子為求行道於世而周遊列國，對於從政做官並不排斥，畢竟擔任官職是把文化理想在人間落實的有效媒介，只是孔子堅持當天下無道之時，則隱而修養自身，這是其有所不為的操守。老莊的年代戰事頻繁[36]，士脫離農耕以求祿，形成士集團勢力擴大，與當時的人主或權貴相倚為重的現象[37]。面對人心的貪欲浮動，讀書人競相追求名位俸祿，老子直指生命價值而問：「名與身孰親？身與貨孰多？」[38]，外在名聲與真實自我，何者感覺親切？真實自我與財富貨利，何者更為重要？執迷於外在名利來高貴自身，同時也被

---

[33] 語出《道德經12章》。

[34] 同註12，頁135-136。

[35] 語出《論語‧子張篇》。

[36] 老子的身世之謎至今未解，從《道德經》反映的時代背景與義理內容推斷，老子哲學在孔墨之後，莊子之前。參閱王邦雄（2004）。老子的哲學（二版）。台北市：東大。頁46。

[37] 同註32，頁109-110。

[38] 語出《道德經44章》。

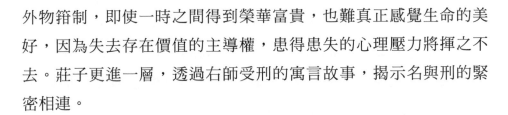

外物箝制，即使一時之間得到榮華富貴，也難真正感覺生命的美好，因為失去存在價值的主導權，患得患失的心理壓力將揮之不去。莊子更進一層，透過右師受刑的寓言故事，揭示名與刑的緊密相連。

2.名與刑關係密切

　　在公文軒的自問自答中，重複出現「天也，非人也」，他論斷右師只有一隻腳是天生如此，理由卻是老天給每個人的形貌都是兩隻腳。乍看之下其理由前後矛盾，既然人人是天生雙足，又說右師的單足也是天生，豈不荒謬？而且公文軒自問：「是何人也？惡乎介也？」「介」是砍去腳的重刑[39]，他知道右師的斷腳是受到人間刑罰所致，結論又說是天意，此看似「荒唐之言」的背後隱含著極大的諷刺。原來名利圈和權力場猶如一級戰區，充滿虛偽巧詐與爭鬥傾軋，一旦深陷其中，沒有機心算計的謀略，很難脫穎而出，最後即使爭得一席之地，也付出慘痛代價，表面上右師看似風光，實則痛失生命的真實與素樸。世人只見名號的亮麗光采，怎麼能理解位高權重的右師犧牲真實自我，才躋身權貴之列呢！所以公文軒以「天生如此」的荒謬之論，把人為的刑害說成是老天安排，藉此反諷世人迷於名號頭銜的光采，渾然不覺「有名」則「有刑」的潛在傷害。

---

[39] 依成玄英疏：「介，跀也」，「跀」是砍去腳的重刑。參閱郭象（注）、陸德明（釋文）、成玄英（疏）、郭慶藩（集釋）（1955）。莊子集釋。台北市：世界。頁58。

3.執著善惡之名衍生的壓力和傷害是刑

　　社會是專業分工的合作體系，不同的職位有不同的角色功能，同時產生相應的名分和稱謂。名號和頭銜是制度結構的產物，它是從社會角色實有的內涵與職責而來，不過伴隨著名號而來的權力和利益大不相同，人心也被牽引而競逐名位，遺忘實至名歸之理，讓名號淪為空洞虛名。名位是既存的社會事實，「右師之介」的寓言不在否定名號頭銜的價值，而是針對人心的執著陷溺，提出針砭之言。莊子說：「為善無近名，為惡無近刑」[40]，人間有價值好壞的善惡之別，善惡是名，執著善惡之名所帶來的壓力和紛爭是「刑」，此處的「善惡」不是道德上的良知判斷，而是心知執著的價值偏見，也就是老子所言：「天下皆知美之為美，斯惡已；皆知善之為善，斯不善已。」[41] 老子認為，當天下人執迷在美之為美與善之為善的標準時，心中對美善已經有了既定的成見，這一套標準被當作價值量尺，用來評價萬物。符合標準者是美善，不合標準者則被冠上不美與不善之名，這種心知的認取與執著會把不同於己的美與善排除在外，事實上對方只是不同的美和善，不一定是不美與不善[42]。

---

[40] 語出〈養生主〉。這兩句話是修辭學的「互文足義」，即把一句話拆成兩句話來說，可有聲韻的美感，詮釋時要兩句話合起來理解。依王邦雄詮解，這兩句話可調整為「無為近名之善，無為近刑之惡」，意指善惡的執著與分別是「名」，而善惡的執著分別所帶來的壓力是「刑」，兩句合起來解為「心知不要有善惡的執著與分別，生命就不會承受這一執著分別所拖帶出來的壓力與傷痛了。」同註3，頁153-154。

[41] 語出《道德經2章》。

[42] 同註12，頁27-29。

　　世俗肯定功名利祿的價值，功成名就的「美名」或「善名」也是生命的光采。但是人心在追求生命光采的同時，容易滯陷於自家相對性的價值標準，進一步以個人主觀的標準責求天下人絕對的符應，就像當前各種主義的意識形態，形成極端的傲慢和偏見，不僅讓自己陷入困境，也帶來人間的爭戰和紛擾。名副其實的生命光采是正面價值，一旦陷入爭名的執著與造作，就會產生無窮的壓力，讓「成名人」變成「受刑人」。〈養生主〉首句：「吾生也有涯，而知也無涯」，依宣穎解為：「年命在身有盡，心思逐物無邊」[43]，這句話點出每個人的生命有限，但是想要的名利外物無窮無盡，以有限的形軀生命追逐無限的名利，不僅事實上不可能做到，根本的問題是「價值」上不值得。因為名利是身外之物，在天搖地動的天災或人禍中，瞬間就化為烏有，所以老子言：「金玉滿堂，莫之能守」[44]。身外之物變化不定，不必然能長久持有作為幸福保障，以真實生命去追求街頭虛幻的名利，深陷在患得患失的憂慮恐懼，疲勞困苦一生，還執迷不悟，這樣的人生注定是悲劇一場。

　　當代隨著人工智慧進入實務應用的年代，商場競爭不下於政治上的權位爭鬥，從現代中國互聯網的生態系統即可窺知一、二。根據李開復描述，中國互聯網的競爭之慘烈，猶如古羅馬競技場，業者為求勝出，通常變得更靈活、精實，出手也更狠，除了抄襲彼此的產品創新，採抹黑戰術，直接移除對手的軟體，還有向公安部舉發敵方陣營執行長的毒辣招數。對這些競爭鬥士來

---

[43] 宣穎（1978）。莊子南華經解。新北市：廣文書局；同註3，頁151-153。

[44] 語出《道德經9章》。

說，沒有什麼手段是過於骯髒或陰險的，能夠存活下來的，往往也是一批最強韌的世界級創業家[45]。這些創業鬥士的奮鬥歷程艱辛險惡，他們展現驚人的意志力和靈動性，長期下來也磨練出一身本領，終於成為人人稱羨的企業家，可謂名利雙收，一切的辛勞和付出，彷彿都是值得的。不過，根據安寧照護服務員暨作家維爾（B. Ware）所述，臨終病人在生命最後幾周，往往能以最清晰的角度回顧一生，沒有人懊悔自己沒有更努力工作，許多人遺憾的是花太少時間和摯愛的人相處[46]，原來生命臨終前，最讓人珍惜的不是名利權勢，而是人間無價的真愛。

莊子筆下的右師是權傾一時的「成名人」，也是遭受刑罰的「受刑人」。無論走在競爭激烈的仕途或職場，往往必須戴著自我保護的假面具，面對爾虞我詐的競爭文化，不敢表露真心真情，還得處處小心提防，以免職位不保，甚至成為鬥爭的犧牲品。如果行走人間為求名利而成了「假人」，不能用天生本德的「真」活出一生美好，在莊子看來，這是終生難以彌平的刑害。

（二）循虛而行的處世智慧

1.自勝者強

老子言：「知人者智，自知者明。勝人者有力，自勝者強。」[47]世人投入人間街頭的賽局，心思盡散落在人際關係網路，專研他

---

[45] 李開復（2018）。AI新世界。台北市：遠流。頁62-63。

[46] 轉引自李開復（2018）。AI新世界。台北市：遠流。頁296。

[47] 語出《道德經33章》。本段意指：「能知人只是小聰明，真正的智慧是自知，也就是能虛靜觀照自己的天真之德。」同註12，頁327。

人的弱點以求勝出，這只是爭鬥的小聰明，不是生命的大智慧。
老子認為，通過心的虛靜明照，能見生命的「真常」就在自家的
天生本真，不是外在事功，回到道根德本的人性本源，體認生命
的圓滿自足從天真本德來，人生不必逢迎作假，身處名利圈與權
力場也能來去自如，這才是真正的強者[48]。心知執著與人為造作帶
來自困自苦的生命刑害，化解之道就在心上做工夫，這是老莊一
貫的哲學思想，澤雉的自在自得即是虛靜心所開展的適意人生。

面對社會的名利熱潮，莊子以「緣督以為經」，也就是「循
虛而行」[49]的沖虛修養，作為身心的安頓之道。他以「澤雉」為
喻，澤雉是不知名的水鳥，在自然野地中不求有名，所以不必攀
緣投靠，也沒有競逐名利帶來的壓迫和傷害。雖然籠中鳥可以免
去覓食之苦，但是澤雉寧可身處在廣大的自然天地間，盡情展現
旺盛的生命力，生活的每一步真實無妄，存在的挑戰和磨難都成
為生命的淬鍊和滋養。澤雉在野地的姿態是：「神雖王，不善
也」，牠的精神飽滿，神情愉悅，「不善也」猶如「庖丁解牛」
的「善刀而藏之」，莊子藉此隱喻回歸生命本真的沖虛涵養，可
以化解名利枷鎖而逍遙自在，當然也不會有心知執著產生的傲慢
自負與志得意滿。

2.自主自得的存在抉擇

〈秋水〉篇也有一段類似的故事[50]，描述莊子在濮水之上悠閒

---

[48] 同註12，頁326-330。

[49] 參考王邦雄詮釋觀點，同註3，頁155。

[50] 同註3，頁453-454。

垂釣，楚王派遣兩位大夫傳達，想以厚禮聘請莊子出來做官，莊子沒有正面回應，只說了個比方：聽說楚國有一隻已經死了三千年的神龜，君王很慎重的把牠放在竹器內，再用巾飾覆蓋後，珍藏在宗廟裡以供問卜決斷國家大事。他接著反問兩位使者：「就這隻神龜來說，牠是希望死去而留下龜殼，好讓人供奉在廟堂之上，以顯示其尊貴呢？還是寧願在泥地中，自在快意的搖曳著尾巴爬行呢？」兩位使者說：「寧願活著在泥地裡自在爬行。」莊子最後說出自己的想法：「兩位請回，我將是在泥地裡搖著尾巴，自在爬行的那隻龜。」[51]

身處在戰國亂局，知識分子的外王理想雖然難有施展空間，至少可以存全自身涵養，樹立生命人格的典範，以此行教天下。莊子在〈人間世〉有云：「天下有道，聖人成焉；天下無道，聖人生焉」，無論天下有道或無道，聖人的自我期許都是要「生成」百姓，只是有道之時，所成的是外王事業；無道之時，所生的是內聖修養[52]。孔子也曾說：「天下有道則見，無道則隱」[53]儒家或道家皆有天下大治的淑世理想[54]，當舉世滔滔而不可為之

---

[51] 原文是：「莊子釣於濮水，楚王使大夫二人往先焉，曰：『願以境內累矣！』莊子持竿不顧，曰：『吾聞楚有神龜，死已三千歲矣，王巾笥而藏之廟堂之上。此龜者，寧其死為留骨而貴乎？寧其生而曳尾於塗中乎？』二大夫曰：『寧生而曳尾塗中。』莊子曰：『往矣！吾將曳尾於塗中？』」同註3，頁453。

[52] 參考王邦雄詮釋觀點。同註3，頁231。

[53] 語出《論語・泰伯篇》。

[54] 老子言：「為無為，則無不治」（《道德經3章》）；莊子言：「明王之治：功蓋天下，而似不自己」（〈應帝王〉），可見道家並非消極的避世哲學，天下

時，聖人的「隱」也不是隱居山林，不問世事，而是以自身修養挺立生命人格，這是個人可以充分自主的存在抉擇。所以莊子看似否定名利，實則在破除世人競逐名利的迷思，他留下快意自適的人生智慧，讓後人對人類精神的崇高性與自由的真諦，保有清醒覺察和省思。

右師的「有名」與澤雉的「無名」不是平等對列，而是超越的區分。澤雉的「無名」是放下以功名利祿來高貴自己的執迷，回歸怡然自得的精神自主。「無名」的「無」不是否定義，而是超越與化解的沖虛修養，也是「循虛而行」的處世智慧。化解「成心」的執著陷溺，精神天地無限寬廣，可以像庖丁的「無厚」而「保身」；也能免去右師的求名受刑，而得以存全生命的真實，也就是「全生」；更進一層能像澤雉一樣，達到與天道同在，逍遙無待的「養親」之境；最終得以「盡年」，即圓滿走完人生行程，享盡天生本有的年歲[55]。莊子在〈養生主〉首段結論：「緣督以為經，可以保身，可以全生，可以養親，可以盡年。」其養生之道就在涵養心的沖虛，由此開顯身心整全和諧的理想人生。

大治是儒道共同的外王理想。

[55] 學者對於「全生」、「養親」的解釋不一，筆者認為王邦雄之詮釋層次分明，更貼近〈養生主〉的哲學理路。依王邦雄詮解，「保身」是保有形軀生命的存在；「全生」是存全生命的真實；「養親」的「親」從「貴食母」（《道德經20章》）的「食母」來解，「食母」是天道，「養親」即回歸天道之意；「盡年」是享有天生本有的年歲。同註3，頁155。

三、教育蘊義

　　莊子藉著右師受斷足之刑與澤雉自在神王的反差對比，凸顯出人生價值方向的選擇，決定了自己成為什麼樣的人，也左右著生命存在的意義。澤雉的神王象徵著超然物外的精神自由，不過自為生命主宰的前提必須能滿足生存基本需求，就像澤雉的「十步一啄，百步一飲」，至少得具備自食其力的維生本領，才有進一步開展精神天地的可能，如果連生存都成問題，談精神自由恐怕淪為迂闊玄遠，不切實際的空言。幸福美好的人生不離身心的安頓，前瞻未來科技進展，人工智慧對個人和社會整體將造成巨大衝擊，教育者要能見微知著，防患於未然，莊子的生命哲學或可作為指引的明燈。

　　以下從人工智慧的巨大衝擊、通往「自由」的教育之路等兩方面，衍釋寓言中的教育蘊義。

（一）人工智慧的巨大衝擊

　　卡繆指出，真正嚴肅的哲學問題只有一個，那就是自殺。判斷人生究竟是否值得活下去，等於回答了哲學的根本問題[56]。生存是生物本能的需求，在萬物之中，目前所知只有人類會反思存在的意義，也會因為存在的虛無感而自我了結。

　　在工業革命之後社會急遽變遷，短短幾百年間，工作幾乎佔了現代人生活的大半時間，社交場合的名片交換中，職業類別往往成為關注焦點，因為工作對人而言不僅是生存所需，也是個人

---

[56] 同註1，頁33。

的社會價值、身分認同，甚至人生意義的源頭。不過，隨著數位科技的進展，專家已經提出警告：在未來十五年內，美國會有40%至50%的工作被自動化取代，人工智慧的智能機器讓很多人可能不是暫時性失業，而是長久被排除在整個經濟運作之外，對人的心理傷害極深，包括罹患憂鬱症、自殺、酒精和藥物濫用等的可能性提高許多[57]。

　　當機器能夠取代人力，而且做得比人更好時，可能意味著失業的危機重重，另一方面也代表人類可以從枯燥乏味的例行工作中解放出來，有更多時間回到自己本身，思考人不同於機器的人性本質，以及生命存在的深層意義。當然，人工智慧對全球勞動市場和社會體系的巨大衝擊不容小覷，新時代需要有創新工作的本事，還要能超越工業時代遺留下來的慣性思維，不以外在的社會名位做為自我價值的認同依據，才能像澤雉一樣，無待於外而自在自得。澤雉的快意生活不是天方夜譚，我們所接受的教育歷程是通往「自由」人生的重要因素。

（二）通往「自由」的教育之路

　　當前已進入數位時代，兩百多年前工業革命所遺留下來的思維慣性和教育模式，也必須跟著因應調整。

1.工業時代的慣性思維亟待改變

　　綜觀歷史發展，從十八世紀下半葉開始，鐵路建設和蒸汽機的發明，引領人類進入第一次工業革命，機械化的生產方式以前

---

[57]　同註45，頁276。

所未有的速度，大量產出整齊劃一的產品，促成了工商業活動與資本主義的蓬勃發展。學校也模擬工廠生產線的標準化流程，希望透過系列的考試和測驗，以確保「產品」的品質和績效，「標準化」的運作與目標導向的科學管理模式，被企業組織奉為圭臬，也成為學校的潛在信念。世界經濟論壇創始人兼執行主席施瓦布（K. Schwab）指出，當前是在數位革命的基礎上發展起來的變革，其特點是網路變得無所不在，人工智慧和機器學習開始嶄露鋒芒，最大的受益者之一，將是懂得創新的人[58]。工業時代的「標準化」模式已經很難因應「創新」的時代需求。

人工智慧的時代已經來臨，但是現在的教育制度和學校運作，基本上還是沿襲著工廠生產線的「標準化」和科學管理模式，同齡的學生被迫在同一的進度、同一方法、同一地點和同一時間學習，很少有個人可以自由探索的時間和空間。父母親精心策畫的家庭教育也十分類似，他們依循目標導向的科學管理原則，以自己的想法為孩子規劃充實的學習內容，排定多元的活動，表面上看來精彩豐富，但是孩子的一切都在父母的監控、管理和計畫中，他們沒有自己玩樂的時間，最大的問題是無法進行創造所必要的自由探索。

樂高（LEGO）玩具製造商的研究團隊發現，過去的孩子可以在住家附近的人行道上玩耍或是在鄉間自由奔跑，現代孩子的童年被父母精心規劃，生活中的每個空間都受到大人的策劃、管

---

[58] 世界經濟論壇北京代表處（譯）（2017）。K. Schwab著。第四次工業革命（The fourth industrial revolution）。台北市：遠見天下文化。頁20-28。

理或布置,自主的空間不斷縮小,他們需要在虛擬空間,例如線上遊戲,或是在想像的國度,才能享有自由。對現代孩童來說,遊戲的功能之一是遠離大人監控,找到可以透一口氣的空間[59]。家庭教育是一面鏡子,如實反映父母親本身不易覺察的思維慣性,這套慣性思維是在成長過程中,受到所處的社會背景、學校教育、人際互動等多元因素影響,逐漸形成理所當然,不假思索的自動化反應。當我們面對文化變遷時,複製工業時代的「成功」經驗所建立的慣性模式,很可能錯誤導航,讓孩子置身險境。

2.自由表現的身體活動培養創造力與想像力[60]

教育的啟蒙關係著理智的發展,從無律、他律到自律,是一段漫長的歷程,對於心智未臻成熟的孩童來說,外在規範的約束有其必要,但是過度的箝制也會壓抑潛能,扼殺創造力的開展。賈馥茗指出,心理學家承認人有表現的能力和需要,塗鴉是表現的第一步。幼兒的塗鴉完全以自己的意思來表現,如果被迫模仿,往往減低其動作的興趣,所以允許自由表現可以增進潛能的發展而達到成熟[61]。幼兒的心理發展屬於懷德海(A. N.

---

[59] 廖建容(譯)(2014)。C. Madsbjerg & M. B. Rasmussen著。大賣場裡的人類學家:用人文科學搞懂消費者,解決最棘手的商業問題(The moment of clarity: using the human sciences to solve your toughest business problems)。台北市:遠見天下文化。頁170-175。

[60] 以下有關自由表現的教育,主要取自筆者先前的研究成果。參閱林秀珍(2007)。經驗與教育探微:杜威(John Dewey)教育哲學之詮釋。台北市:師大書苑。頁161-171。

[61] 賈馥茗(1992)。教育與成長之路。台北市:師大書苑。頁86-87。

Whitehead）所稱的浪漫期（The stage of romance），這個時期強調重點是自由，以及鼓勵幼兒主動的探險[62]。幼兒充滿想像力與無窮的好奇心，只有在自由的環境中，能夠孕育創造的心靈，培養無畏的勇氣，敢於面對未知的世界，鍥而不捨的提問與探索。

自由表現的經驗就幼兒而言，是積極展現旺盛的生命力，就教育立場而言，則是減少成人思考模式的箝制與束縛。想像力與創造力是幼兒珍貴的天賦資源，成人不當的限制與干預，強迫順應既定的常模規範，不僅增加幼兒的挫折感，也造成創造力的萎縮。想像力與創造力不僅關係個人成長，也聯繫著社會的進步與發展，科學家有愈多想像力的馳騁空間，就愈有可能激發研究的創造力，這些能力需要從幼年開始，在自由與開放的環境中來孕育與滋長。

3.理智的自由[63]

自由表現的教育方式提供寬廣的心靈空間與肢體活動的自由，一方面讓幼兒自由自在的展現自己的想法與創意，從自我表現中建立自信；另一方面，感官與身體活動的安排，在考慮安全的前提下，儘量鼓勵幼兒透過主動作為與親身實證來認識世界，環境的禁令愈多，愈容易剝奪其探究世界的可能性，抑制心智活動的主動性。這種教育方式的消極意義是減少僵化的空間安排，增加身體活動的自由度；積極意義是心智活動的自由，包括創意

---

[62] Whitehead, A. N. (1967). The aims of education. New York: The Free Press. p.33.
[63] 同註60。

的表達以及思考能力的啟發與運作。學習與成長是自己的事，不可能由父母或教師代勞，當幼兒開始學習獨立探索世界的時候，他們需要有自由嘗試的機會，不是像籠中鳥般，完全受制於成人的精心計畫。

杜威提倡「自由」的教育，其消極意涵是免於身體活動的不當限制，積極面是理智的自由（freedom of intelligence）[64]，讓孩子在「做中學」的歷程中，為了完成有價值的目標，必須學習如何觀察與判斷的自由，這是連結行動與思考的教育方式，可以培養學生靈動解決問題的能力。傳統教育過度強調他律的外在約束，造成學生的被動與依賴，也削弱自動自發的求知意願，學生不會追究學習內容具有什麼意義，在智性的探索中也變得不負責任。這種被動順應的行為習慣一旦養成，很難有所創造與進步。以理智的自由作為教育導向，讓學生學習主動探究與自主判斷，這是通往「自由」人生的中介橋樑。

4.精神的自由

人生的學習歷程從身體活動的自由表現開始，隨著年齡漸長，逐漸導向知性探究的理智成長，也就是「庖丁解牛」的第二關，在注重創造力的時代，提供孩子知性探究的理智自由，顯然十分重要，這是未來具備專業知能，滿足維生需求的必要條件。現實的維生以及與人互動的生活，形成複雜的關係網絡，完全受其牽引波動，就像失去自由的籠中鳥，即使生活無虞，也難有真正的快樂。澤雉的逍遙除了具備基本的謀生本事，更重要的是來

---

[64] Dewey, J. (1963). Experience and education. New York: Collier Books. pp.61-65.

自「無待於外」的精神自由，能掌握生命價值的主導權，無論得到社會的榮寵，或是受到貶抑的侮辱，都能恬淡處之，因為體認人性本有天真本德的高貴根基，生命的美好不待外求。面對機運不定的現實處境，莊子開出「獨與天地精神往來」[65]的恢弘格局，他以朗現天真本德的真實自我體現終極的天道之境，排除了名利權勢的人間牽引，活出自在自得的人生意境，也為「自由」的教育內涵寫下最佳的註解。

　　人的存在有物質與精神兩層面，最高層次的精神自由是從人性的形上本源來。老子體悟：「道生之，德畜之」[66]，天道是生成之母，人從天道而來的天生本德是「真」，存全天真常德就能與天道貫通，上達超越的天人合一之境，人生價值因此向上提升，可與天地精神往來。人性從根源來說是道，從內在存有來說是德，老子認為道尊德貴構成人性高貴的根基，所以生命的榮耀尊嚴不待外求，因為人性的天真就是本自具足的高貴[67]。教育的對象是人，人性立論直接影響教育的理論與實踐，澤雉寓言隱含的精神自由是立基於人性高貴所做的存在抉擇，體認人生的高貴不待外求，生命就有昂然挺立的立足點，不必隨著社會職位的高下左右自我的價值與人生的意義。

---

[65] 語出〈天下〉篇。「獨」是真人人格朗現，亦即天真朗現，「天地精神」是天道精神，也就是天道的生成作用。「獨與天地精神往來」意指朗現生命的本真常德，以此通達天道精神。同註3，頁521。

[66] 語出《道德經51章》。意指：「道創生萬物，又以內在於萬物之中的德來畜養萬物」。同註12，頁494。

[67] 林秀珍（2015）。老子哲學與教育。台北市：師大書苑。頁104-105。

　　通往自由的教育之路是隨著學生的身心發展,從幼兒時期重視身體活動的自由開始,逐步朝向認知學習的理智自由,更進一層是往精神的自由開展,其可能性就立基於人性本然的高貴。莊子的生命哲學指引著教育的價值方向與人性信念,在教育歷程中幫助學生覺察自身本有的天真之德,從人性本源體認人之所以為人的存在意義,進而悅納自己,建立自尊自信。超然於上的精神自由不為外物所役,可以蓄積生命能量,即使面對數位時代的挑戰,也能遊刃有餘,如同精神飽滿、神態自若的澤雉,既有謀生的本領,亦能活出生命的美好。

肆、老聃之死

　　莊子的養生之道在涵養沖虛的心靈,循虛而行的處世智慧可以保身、全生、養親,最後是盡年。「盡年」是生命的善終,也是人生最艱難而無所逃的生死大關。莊子以老聃之死講述一段寓言故事,由此引出「安時處順」[68]的養生要旨。

一、故事內容

　　　老聃死,秦失弔之,三號而出。弟子曰:「非夫子之友邪?」曰:「然。」「然則弔焉若此,可乎?」曰:「然。始也吾以為其人也,而今非也。向吾入而弔焉,

---

[68] 「安時處順」的「安」從「放下」來說,意指接受「生」是偶然的機遇,對於人生必死的終局也不以逆境看待,而能坦然面對。同註3,頁169。

> 有老者哭之，如哭其子；少者哭之，如哭其母。彼其所
> 以會之，必有不蘄言而言，不蘄哭而哭者。是遁天倍
> 情，忘其所受，古者謂之遁天之刑。適來，夫子時也；
> 適去，夫子順也。安時而處順，哀樂不能入也，古者謂
> 是帝之縣解。」指窮於為薪，火傳也，不知其盡也。

　　老聃過世，他的友人秦失[69]前往弔唁，他只在靈堂前哭三聲後就走出來。老聃的弟子覺得他太無情，責難問道：「您不是我老師的朋友嗎？」秦失回答：「是啊」，弟子繼續追問：「既然是我老師的朋友，如此輕率的弔唁怎麼可以呢？」秦失接著說：「我以為來哀悼的人都是老聃的朋友和學生，現在我才發現他們根本稱不上是老聃的朋友和弟子。剛才我進去弔唁的時候，看到現場有年老的人在痛哭，好像死去的是自己的兒子；也有年輕人哭得十分傷心，好像死去的是自己的母親。這些痛哭的老者和少者跟老聃告別的情意，一定有悖離老聃平日的教導，他們說了毋須說出來的話語，也哭出了逾越分際的悲傷，此為悖離天行自然，增益心知執著的人情困擾，根本就忘了老聃的生死智慧。自古以來就說這是違離有生有死的生命自然，而困陷在心知執著中，讓自己承受刑罰般的壓力。」

　　秦失接著說：「夫子來到人間，只是偶然的機緣，夫子離開人間，則是必然的結局。接受活著是偶然，坦然順受人生必死的

69　秦失，或謂秦佚，是老子之友。 王邦雄認為，「秦失」不是成玄英疏所言的「姓秦名失」，而是隱者的自隱無名，他應是秦地的隱者人物，此說有理。筆者為了便於陳述和討論，仍以「秦失」稱之。同註3，頁167-168。

終局，心中就不會因死生問題而起哀樂的情緒波動。如果執著生死，生命有如瓜果倒懸在棚架上，解開生死執著的倒懸之苦，就像瓜熟蒂落，沒有死亡的壓力和陰影，這就是古人所謂的蒂之懸解。」秦失與老聃弟子的對話至此結束。

寓言最後，莊子以生命如「火傳」與「不知其盡也」作為總結。

二、哲學義理

莊子在〈養生主〉的結語是：「指窮於為薪，火傳也，不知其盡也。」[70] 他以有形可見的薪柴比喻人的形軀，形軀生命總有燃盡燒光的一天，但是火光閃現的當下就是人生價值的實現，只要心中沒有生死執迷，對於形軀生命的燃燒殆盡，也不會覺得傷感悲痛了。「火傳」與「不知其盡也」可視為道家經典的生死學。

（一）生命如「火傳」

1.「即有限而無限」的人生哲學

目前為止，沒有人可以逃離死亡的人生大限，死後的未知與不確定性，也讓許多人感到憂慮疑懼。宗教肯定來世的存在，以天堂、西方極樂世界或靈魂不滅來安定人心，給出撫慰的力量，

---

[70] 王邦雄指出，「指」有二解，一為宣穎解為「可指而見者也」；二為脂膏，可以裹薪點燃，作為照明之用，筆者採第一義，「指」是譬喻有形可見的形體。「窮」是窮盡；「不知」是解消對於死亡的心知執著。同註3，頁170。

信仰超絕的神祇，也成為通往永生的道路。宗教的來世與永生之論已經超出人類理性的限度，不過當生命結束之時，宗教的葬禮儀式幾乎是人類共同的選擇。儒家和道家謹守人文理性的分際，不議論不可知的死後世界，坦然接受「生也有涯」的先天命限，直接面對形軀生命必然結束的事實，從價值創造開展無限可能的精神生命，這是「即有限而無限」的人生哲學，也是中華文化的獨特與精采。

孔子重病之時，子路曾私下向鬼神祈求，希望保佑老師早日痊癒。孔子向子路求證確有此事後，他不忍苛責子路的作法有違儒門教導，只委婉地說：「丘之禱久矣。」[71] 這句話並非說孔子長久以來就不斷向上天祈禱，而是含蓄地告訴子路，不必多此一舉。對孔子而言，他長期致力於人文教化，以喚醒主體仁心，從下學詩書禮樂而上達於天道的美善之境，由此創造自我存在的永恆與無限，所以「朝聞道，夕死可矣」[72]，一朝能體悟聞道，走在德行的路上，就是挺立了生命的莊嚴，即使死亡瞬間來臨，也寧靜平和，無所憂懼，因為已不虛此生。子路身為孔門大弟子，不能真切領悟夫子超離死亡的人文思考，孔子只好含蓄提點，以免傷了子路的心。死亡的威脅讓人感覺最卑弱無助，子路愛師心切，情急之下訴諸鬼神的靈驗神通，其實是很動人的師生情誼，只是這種做法沒有貼近孔子的人文心，也讓孔子覺得遺憾吧。

---

[71] 語出《論語・述而篇》。原文是：「子疾病，子路請禱。子曰：「有諸？」子路對曰：「有之。誄曰：『禱爾于上下神祇。』」子曰：「丘之禱久矣。」同註14，頁61-63。

[72] 語出《論語・里仁篇》。

　　莊子筆下的老聃之死，也出現類似的狀況。在老子的靈堂前，學生們哭得悲痛欲絕，還指責前來弔唁的秦失薄情，師生情深本來是極為感人的畫面，但是對超離死生的老聃來說，痛哭的表現不僅悖離了死生是生命自然之理，也違背了他平日的教導，更何況有人是迫於輿論壓力而矯情造作，根本逾越交情分際，這正是老子大力批判之處。老子是以開拓心靈的無限來面對存在的有限，在他的奠禮上哭成一團，顯然沒有通達老子的心。作為弟子理應為老師辦一場體現其超然於生死之上的告別式，看來這些學生還未得老子真傳，所以秦失說他們是「忘其所受」，遺忘了老子生前的教誨。莊子藉著老子的道友提點「安時處順」的生死智慧，也揭示「火傳也」的人生哲理，可謂老子的知音與傳人。

2.「剎那即永恆」的價值創造

　　老子曾言：「域中有四大，而人居其一焉。」[73] 人立足天地之間，渺若滄海一粟，何以說人與道、天、地並列為宇宙中的四大之一？原來在萬物之中，人獨有複雜的心靈，可以超越有限的形軀生命，創造無限可能的價值生命。也唯有人能通達形上世界，體悟萬物的存在之理，進而參與天地化育，開展「天人合一」的生命理境，成為世代稱頌的人間典範，孔子與老子的精神慧命傳承兩千多年，正是「死而不亡者壽」[74] 的最佳寫照。莊子認為，形軀生命的結束是人人共同的「命運」，當主體的「真

---

[73] 語出《道德經25章》。

[74] 語出《道德經33章》。「死而不亡者壽」的「壽」是從精神生命的長久延續來說。同註12，頁332。

君」朗現，實現人性的高貴與莊嚴，人就可以「運命」，成為生命的主宰，即使生命力就像薪柴的燃燒，終有火光熄滅，化為灰燼的一刻，但是「火光」閃現當下的光與熱，同時照亮了自己與人間，這是生命的「火傳」，也是「剎那即永恆」的價值開展。

（二）「不知其盡也」是解消死生執念

在開放的宇宙中，變化無所不在，人生的行程也充滿諸多變數，我們很難精準預料何時是生命的結束。莊子把死亡時限的「不可知」，向上翻轉為「不知」的修養工夫，也就是化解貪生怕死的執迷，從生命歷程的「火傳」來開顯存在的價值。

莊子認為，生死猶如花開花謝，本是自然現象，但是貪生怕死的執念會讓死亡的陰影揮之不去，讓人生如同倒懸的瓜果，承受著無形的束縛牽絆，也失去逍遙自在的空間。在〈齊物論〉中，莊子以美女麗姬被迫嫁入晉國王室，面對未知生活的憂慮痛哭為喻，說明死後的世界也許是無憂無慮的樂園，就像麗姬後來體驗到王宮生活的榮華與幸福，也不免悔恨自己過去深陷在想像的恐懼中！如果死亡是生命的歸宿，就像回到可以安息的家園，對死亡莫名的恐懼不正像迷途的孩子，找不到回家的路嗎？

貪生與怕死是一體兩面，貪戀生活的榮耀光采，難免害怕死亡是一切的終結，以福禍看待生死，生是福，死就成為失，在患得患失之間，死亡的大限未到，心靈已失去寧靜平和。老子認為，福禍、得失是相對而立，相互依存的概念，執守一套主觀認定的價值標準，符合標準者是福，不合標準者就是不祥的禍害。世俗人間判定生是福，死是禍，這是心知執著的產物，只有超離

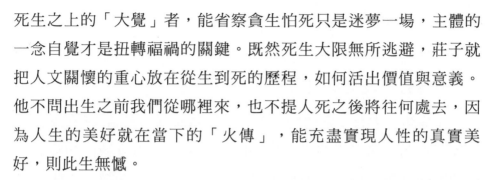

死生之上的「大覺」者，能省察貪生怕死只是迷夢一場，主體的一念自覺才是扭轉福禍的關鍵。既然死生大限無所逃避，莊子就把人文關懷的重心放在從生到死的歷程，如何活出價值與意義。他不問出生之前我們從哪裡來，也不提人死之後將往何處去，因為人生的美好就在當下的「火傳」，能充盡實現人性的真實美好，則此生無憾。

對莊子來說，解開死生執迷就像瓜熟蒂落，不必背負死生執迷帶來的悲傷愁苦，可有「懸解」的輕鬆適意。〈齊物論〉中有段齧缺與王倪對話的寓言，最後王倪結論：「死生無變於己，而況利害之端乎！」連人生最難面對的死生問題都能超然於上的大覺者，怎麼可能會把外在名利、成敗與是非爭端放在心上，擾亂心靈的清明平靜呢。莊子的養生之道從保身、全生、養親的層層躍升，最後統貫三層次，圓滿走過死生大限，其中的關鍵都在涵養「心」的沖虛作用，即使面對生死大關也能來去自如，因為「不知其盡也」。放下死生的執著分別，人生之路也無限寬廣，這是莊子留給世人極為珍貴的生死智慧。

三、教育蘊義

以下分從教育是「薪火相傳」、重視學生成長歷程的內在價值等兩方面，衍釋寓言的教育蘊義。

（一）教育是「薪火相傳」

生命的美好是「火傳」，也就是在每一當下實現存在的價值。對教師而言，生命的「火傳」不僅是自我實現，更深一層的

意涵是「薪火」相傳，儒家與道家對教育的「薪傳」意義，都有深刻的體認，以下分別說明之。

1.子路的「我從孔門來」

《論語》中有一則儒門與隱者間極為深刻的對話[75]。有一天子路夜宿石門，第二天準備出城的時候，藏身在看守城門的隱者一見子路的英雄氣概，知道他不是平凡人物，於是問道：「先生從何處來？」子路沒有從地理空間或家世出身來說明，他以超乎世俗的方式回答：「我從孔門來」[76]，這位隱者接著說：「是明明知道事實上不可能，但是仍然為理想而奮鬥不懈的那個人嗎？」兩者間的短暫交會就此結束。在這極短的緣會中，子路選擇以「師門」來回應對方，「孔門」代表著他的價值認同與歸屬，隱者一語道出孔子行道人間的理想與堅持，也隱約為子路的人生價值抉擇做了註解。

我們的自然生命從父母來，精神生命從教育來。孔門儒學主要教導做人處世的道理，孔子樹立了人格典範，開發以德行為內涵的價值生命，他以自身的修養進境感召學生奮進前行，也形塑了世代相傳的教師圖像。孔子與學生的師生關係不是單純的施與受，還有更深層的心靈相契，以及精神理念的傳承。教師的形軀生命如薪柴燃燒，每一個當下的「火傳」都是教育價值的創造，

---

[75] 王邦雄（2004）。用什麼眼看人生。台北市：三民。頁34-35。

[76] 《論語‧憲問篇》：「子路宿於石門。晨門曰：『奚自？』子路曰：『自孔氏。』曰：『是知其不可而為之者與？』」參閱朱熹（2000）。四書章句集註（五版）。台北市：鵝湖。頁158。

無形的精神理念就像火苗一樣，會在不同的薪柴間點燃傳遞，就像子路對孔門的高度認同，不僅來自孔子精誠的生命感染力，也意味著教育的「薪火相傳」，這是師生間莫逆於心的情意與價值理想的傳承。因為師生間是以道的傳承為要務，彼此是會心相知，而非淺薄的人際往來，所以孔子死後弟子為其守心喪[77]三年，子貢還在墓地旁搭建小屋，獨自住了三年才離開[78]。

2.莊子以「忘其所受」表達師生的傳承關係

莊子筆下也出現弟子為老聃之死而痛哭失聲，只是弟子們的表現顯然有違老子超離死生的教導，秦失以「忘其所受」提點學生：作為老子的門徒卻未能體現夫子的教誨，這等於是向世人宣告老子後繼無人，其終極關懷與淑世理想也將隨著形軀生命的結束而消失人間，對老子來說，恐怕這才是真正的死亡。

莊子藉秦失之言暗喻，師生間不是買賣交易的關係，而是含有深刻的傳承意涵。在後續〈人間世〉的寓言故事，描述顏回要到衛國解救獨裁暴政下苦不堪言的人民，臨行前顏回向孔子辭行，表明其救人的動力來自儒門的外王理想，而且希望能從夫子平日的教導中，思考救治衛國的理則。孔門弟子中以顏回最得孔子賞識，莊子以顏回作為繼承孔子淑世理想的傳人，也道出儒門

---

[77] 古時弟子為師長守喪，不著喪服而心存哀悼，稱為「心喪」，後用以泛指心中哀傷悼念如守喪一般。取自https://www.moedict.tw/心喪。

[78] 依《孟子・滕文公上》所述：「昔者孔子沒，三年之外，門人治任將歸，入揖於子貢，相嚮而哭，皆失聲，然後歸。子貢反築室於場，獨居三年，然後歸。」同註76，頁260。

真切動人的師生情誼，雖然故事內容呈現的是道家版的儒家行誼，不過從中可看出莊子對「教育薪傳」的高度認同與期待。

　　人的形軀生命有限，但是精神慧命可以亙古長存。弟子代代相傳老師的精神理念與終極關懷，讓老師可以用另外一種生命形式長存人間，這是教師的「再生」，也是教育的「薪火相傳」。「死而不亡者壽」是道家的生死智慧，形軀生命的結束不代表一切終了，因為精神生命可以綿延不斷。就教育而言，教師的人格風範、精神理念與情意理想都是無形的感染力，學生的繼承發展是教師精神生命的延續與再生，師生間心靈交會的生命火花也在教育薪傳中得以長留人間。

（二）重視學生成長歷程的內在價值

1.教育歷程的價值被工具化

　　根據教育價值論的型架，教育的目的性可以從內在價值與外在價值加以分析，前者是從教育之所以為教育的立場來說，也就是教育本身自為目的，側重受教者的內在價值發展；後者著重教育的應用價值，強調教育的工具實利性[79]。當代社會面對全球經濟競爭激烈的壓力，教育的目的往往偏向外在實利，以「人力開發」、「職業準備」、「競爭力」的培養等為導向，教育歷程的價值被工具化，學生成長的獨立自主性被忽略，這種情況在我國更為明顯。佐藤學指出，東亞各國的教育為了急速追上歐美的現代化，教育競爭激烈，尤其台灣和韓國，在短短五十年就達成教

---

[79] 歐陽教（1991）。教育哲學導論（十版）。台北市：文景。頁35-45。

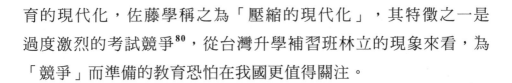

育的現代化，佐藤學稱之為「壓縮的現代化」，其特徵之一是過度激烈的考試競爭[80]，從台灣升學補習班林立的現象來看，為「競爭」而準備的教育恐怕在我國更值得關注。

2.學習當下即是價值意義的開顯

就生物學而言，生物的本能是自我保存，延續生命。面臨有限的生存資源時，個體間的競爭越激烈，人間社會的人際、群體和國際競爭也是如此。周愚文指出，儘管台灣社會已逐步朝向多元價值觀發展，但是涉及少數稀有資源的分配且競爭激烈時，例如人才選拔或學校招生，恐怕多數人潛意識中最在意與優先考量的是平等（equality），也就是以單一且統一的標準作為依據，而不能接受差異的多元標準[81]。統一擇才標準的優點之一是杜絕特權階級壟斷資源，但是齊一的選擇標準，也成為社會的集體意識，把多元豐富的生命展現限縮在參考書和測驗卷的書面世界，學校教育為了未來的競爭求勝，寧可犧牲當下學習成長的美好。「十年寒窗無人問，一舉成名天下聞」的期勉，讓孩子學會了等待，等著苦盡甘來的一天，所有的學習煎熬和磨難彷彿都是值得的。於是人生的每個階段都在為下一個階段的競爭力而準備，最後發現自己在競爭的歲月中，每天與人對抗相爭，痛失作為一個人的真性情，整個生命狀態也疲憊不堪，正是「與物相刃相靡，

---

[80] 黃郁倫、鍾啟泉（譯）（2012）。佐藤學著。學習的革命。台北市：天下雜誌。頁42-43。

[81] 周愚文（2017）。科舉廢了沒？考試制度的再思考。載於林逢祺、洪仁進（主編），請問盧梭先生：教育學核心議題（一）。台北市：五南。頁56-70。

其行盡如馳，而莫之能止」[82] 的寫照，莊子對此給出了「不亦悲乎！」的評價。

　　受制於外在的經濟或政治強制力的教育歷程，缺乏獨立自主的創造空間，不僅忽略學生是教育的主體，也漠視生命個體有其成長本身至高的價值意義，而不只是國家社會的「人力資源」或「競爭利器」。杜威認為，孩子的未成熟其實具有積極的意義，無論是依賴性或可塑性皆有正面價值，代表孩子具有成長的力量，不是一般人認為的匱乏或不足[83]。全然為未來而準備的教育忽略成長歷程的內在價值，限制學生心智開展的自由度，不僅高估實利取向的競爭目標，更低估了無法測量的人性價值。莊子的生命「火傳」把我們的眼光拉回存在的當下，正視人生是連續性的歷程，各個階段不是孤立自存的片段，不必等待未來升學或就業目標的達成，當下即是價值意義的開顯，每個人生階段的豐富精采自然成為下一階段發展的基石。

　　生命的成長不能炒作速成。老子言：「跂者不立，跨者不行。」[84] 自我挺立與周行天下是人生兩件大事，自我挺立是主體性的開顯；周行天下是開展生命的廣度與深度。如果跂起腳跟，想讓自己高人一等，反而無法穩穩站立；拉開腳步，大步競走，希望比別人走得快，反而無法行遠，因為人為造作會適得其

---

[82] 語出〈齊物論〉。本段的白話語意是：「在人間與人爭鬥對抗，互相砍殺傷害，人生路上盡在奔競爭逐名利，無法停下疾行的腳步」。

[83] Dewey, J. (1959). Democracy and education. New York: The Macmillan. pp.49-54.

[84] 語出《道德經24章》。意指：「跂起腳跟，想讓自己高人一等，反而無法穩穩站立；拉開腳步，大步競走，希望比別人走得快，反而無法行遠。」同註12，頁241。

反[85]。當前許多父母擔心孩子輸在起跑點上，為孩子精心排滿才藝與課業補習，剝奪了童年該有的想像天地與浪漫情懷，學習缺乏生機活力，變成過重的負荷，結果反成揠苗助長。自我挺立的根基就在成長歷程中，充盡實現其人性價值，讓孩子樂在學習中，不必與人競速，也毋須爭逐榮耀，生命的「火傳」自有其頂天立地的精神力量，可以行走人間而自在自得。

3.成長歷程的美好可以化解死亡的遺憾

莊子說：「適來，夫子時也；適去，夫子順也。」[86] 他認為我們從「生」而來，這是生命存在的偶然性，人生最後必然往「死」而去。死亡是順境，就像回家一般，可以得到安息和平靜，何需恐懼害怕，傷感悲痛呢！這一段來去的旅程無人能預知何時抵達終點，因此歷程中的分分秒秒顯得彌足珍貴。

莊子不把死亡當作人生逆境，因為生死是自然現象，化解貪生的執念，死亡的陰影也無存在空間。很多人活著的時候為名利權勢奔競爭逐，害怕一停下腳步，在人生賽局中就被淘汰出局，每天生活在備戰狀態，沒有閒情品味人生，也無餘暇關懷他人，一路勇往直前的打拼前途，以為達成目標才是成功與榮耀，當死亡的威脅突然臨現時，才後悔未能珍惜過往的歷程，該愛的人沒愛，該做的事沒做。莊子體認人的形體會在歲月中老去，最後與

---

[85] 同註12，頁240-241。

[86] 這是「老聃死」的寓言中，秦失對老聃學生說的話。依王邦雄解，「適」可當「會」或「偶然」解，意謂：「夫子來到人間，正好是造化機遇的偶然，夫子離開人間，則是行程歸趨的必然。」同註3，頁169。

草木同朽，但是為生命做主的「真君」可以創造「不亡」的價值生命，這是存在當下的生命「火傳」，讓吾人面對死亡時了無遺憾。就此而言，教育歷程本身應有其自為目的的價值，即是回歸學習主體生命價值的開發與實現，透過學習成長豐富生命經驗，在「火傳」的當下光照自己，也點亮人間，即使生命短暫也感覺不虛此行。

教育常常被視為達成政治與經濟實利的工具，使教育的內在目的隱而不顯。外在目的的強制力禁錮師生的主體性，犧牲學生的想像力與智性的洞察力，短期內或有可見的績效，就整體人生而言，若受教歷程只是為了未來升學考試或就業而準備，不曾體驗學習本身的意義和樂趣，對於突如其來的死亡大限，恐怕也難坦然接受，因為成長歷程只是達成預定目標的工具，難免有不曾好好活過的遺憾。對於教師而言，把莊子的生死智慧融入教師哲學中，至少可以確保學生因為成長歷程的美好，在無法預知的死亡大限來臨時，不會有虛度此生的重大悔恨。

伍、結　論

〈養生主〉的篇幅在內七篇中最為精簡，但是寓意深遠，與其他篇章相較，毫不遜色。莊子以「庖丁解牛」的遊刃有餘為始，繼而以「右師之介」和「澤雉神王」的反差對比，揭示人生方向的價值抉擇，最後透過「老聃之死」開顯安時處順的生死智慧，以及生命的「火傳」價值。全篇的寓言皆以「養心」為主軸，涵養沖虛的心靈是莊子視為養生的根本之道。

　　人的形軀生命有限，但是心思逐物無邊，想要的名利沒有窮盡，耗盡一生心力追求虛幻外物，最後當死亡大限來臨，才驚覺自己不曾品味真實生命的美好，不免感到悔恨遺憾。心知執著與人為造作帶來自困自苦的人生，所以養生之道從「心」開始。莊子把道體的「無」化入生命中，成為沖虛的養心之道，如同庖丁以「無厚」的自我行走人間，讓自己委婉點化君王為政之道時，得以全身而退，保全性命。至於右師雖然位高權重，享有眾所矚目的盛名，但是走在追求功名的路上，為競爭求勝而機心算計，痛失真實自我而難以「全生」，這是執意求名的「刑罰」，由此來說「成名人」也是「受刑人」。

　　對比「右師之介」，水澤中的小鳥憑著維生的真本事，寧可寄身在自然野地，與天地大化同體流行，過著逍遙自得的「養親」生活，也不願意被名利奴役，成了失去自由的籠中鳥。最後面對人生最艱難的生死大關，莊子以有生有死乃生命自然現象，安於「生」的偶然性，把死亡的必然性視為順境，「安時處順」就能解死生執迷的倒懸，化解死亡的陰影和遺憾。老聃的生命「火傳」點亮自己，也照亮人間，他已圓滿走完人生行程，其精神慧命世代相傳，正是「死而不亡者壽」的最佳寫照，莊子可謂老子的傳人。

　　莊子的「養心」進程是道家版的「下學而上達」。「庖丁解牛」揭示的「下學」是由具體的感官經驗開始，以耳目官覺作為認識世界的媒介，從體驗學習中奠定日後理解概念和理論的基礎。隨著身心發展，逐步升入更高層次的心知作用，也就是抽象的認知學習，不必完全倚賴具體實物，即能進行文字、符號的形

式運思。不過，心知作用也潛在著「執著」效應，讓人把主觀的一偏之見視為絕對真理，甚至衍生專家的傲慢自負。莊子哲學的精采在化解心知執著，讓生命可以「即有限而無限」的向上超越，在一往前行的人生歷程中，不失落人性的本真與素樸，隨著涵養積累的深厚，逐步證入「庖丁解牛」的第三關，也就是上達天道理境，能以「無厚」的自我在人間遊刃有餘。

沖虛心靈所開顯的精神自由無限寬廣，不致落入「右師之介」的求名受刑，可有「澤雉神王」般的快意自適。從教育的立場來說，通往「自由」的教育之路是從身體自由活動開始，經由理智自由的學習歷程，最後往精神自由開展，其可能性即建立在人性本然的高貴基礎，這是教育哲學根本的人性立論，影響著教師對人之所以為人的體認，以及教育歷程的人性價值實踐。至於「老聃之死」隱含著莊子對「教育薪傳」的期待，以及學習歷程本身自為目的價值，對於現代教育而言，都是真知灼見，值得再三省思。

第四章
〈人間世〉的哲學義理
與教育詮釋

壹、前　言

　　〈人間世〉的篇名已經說明全篇主題在人間世界，也就是人際互動所建立的社會生活。現代社會學的研究指出，人類社會活動的關係網絡可以包含兩人或多人間的人際關係、團體間、整體社會，以及跨國的世界體系互動關係等四層次，各層次之間彼此交互影響[1]，形成「人間世」的複雜與糾結。面對人間多重的關係組合，社會學研究提供系統的思考方式，有助於理解社會關係如何相互牽連，清楚其潛在的運作方式，或許能讓身處其中的成員思辨參與方式，進而改造社會環境的品質。莊子的思考不同於社會學家，他不把人純粹當作客觀研究的對象，也不從社會體系的運作分析著眼，而是把人間問題和自己的生命聯繫起來，回到自身面對時代亂局的真情實感，體認人間世的糾結紛擾癥結在「心」，所以立身處世之道就在「循虛而行」[2]的「心齋」[3]修養工夫。

---

[1]　張承漢（譯）（1993）。L. Broom & C. M. Bonjean & D.H. Broom合著。社會學（Sociology: a core text with adapted readings）。台北市：巨流。頁23-28。

[2]　請參閱第三章有關「循虛而行的處世智慧」一段。

[3]　「心齋」是化解心知執著的沖虛修養。

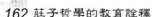
　　相較於儒家以禮樂倫常建立社會秩序，安定日常生活軌道，道家重在化解心知執著，以沖虛智慧通過人間的關卡。〈人間世〉以「顏回見仲尼」作為開端，故事內容反映道家版的儒家淑世情懷，從中可見莊子對孔子的崇敬與評價。王邦雄從思想史的發展，發現道家思想的義理分位是在作用層次，化解儒家有心有為衍生的執著陷溺，意在保存儒學義理，成全其人文理想與擔當[4]，〈人間世〉描述「顏回救人」的寓言故事，可為明顯的例證。

　　本章以顏回救人、寄身神社的散木、形體不全的支離疏等三則寓言作為探究焦點，後兩則故事的哲學義理相近，併入「無用之用」的人生智慧段落中進行論述和闡發。

貳、顏回救人

　　內聖外王是儒家理想，莊子以孔子最得意的門生顏回為主角，說明外王救人的困境，及其化解之道。

一、故事內容

（一）先存諸己，而後存諸人

　　　顏回見仲尼，請行。曰：「奚之？」曰：「將之衛。」
　　　曰：「奚為焉？」曰：「回聞衛君，其年壯，其行獨，

---

[4]　王邦雄（2013）。道家思想經典文論：當代新道家的生命進路。新北市：立緒。頁17。

輕用其國，而不見其過。輕用民死，死者以國量乎澤若
蕉。民其無如矣。回嘗聞之夫子曰：『治國去之，亂國
就之。醫門多疾。』願以所聞思其則，庶幾其國有瘳
乎！」仲尼曰：「譆，若殆往而刑耳。夫道不欲雜，雜
則多，多則擾，擾則憂，憂而不救。古之至人，先存諸
己，而後存諸人。所存於己者未定，何暇至於暴人之所
行！」

　　顏回在遠行之前見孔子，準備向老師辭行。孔子問：「要去
那兒呢？」顏回答道：「我將前往衛國。因為聽聞衛國君王正值
壯年，治國獨斷，剛愎自用，輕率的役使百姓而不思自省，把人
民逼向絕境，死亡人數之多，就如同草芥一般可以填平水澤，
人民都不知該歸往何處。我曾經聽夫子說：『平治的國家可以
離去，亂國就要留下來，就像醫院大門總會擠滿等待救治的病
人。』我身為儒門弟子，希望能從老師您平日的教導中，來思考
救治衛國的理則，或許衛國還能有一線生機。」孔子回應：「你
此去恐怕凶多吉少，難以全身而退。理由在於大道是精純而不混
雜，雜多會帶出紛擾，紛擾造成左右為難的憂疑不定，成不了救
天下的大事。自古以來最有智慧涵養的人，總是先把道理內化在
自家身上，而後才推廣至天下。倘若自身都在未定狀態，哪裡還
有多餘的空間去穩住暴亂的人君呢。」

（二）救人不成，反成災人與益多

　　「且若亦知夫德之所蕩，而知之所為出乎哉？德蕩乎

名，知出乎爭。名也者，相軋也；知也者，爭之器也。
二者凶器，非所以盡行也。且德厚信矼，未達人氣，名
聞不爭，未達人心。而彊以仁義繩墨之言術暴人之前
者，是以人惡有其美也，命之曰菑人。菑人者，人必反
菑之，若殆為人菑夫！且苟為悅賢而惡不肖，惡用而求
有以異？若唯無詔，王公必將乘人而鬪其捷。而目將熒
之，而色將平之，口將營之，容將形之，心且成之。是
以火救火，以水救水，名之曰益多。順始無窮，若殆以
不信厚言，必死於暴人之前矣！且昔者桀殺關龍逢，紂
殺王子比干，是皆修其身以下傴拊人之民，以下拂其上
者也，故其君因其修以擠之，是好名者也。且昔者堯攻
叢枝、胥敖，禹攻有扈，國為虛厲，身為刑戮，其用兵
不止，其求實無已，是皆求名實者也，而獨不聞之乎？
名實者，聖人之所不能勝也，而況若乎！雖然，若必有
以也，嘗以語我來！」

孔子接著說：「你知道人的本德為何會失落，智巧又是怎麼
產生的嗎？天真本德的蕩失是為了爭名，在爭名中智巧於焉產
生。名號的爭逐會讓人互相排擠傾軋，智巧則成了競爭的利器，
好名和智巧對生命都有殺傷力，不能用來實現人生的自然美好。
而且，你的德行雖然深厚，為人誠懇信實，可是沒有貼近對方的
感覺，雖然你本身不爭名聲，但你是站在對方之外，和對方的心
存有障隔。在這種情況下，你用外在強迫性的仁義道德之類的規
範性語言，在暴君之前表述論說，等於是用對方的醜行來凸顯自

己的美好,這是所謂帶來災難的『災人』。帶給別人災難的『災人』之舉,必然讓對方為了替自己平反而以災難還報作為反擊,你恐怕會在衛君的反制下受到傷害。

　　況且,如果衛君真能賞識賢才,而遠離不肖之徒,衛國國內一定也有賢能之士,何需等你去救呢?可見衛君不是賢明的君王,就算你的才學出眾,也不會被接受的。面對位高權重的君王,除非你不開口,只要你一說話,他必然仗恃著凌駕天下人的權勢,挑你不周延的語病,好賣弄自己的機敏反應和辯才無礙,以挫損你的銳氣。這時孤立無援的你面對著權勢壓迫,你的眼神將會迷亂困惑不敢直視,你的面色從理直氣壯逐漸消退放平,口說的話開始迎合君意,而且形之於色,神情轉為順服,一心就想著成就君王的威望。原本是要勸諫的,卻變成了討好迎合,就像以火救火,引水救水,反而擴大災情,這就是所謂的『益多』。你一見面就順服威權,此後再也擋不住君王的趾高氣昂了。而且,你未得君王的深度信任就貿然進言,在獨斷專制的君王面前說愛民治國之道,恐怕必死無疑。」孔子接著以歷史為鑑,來證成自己的立場。

　　他說:「以前,夏桀殺賢臣關龍逢,商紂王殺叔父比干,關龍逢和比干兩人都是忠心諫言,卻引來殺身之禍。他們兩人修養自身德行,以臣下身分愛養人民,其愛百姓的作為凸顯了君王的不是,也搶盡君王的光采,變成拂逆君上的不敬表現,君王也衝著他們人格修養的美名而排擠入罪,這是好清流之名而惹來殺身之禍。還有,從前堯出兵攻打叢枝、胥敖,大禹對有扈發動戰

事，造成這三個小國國土變成廢墟，人民在戰爭中傷亡無數，堯和禹因為好求聖王之名，為了成為名副其實的聖王，所以不斷出兵逼迫三小國接受其禮樂教化，他們的好名求實也造成生靈塗炭的災難。你難道沒有聽說過這樣的道理嗎？連聖人都很難克服循名責實的價值制約，更何況是你呢？話雖如此，也許你有你的理據，何不說出來讓我聽聽！」

　　顏回接續提出「端虛勉一」、「內直外曲，成而上比」來回應孔子的質疑，但一一被孔子批判反駁，以下是兩人間精彩的對話。

（三）執而不化，難以成事

> 顏回曰：「端而虛，勉而一，則可乎？」曰：「惡！惡可！夫以陽為充孔揚，采色不定，常人之所不違，因案人之所感，以求容與其心。名之曰日漸之德不成，而況大德乎！將執而不化，外合而內不訾，其庸詎可乎！」「然則我內直而外曲，成而上比。內直者，與天為徒。與天為徒者，知天子之與己皆天之所子，而獨以己言蘄乎而人善之，蘄乎而人不善之邪？若然者，人謂之童子，是之謂與天為徒。外曲者，與人之為徒也。擎跽曲拳，人臣之禮也，人皆為之，吾敢不為邪！為人之所為者，人亦無疵焉，是之謂與人為徒。成而上比者，與古為徒。其言雖教，讁之實也。古之有也，非吾有也。若然者，雖直不為病，是之謂與古為徒，若是則可乎？」仲尼曰：「惡！惡可！太多政法而不諜，雖固亦無罪。

雖然，止是耳矣，夫胡可以及化！猶師心者也。」

顏回說：「我先端正外表，以認真的姿態出現，內心則保持沖虛，同時勉力而為來回歸天道自然，這樣可以通達對方的感覺和心靈了吧。」沒想到孔子的回應是：「這怎麼行呢！你的心知執著會鼓動內在充滿剛猛血氣，進而橫溢於外，讓氣色神情顯得閃爍不定，因為心不是真正的虛靜。你自己的神色不定，所以也只能等待衛君心情好，不會拒人於外的時候，順應著他的感受，趁機多說幾句話，以此漸進的方式希望衛君能接納你的建言。這種進言勸諫的方式失去自己的主體地位，僅能依附對方的感覺，而且要長時間的揣測與點滴積累，假如這樣有效果，也只能是漸漸地影響對方，成就日漸之德。但是依我看來，連日漸的小德都很難有所成，更何況是用自己的人格感動力讓對方大徹大悟，完全改變治國理念的大德呢，更是不可能完成的。你執著自己的理念，不能融入對方的生命，彼此間沒有感應會通，你只是在外在形跡順應求合，內在沒有責難，不僅未見批判還反而附和對方，無法讓衛君覺察自己的過錯，從根本上改變作為，這怎麼可以呢！」

顏回聽到孔子不以為然，緊接著又提出「內直」、「外曲」與「成而上比」三種勸諫的理據。他說：「那麼，我內在保有天真，外在與人相處時就隨順對方的對而給出肯定，若有所成，就託諸古人，以古來證今。內在保有天真的『內直』是走在天道的路上，這樣就可以體認衛君和自己都是天道所生的天之子，如此一來，還會獨以自己認為的善，祈求天下人也一樣以為善，以自

己認為的不善，祈求天下人也認為是不善嗎？純任天真就不會以自己的價值觀責求天下人要認同接受。一般人認為這樣的為人，就像天真的孩童，這就是所謂走在天道的路上。至於解消自己而順應他人的『外曲』，是走在人間的體制和軌道上，為人臣下面對君王的執笏跪拜與打躬作揖，人人皆行禮如儀，我怎麼敢不為呢！我依人間禮俗而為，別人就不能挑我的毛病，這就是所謂走在人間的軌道上。至於『成而上比』是引經據典，師法古人，我的話語雖有教導之意，但實質上是責難對方，而且都說這些話出自古人，不是我說的。像這樣雖然說的是正直的真心話，人家聽了也不覺得是批判的重話，這就是託諸古人的表現。這樣可以嗎？」

顏回的想法又被孔子否決。孔子說道：「啊，這怎麼可以呢！你的思慮有太多對策而雜擾不定，要糾正他人的作法若過於繁瑣，並不妥當。雖然這樣可以避免引來罪責，其效用也僅止於讓別人無法傷害你而已，既然如此，又何必千里迢迢到衛國去呢。你的思考都停留在證明自己沒有罪過，又怎麼可能化入對方的心呢！你一直都以自己的心為依據來思考，這是以執著的成心為師啊。」

（四）化解執著的心齋工夫

> 顏回曰：「吾無以進矣，敢問其方。」仲尼曰：「齋，吾將語若，有而為之其易邪？易之者，皞天不宜。」顏回曰：「回之家貧，唯不飲酒不茹葷者數月矣。若此，

則可以為齋乎？」曰：「是祭祀之齋，非心齋也。」回
曰：「敢問心齋。」仲尼曰：「若一志，無聽之以耳，
而聽之以心；無聽之以心，而聽之以氣。聽止於耳，心
止於符，氣也者，虛而待物者也。唯道集虛。虛者，心
齋也。」顏回曰：「回之未始得使，實自回也；得使之
也，未始有回也：可謂虛乎？」

顏回實在沒辦法了，回應道：「我沒有更好的想法了，請老
師指點。」孔子回答：「簡要來說，就是一個『齋』字。你最大
的問題就是一直在想『有』什麼對策，問題就出在『有』本身注
定讓你無法貼近衛君的心。你想要以自己既有的想法改變衛君，
你的心總是在衛君之外，怎麼能輕而易舉的改變對方呢。你想把
自己所『有』的好加在衛君身上，期望他能因此而改變，這是
悖離了『無』的天道生成原理。」顏回接著說道：「我家境貧
困，不喝酒、不吃葷已長達數月，像這樣可以符合您說的『齋』
嗎？」顏回顯然不解孔子之意，所以孔子回應：「這是祭祀的齋
戒，不是在心上做工夫的『心齋』啊。」顏回接著回應：「請老
師指點『心齋』的工夫。」孔子接續把修心的工夫和進程，作了
詳細的說明。

孔子言：「你要把心志專一在致虛守靜的工夫上。首先，要
放下外在的聽覺感官轉向內在的心知作用，即用心來聽。再由心
知作用向上提升至沖虛的心靈，回歸生命之氣自然無礙的通暢運
行，通過被釋放的自然之氣來聽。聽覺感官充其量只能掌握粗淺
的表象，心知作用則會滯限，要求外在事物符合其所執著的價值

標準。所謂的『氣』就是回到氣的本身，也就是涵養沖虛心靈，心不執著氣，生命得以回歸自然的感應，在心如明鏡中觀照萬物，由此來生成萬物。道的生成作用就在道體的沖虛，就人生修養而言，人心的沖虛修養與虛靜觀照即是天道的體現。所以心齋工夫即是涵養心靈的虛靜。」顏回接著說：「我還未得老師教導之前，內心還有自我的執著，現在得到老師的提點，我心中的執著已經消解，這就是老師所說的沖虛嗎？」

（五）虛室生白，吉祥止止[5]

> 夫子曰：「盡矣。吾語若！若能入遊其樊，而無感其名，入則鳴，不入則止。無門無毒，一宅而寓於不得已，則幾矣。絕迹易，無行地難。為人使易以偽，為天使難以偽。聞以有翼飛者矣，未聞以無翼飛者也；聞以有知知者矣，未聞以無知知者也。瞻彼闋者，虛室生白，吉祥止止；夫且不止，是之謂坐馳。夫徇耳目內通而外於心知，鬼神將來舍，而況人乎！是萬物之化也，禹舜之所紐也，伏羲几蘧之所行終，而況散焉者乎！

　　孔子總結地回應說：「你已充分體悟沖虛的意涵了。但是只把自己解消，還無法救衛國，所以我再告訴你一些技術細節。你進入衛君的權力範圍，要能優游自在，不被君主威權和名位所撼

5　意指心虛靜如虛空屋室，可以透顯光明，所有的美好都依止停靠在心靈的虛靜。參考王邦雄詮釋，王邦雄（2013）。莊子內七篇・外秋水・雜天下的現代解讀。台北市：遠流。頁197。

動，對方能聽進諫言時，你才說出心裡的話，當衛君傲慢自負，不能察納雅言時，你就不要說心裡的話。不執著名號就不會有求名引來的刑害，儘管身處於人世間無法讓其停止的機運變化中，你還是要專一心志，回到心無執著的虛靜狀態，這樣差不多就可以避免引來衛君的反擊了。要在人間消失比較容易，行走人間而不留下足跡是比較艱難的。人際間的相互牽動容易落入執著造作而作假，走在天道的路上，順任天真自然就不會虛偽作假。吾人只聽說可用有形的翅膀來飛翔，未曾聽說用無形的翅膀來飛翔的，就像我們只聽說以執著的『有知之知』去知，沒聽說過用無執著的『無知之知』去知的。從窗戶的缺口看出去，空虛的屋室可以透入陽光，心虛靜如虛空的屋室，就能透顯光明，所有的美好都依止停靠在心靈的虛靜。失落終極天道，心靈沒有最高的依靠，即使身處在制度結構的理序中，也無法安頓下來，這就是形坐而心猶奔馳的『坐馳』。把向外追逐的耳目感官轉為通向內心，進一步超離心知的執著作用，向上提升至無執著、無分別的虛靜心，道就在主體的虛靜觀照中臨現人間，在這種情況下，連鬼神都會前來歸附投靠，更何況是平凡人呢！萬物生化與禹舜完成聖人志業的樞紐都在道，道也是伏戲、几蘧等修行人一生信守的價值依據，更何況是世俗之人呢，更應該以道作為人生的歸趨！」

　　孔子對顏回的教導至此結束。

二、哲學義理

　　〈人間世〉以「顏回救人」的寓言故事，呈現內聖外王是儒

家的情意理想。道家版的儒家圖像特別著重內在涵養，強調通過沖虛修養來貞定濟世救人的外王行動，以化解救人不成，反成「災人」與「益多」的負作用。莊子筆下的孔子對顏回循循善誘，從師生一來一往的對話中，可以看出莊子對儒家人文理想的肯定與成全。

　　以下分從知識分子的自我期許、「有而為之」的救人後遺症與「心齋」修養工夫實現外王理想等三方面，論述「顏回救人」寓言中的哲學義理。

（一）知識分子的自我期許

1.淑世理想

　　莊子的逍遙人生不是隱居山林的避世思想。〈應帝王〉有言：「明王之治，功蓋天下」，可見天下大治是儒道兩家共同的理想，對莊子而言，外王理想的實踐乃奠基於主體的精神力量，涵養形上超越的生命高度，外王的情意理想能免於自我異化，不會衍生心知執著與人為造作的後遺症。〈逍遙遊〉的篇章要旨即是為有限人物開發無限寬廣的精神天地，「逍遙」是向上升越的精神出路，也是超離困境的希望明燈，「超離」不是切斷自我與人間世的聯繫，而是在精神層面的自我超越。所以〈天下〉篇曾描述莊子行誼：「不譴是非，以與世俗處」，莊子通過「真我」接續天人關係，與天地精神往來，當心靈宇宙無比開闊，面對紅塵俗世的是非紛擾當有更多的包容力，不落入偏執的價值爭端，才能保有「不譴是非」的和諧空間。

「以與世俗處」是莊子的存在抉擇，既然身而為人，就有人間做人的道義和責任，就像孔子的「鳥獸不可與同群」[6]，都是來自人性深處的價值自覺。為了保存自身的清靜而投身山林田野，終日與鳥獸為伍，此看似無憂無慮的避世生活，顯然並不切合莊子「不擇事而安之」[7]的人生哲學。寓言故事中，顏回回應孔子：「治國去之，亂國就之」，表面上說的是儒家的入世情懷，其實反映出莊子身為知識分子，面對時代亂局的自我期許。

2.亂國就之

天下大治是儒、道兩家共同的外王理想，「以天下為己任」也成為我國傳統知識分子的使命與承擔。寓言中顏回向孔子表明，他前去衛國救人的行動是實踐孔子「治國去之，亂國就之」的教誨，但是對比《論語》中所載，孔子說的其實是「危邦不入，亂邦不居」[8]，兩者看似對反的說法，其意涵並不衝突。後者代表孔子透過「不入」、「不居」為亂之國，表達知識分子對統治者最深沉的抗議，象徵讀書人中流砥柱的風骨，以及尊嚴的挺立。前者則反映莊子心目中的儒家行誼，他認為儒家人物面對平

---

6 語出《論語·微子篇》。這句話意指：人生價值是在人間展開，退隱山林而與鳥獸同群，則人只是萬物之一，無異於其他生物。「鳥獸不可與同群」反映出孔子對於「生而為人」的人性高貴與人生價值的創造，有著深刻的體認和期許。

7 語出〈人間世〉。「不擇事而安之」的「安」是化解負累的「安」，意指面對人間無所逃的道義與責任，既無所逃，也不必逃避，直下肯認承擔就是了。同註5，頁205-206。

8 語出《論語·泰伯篇》。

治的國度會選擇離去，因為社會理序已經建立，危亂的國家才是儒者實踐外王理想的場域。此中透顯出莊子認為，儒者的奮鬥是濟世救民，直道而行，面對常軌崩頹的國度，可以「捨生取義」[9]，將個人生死置之度外，展現如孟子的「雖千萬人，吾往矣」[10] 之擔當與氣魄。莊子與孟子的時代接近，身處在諸侯國間篡奪兼併的戰國時代，莊子的「亂國就之」正代表著知識分子是時代的良知，對於戰火兵亂的時局有真切的悲情痛感，以及「撥亂反正」的使命承擔。

儒者代表著傳統以來，知識分子投身社會，以力挽時代狂瀾的典型圖像。莊子面對家國亂亡，民不聊生的現實困局，他把淑世情懷寄託在儒門師生的寓言對話中，儒門的情意理想是顯，莊子的智慧是隱，他以沖虛心靈的化解作用，避免儒家的崇高理想變質為一意孤行的專制獨斷，一顯一隱相輔相成，得以圓滿實現「亂國就之」的入世改革。所以寓言中未聞孔子質疑顏回的救世情懷，而僅在「如何可能」的實踐層次上，再三提出質問。王邦雄認為，儒學的人文理想在主體的自覺擔當之下，可能因為執著負累，而有滯陷僵化，導致理想變質沉落的危機，道家哲學正可以化解心知執著，順成文化使命，在作用層次上保存儒學義理[11]。

9　語出《孟子·告子上》，原文是：「生，亦我所欲也；義，亦我所欲也，二者不可得兼，舍生而取義者也。」參閱朱熹（2000）。四書章句集註（五版）。台北市：鵝湖。頁332。

10　語出《孟子·公孫丑上》：「自反而縮，雖千萬人，吾往矣！」這是孟子記載曾子對子襄所說的話，意味著反躬自省而理直，則可以勇往直前而不畏懼退縮。同前註，頁230。

11　同註4，頁20-21。

寓言中的顏回困陷在「有而為之」的執念，以自以為是的想法想赴衛國救人，在人我生命之間已形成無法化解的障隔，未能通達人心，也無法貼近對方的感覺，一心只想把自己認為的好，強加在對方身上，不僅衍生「災人」與「益多」的後遺症，最後恐怕還惹來殺身之禍，難以全身而退。莊子以顏回作為儒家濟世救人的典型代表，他則化身為寓言中的孔子，依據道家的超越哲學，在化解的作用層次上，提出實踐外王理想的兩全之道。

（二）「有而為之」的救人後遺症

根據《論語》記載，子貢曾描述顏回的行誼是：「有若無，實若虛」[12]，孔門中以顏回的性格最貼近道家。在「顏回救人」的寓言中，孔子說顏回是：「德厚信矼，未達人氣；名聞不爭，未達人心」[13]，「未達」的否定義是針對「救人」的行動來說，對於顏回本身的人品和德行，莊子通過孔子之言，給出了極高的肯定和評價。不過，對莊子來說，即便如顏回般德行深厚的賢者，以滿腔熱血投入高貴的救人志業時，也不免陷在一意孤行的偏執中，被有心有為的「有」套牢，看不見自我的侷限，自然也無法通達對方真正的感受和需要。尤其助人是人間歌頌的高貴德行，助人的價值感容易讓人迷失，賢能如顏回者都很難超離出

---

[12] 子貢描述顏回是：「以能問於不能，以多問於寡；有若無，實若虛，犯而不校，昔者吾友嘗從事於此矣。」（《論語·泰伯篇》）。「有若無，實若虛」意指顏回有才能而不自誇，學問充實而不自滿。王邦雄、曾昭旭、楊祖漢（2003）。論語義理疏解（八版）。台北市：鵝湖。頁92-93。

[13] 「德厚信矼」意指顏回德行深厚，誠信確實；「名聞不爭」是不爭名聲。同註5，頁179。

來，看到「有而為之」的救人背後，其實隱含著自以為是的盲目
和危機，更何況是平凡人物，更有可能陷溺在助人的成就感中，
看不到「未達人心」、「未達人氣」的負面效應。

1. 災　人

　　孔子提醒顏回，在救助他人的時候，儘管是出於善心美意，
但是沒有貼近對方的心，跟著對方的感覺走，善意的行動也難免
產生傷人的惡果。首先，在救人之前，自己的潛意識已經把對方
視為亟待救助的弱勢者，根本否定其獨立自救的可能性，這種想
法已經傷人在先。其次，救人者的自我蒙蔽，認定對方是毫無自
助能力的可憐人，一方面會讓救助的姿態轉為傲慢施捨，傷害其
自尊；另一方面，看不見受助者自身的能力和條件，也會一廂情
願把自認為的好，強迫性地加諸於對方身上，無助於受助者的自
主自立。再來，自己認為的善舉，不一定切合真正的需要，就像
天災地變時，無視於災區缺水缺電的困境，大量捐助必須耗費水
電的救濟物資，反而徒增困擾。

　　孔子的教誨更進一層，「未達人心」、「未達人氣」的救人
行動，會讓受助者的不足或弱勢，成為救助者凸顯自己的資藉，
如同以他人的苦難來建立自我的成就感，此時助人的善舉只是成
就自我價值的工具。這種情況就是寓言中孔子所言：「是以人惡
有其美也」，以別人的「惡」來凸顯自己的「美」，會讓對方感
到無地自容，尊嚴盡失，此舉等同製造災難。原初的救人善意不
僅變質，還惹來對方自我防衛的反擊，雙方同時受到傷害，這就
是「災人者，人必反災之」的道理。

2.益　多

　　名位與權力具有無形而巨大的力量，容易讓知識分子的救世行動轉成迎合或討好的「益多」，不僅無助於現實改革，還適得其反地加重災情。孔子提醒顏回，除非自身不貪求名利，面對趾高氣昂的權勢者，依然能夠安然自適，否則一旦進入權力的運作場域，恐怕難敵權勢者的強霸威勢與顯赫光采。由於不敢得罪對方，原本的理直氣壯將逐步退縮，昂揚的姿態也漸漸轉為順服屈從，前去衛國救人的初衷變成對上位者的討好迎合，歌功頌德，儼然成為權勢者的啦啦隊，這就像提油救火或引水救水，反而助長其盛氣凌人，也讓問題更加嚴重。而且一開始就在權勢面前低頭，以後恐怕很難再扭轉情勢了。

　　自古至今，無論政治體制屬於何種型態，政治權力的影響幾乎無所不在。戰國時代是君、臣、民的階層統理模型，層層體現上對下的力量支配性[14]，連知識分子面對強霸的政治勢力，恐怕都很難挺立得住。莊子敏銳覺察政治權力的宰制與支配性，對於身處在權力網羅中的人性表現，也有極為細膩的分析。寓言中的孔子即是莊子的虛擬化身，顏回雖然德行篤實深厚，但是孔子擔心其修養還未達究竟，就貿然闖入君王的權力場域，在強悍的威嚇震懾中，恐怕只能選擇妥協，一步一步退讓的結果，最後成了討好權勢的「益多」。

　　「救人」是人間歌頌的高貴情操，但是「有而為之」的救人

[14] 賴錫三（2013）。道家型知識分子論：《莊子》的權力批判與文化更新。台北市：台大出版中心。頁28。

行動，已經陷入自我中心的框架，難免產生「災人」或「益多」之弊。

（三）「心齋」的修養工夫實現外王理想

1.多言數窮，不如守中[15]

　　孔子的思想體系以「仁」為中心。面對樊遲問仁，孔子答以：「愛人」[16]，孔子的「仁愛」是理性之愛，因為「仁者安仁」[17]，合理才能有真正的心安。依老子評斷，「上仁」是「為之而無以為」[18]，「無以為」是愛人的動機純粹，不帶任何功利條件，由此可見老子對孔子的肯定。儘管如此，愛人者畢竟是有心有為，「有而為之」的行動如果缺乏超越的智慧涵養，極易轉為執著陷溺，就像莊子寓言中「執而不化」的顏回，固守自以為是的主觀偏見，反而衍生傷人的負作用。

　　老子以「有生於無」[19]的形上生成原理，作為人間價值理想的實現原理，其主張「聖人不仁」[20]，「不仁」不是否定或棄絕仁愛，而是無掉心知執著與人為造作的化解作用，即如王弼〈老

---

[15] 語出《道德經5章》。意指：「有心有為的執著太多，一定造成困窮的結果。不如守住心的沖虛，才能避免心知執著的負作用和後遺症。」林秀珍、徐世豐（2011）。老子道德經義理疏解。台北市：師大書苑。頁67。

[16] 語出《論語‧顏淵篇》。

[17] 語出《論語‧里仁篇》。

[18] 語出《道德經38章》。

[19] 語出《道德經40章》：「天下萬物生於有，有生於無」。同註15，頁399-402。

[20] 語出《道德經5章》。

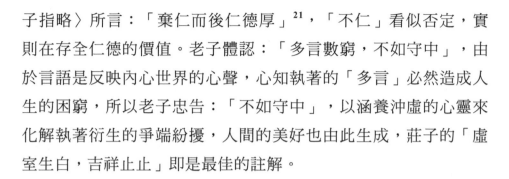

子指略〉所言:「棄仁而後仁德厚」[21],「不仁」看似否定,實則在存全仁德的價值。老子體認:「多言數窮,不如守中」,由於言語是反映內心世界的心聲,心知執著的「多言」必然造成人生的困窮,所以老子忠告:「不如守中」,以涵養沖虛的心靈來化解執著衍生的爭端紛擾,人間的美好也由此生成,莊子的「虛室生白,吉祥止止」即是最佳的註解。

2.「心齋」工夫不可或缺

戰國亂局來自專制獨霸的君王只講現實功利,為擴張王權不惜大動干戈,讓百姓在篡奪兼併的戰火中淪為犧牲品。面對心為物役的齊宣王、梁惠王,孟子懷抱仁義以行動進諫,試圖逆轉軍國霸道的時代狂潮;莊子則把淑世情懷寄託在想像虛構的寓言故事中,無論是〈養生主〉的庖丁或是〈人間世〉的顏回,都以勸諫君王為題。庖丁透過精湛的解牛技藝,為文惠君展現道家式的治國之道,庖丁沒有固執不化的自我偏執,可以通達君王的心思和感覺,表面上訴說著自己學習解牛的三層進境,背後隱藏著明君的治國之道。由於說的是自身解牛的精進歷程,完全沒有提及如何治國,也不會傷損君王尊嚴,文惠君不僅欣然接受,還給出:「善哉!吾聞庖丁之言,得養生焉」的高度肯定。庖丁以「無厚」的自我融入有間隙的人間世,面對權勢者可以「無厚入有間」,在承擔進諫之責,實現救國理想的同時,也讓自己全身而退,這是最高明的外王救人之道,關鍵就在「無厚」的自我。

---

[21] 參閱樓宇烈校釋(2006)。王弼集校釋(二版)。台北市:華正。頁199。

〈人間世〉在〈養生主〉之後，相較於庖丁的「遊刃有餘」，寓言故事中的顏回是以「救人」的姿態現身，其擬定勸諫衛君的方式反讓自己陷入「災人」或「益多」的兩極困境。這段寓言或可視為莊子對儒家後學的提點，從道家的觀點來看，行動主體的「心齋」工夫是實踐淑世理想不可或缺的要素。

3.「心齋」的工夫進程

　　顏回提出勸諫君王的幾種理據，都被孔子一再質疑，最後他實在想不出更好的答案，只好請老師解惑。孔子簡要回答：「齋」，起初顏回還誤以為是不飲酒、不吃葷，原來不是外在行為的齋戒，而是從為生命做主的「真君」著手，也就是「心」上做工夫才是根本之道。生命理境的升越並非一蹴可幾，修養工夫是由外而內逐步推進，歷經「無聽之以耳」、「無聽之以心」，最後達致「聽之以氣」的心靈自由，不同的工夫進程也開顯不同層次的生命意境，此三階段與「庖丁解牛」的肉眼觀牛、心眼觀牛和道眼觀牛之歷程前後呼應。

(1)聽之以耳

　　「心齋」的第一階段是正視感官媒介所掌握的世界，並覺察其侷限。耳目官能有其天生的功能與限制，如聽覺充其量只能聽見聲音，視覺也僅止於看見外象，就像庖丁最初與牛相遇，只能用肉眼看見龐大的牛體橫在眼前。即便有些視障者可以用觸覺「閱讀」，或者用耳朵「掃視」[22]，也無法超越感官先天的限

---

[22] 楊詠婷（譯）（2019）。伊藤亞紗著。不用眼睛，才會看見的世界（目の見えない人は世界をどう見ているのか）。新北市：仲間出版。頁110、116。

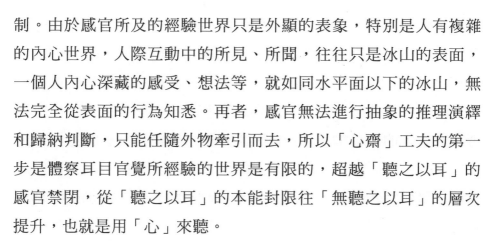

制。由於感官所及的經驗世界只是外顯的表象，特別是人有複雜的內心世界，人際互動中的所見、所聞，往往只是冰山的表面，一個人內心深藏的感受、想法等，就如同水平面以下的冰山，無法完全從表面的行為知悉。再者，感官無法進行抽象的推理演繹和歸納判斷，只能任隨外物牽引而去，所以「心齋」工夫的第一步是體察耳目官覺所經驗的世界是有限的，超越「聽之以耳」的感官禁閉，從「聽之以耳」的本能封限往「無聽之以耳」的層次提升，也就是用「心」來聽。

(2)聽之以心

「心齋」的第二階段是「無聽之以耳，而聽之以心」。「聽之以心」的工夫歷程如同庖丁的心眼觀牛。「心」有「知」的功能，運用心的認知作用，將外在對象抽象化，這是建立知識體系所必須，所以庖丁用心眼所見之牛是「未嘗見全牛也」，真實的完整牛體不見了，只有抽象的牛體肌理結構。抽象認知是脫離具體情境，把繽紛龐雜的感官資料編裁統整、分門別類，從特殊經驗中抽離出具有普遍性的法則，「執簡馭繁」地掌握複雜的大千世界，當代資訊科技和生物科技的革命性發展，即來自認知上的突破和創新。不過，老子和莊子的著眼點都不在心的認知歷程，以及如何客觀認知的問題，而是省察心知執著的負面效應。

王邦雄指出，就道家立場而言，心有「知」的作用，而「知」的本質是「執」，老子言：「天下皆知美之為美，斯惡已；皆知善之為善，斯不善已。」[23] 其「知善」、「知美」的「知」都是

---

[23] 語出《道德經2章》。意指：「當天下人執著在美之所以為美的唯一標準時，

指涉主觀的執著[24]。莊子藉著孔子教導顏回的寓言，點出心的問題在於「心止於符」，依據陳壽昌解為：「聽以心則必有心以求其符合，故曰止於符。」[25]「有心」即是指心知執著而言，心一旦陷溺在執著的框限中，就會以自我為中心，責求外在事物符合我心認定的價值標準[26]。當代西方批判理論所反省的意識形態（ideology），即是以自我認定的價值為唯一標準，凡是不同於己的，諸如宗教信仰、性別、種族、政治觀等等，即加以貶抑或排斥，由此衍生的人際衝突與人間災難無窮無盡。莊子在兩千多年前對「心止於符」的心知執著早有體悟，其心齋工夫的第三階段即是化解執念，讓生命得到釋放與自由，達致「聽之以氣」的最高意境。

(3)聽之以氣

人心的執著會干擾生命血氣的自然律動。老子有言：「心使氣曰強」[27]，由於人的存在價值是在人間展開，為了證明自己是英雄人物，心知會任使氣的運行走離常軌，轉成在人間拓展地盤的英雄氣和草莽氣，表面上看似強者姿態，實則自然氣息已閉塞

就會產生美醜的分別心，不合乎標準的就被排除在外，當作是不美的。同樣的道理，當天下人執著在善之所以為善的唯一標準時，也會產生偏執的好善惡惡之心，不合乎標準的就被當作是不善的，這都是心知執著造成的惡果。」同註15，頁29。

24　王邦雄（2010）。老子道德經的現代解讀。台北市：遠流。頁21。

25　陳壽昌（1977）。南華真經正義（再版）。台北市：新天地。頁57。

26　同註5，頁194。

27　語出《道德經55章》。

錯亂，造成元氣耗損與生命的早衰。老子以「專氣致柔」[28] 作為
修養工夫，讓氣回歸氣本身，以穩定生命的和諧與平靜；莊子則
提出「聽之以氣」的心齋工夫，讓閉塞的氣得到釋放而重歸自在
自然。王邦雄指出，「氣」可分為兩層次，一是實然之氣，也就
是未作修養工夫的現象意義之氣；二是經由修養工夫所開顯的理
境之氣，已具有人文價值的意義[29]。「聽之以氣」是心齋工夫的
第三階段，猶如庖丁的道眼觀牛，直接以主體心靈的神妙感應和
牛體交會，此時工夫已達究竟，生命血氣暢行無礙，身心靈合而
為一，可與萬化交感和合而逍遙遊於天地之間。

　　氣如何能回歸氣的本身？關鍵就在「沖虛」的工夫。莊子進
一步說明：「氣也者，虛而待物者也。唯道集虛。虛者，心齋
也。」依王邦雄詮解：「天道唯在吾心虛靜中朗現，此之謂『唯
道集虛』。」[30] 道體沖虛所以能生成萬物，心齋的最高層次即是
化解心知執著，在吾心的沖虛涵養中體現天道，由此生成人間的
和諧美好。所以「虛而待物」的「待」不只是字面上的「對待」
之意，而是向上超越，以無執著、無分別的天道眼光觀照對方，
在觀照中照現對方的好，讓彼此的好並行不悖的發展，這是「因
是兩行」[31] 的智慧，也是「有生於無」的形上生成原理之體現。

---

[28] 語出《道德經10章》。

[29] 同註5，頁193。

[30] 同註5，頁195。

[31] 參考〈齊物論〉中「狙公賦芧」的寓言故事，「因是兩行」意指順任對方的
「對」和「好」，讓彼此可以並行不悖的發展。

三、教育蘊義

〈人間世〉以孔子、顏回的師生對話揭開序幕，顏回想前往衛國解救苦難的人民，臨行前向老師辭行，並表明其救人動機即來自於孔子平日的教導。莊子筆下的顏回說道：「回嘗聞之夫子曰：『治國去之，亂國救之。醫門多疾。』」短短幾句話隱約可見莊子對教育薪傳之意義體認，後續精彩的師生對話也隱含了豐富深刻的教育哲思。

（一）「醫門多疾」的教育聯想

從實然面來理解，「醫門多疾」是現象描述，意指在醫院大門前，總有眾多有待救治的求診民眾；從應然面來說，醫院的職責以醫病救人為務，能被病患認同肯定的醫療院所才是名實相符；被病患拒絕前往診治的醫院不能符合救人的社會期待，不僅失職也有愧醫院之名。顏回以「醫門」譬喻「孔門」，孔門以人文化成的文化理想為己任，孔子醫治的是時代與人心的病痛，既然如此，顏回聽聞衛國人民在水深火熱中，當然義無反顧地前往救人。「醫門多疾」暗喻著儒門對外王理想的自我期許與使命承擔，從中可見莊子對儒家的理解與肯定。

《禮記學記》有云：「教也者，長善而救其失者也」，教育的「長善救失」在幫助學生開展其善，補救其偏弊與不足的缺失。就此而言，教育的傳道、授業與解惑是另外一種形態的「救人」，使人性免於沉淪墮落。從「醫門多疾」可以演繹的教育思考至少有兩點：

第一，學校是實踐教育的專業機構，理應為最佳的學習場域，無論設施、教學或人員，都應具備優質條件，讓父母可以放心地把孩子交託給學校，就像醫院大門總會擠進求診的病患一樣。不過，根據《天下雜誌》報導，台灣升學文理補習班的數量和超商數量幾乎可以並駕齊驅，儘管2000年開始至2013年，國中、小學生人數減少約三成，補教產業仍然不斷擴充膨脹，其中文理補習班的總數量增加3.3倍，成為籠罩教育體系的巨大陰影[32]。補教產業蓬勃發展的原因很多，如果是因為其教學品質更能贏得家長和學生信賴，則學校恐怕必須反躬自省了。

第二，醫院大門會有許多等待救治的病患，學校大門則是為「學生」而敞開。「學生」是學習者，代表某些方面有所不足，需要透過學校的「長善救失」協助成長，這也是學校存在的價值和意義。教師對此體認越深，越能避免無謂的責求學生或對學生表現過度期待，尤其國民教育階段的學生，身心未臻成熟是自然現象，更需要教師的同理與接納。

總之，「醫門」是治病之所，所以「醫門多疾」有其道理；學生入「校門」的象徵意義則是「入學」，意味著讓學生熱愛學習，喜歡上學，才是名副其實的「學校」；如果學生討厭上學，

---

[32] 林倖妃（2013，2月5日）。台灣補習班家數創新高。天下雜誌，516。取自www.cw.com.tw/article/article. action? id=5047229。

厭棄學習，顯然學校已名存實亡，代表教育出現嚴重問題。

（二）「虛而待物」的「救人」智慧

「己立立人」、「己達達人」[33] 是儒家動人的淑世理想，不過在幫助他人立於道與行道於世的過程中，會不會變成專制獨斷與自以為是，讓助人的良善美意扭曲變質，衍生傷人的惡果？有鑑於此，道家就在「如何可能」的層次上，開展出化解問題的智慧，以成全儒家理想的圓滿實踐。

「長善救失」是儒家賦予教育的內涵，就此而言，教學可視為「救人」的行動，透過教師的啟蒙引導，讓學生免於盲目無知和衝動叛逆。唯教師的「救人」如果像顏回一樣，滯陷在「有而為之」的窠臼，則救人不成，反異化為「災人」，而「災人者，人必反災之」，師生間的衝突也難避免。寓言中孔子提點顏回「虛而待物」，對教師而言，即是通過用心若鏡的沖虛修養，化解自我執念，在虛靜觀照中照現學生的天真本德，生成教育的美好。

1.虛靜觀照生成教育的美好

老子言：「是以聖人常善救人，故無棄人」[34]，「常善」是人人本自俱足的天真常德。老子以人性的天真本德來救人，回到自己本有的天真之德，建立自尊自信，內在可以生發獨立自救的

---

[33] 《論語‧雍也篇》：「夫仁者，己欲立而立人，己欲達而達人」，意指仁者是自己立於道，也要幫助別人能立於道；自己想要行道於世，也要幫助他人能夠行道。參閱謝冰瑩等（編譯）（1987）。新譯四書讀本。台北市：三民。頁132。

[34] 語出《道德經27章》。

動力，天下再也沒有等待救助的可憐人。老子的「無棄人」是救人的最高意境，能「看見」人性的天真本德，才可能以「常善救人」。如何可見人性的「常善」？答案就在「襲明」，也就是虛靜明照的智慧，即順任內心虛靜如鏡的明照，因為無執著無分別，所以能如實照現對方的天真常德，讓對方回歸真實自己，體認自在自然的美好，種種來自於執著造作引發的紛擾，也化解於無形。莊子的「虛而待物」即是老子智慧的闡揚。

「虛而待物」具有生成妙用，這是心齋工夫的最高境界。心齋工夫歷經感官、心知，最後才通達「聽之以氣」，亦即「虛而待物」的第三階段。師生互動最直接的媒介是感官，「聽其言」、「觀其行」也成為教師評斷學生的重要依據，不過教師的所見所聞往往流於零碎片段，無法全面掌握學生全貌，更別說教師個人主觀偏執的影響。數位時代的教師有各種測驗、量表的輔助，更有「客觀」的大數據提供診斷分析，或可校正感官或主觀偏誤，更趨近「真實」。不過，即使大數據有客觀的科學分析，畢竟是把學生抽象化。再精細詳盡的演算法所得，依然存在著抽象化約之弊，不可能完全等同複雜的生命體，更何況教育是生命感動生命的歷程，教師終究必須超離科學工具，直接面對學生。「虛而待物」的向上升越，讓教師的生命通達崇高理境，可以超越表象，心如明鏡的觀照，在觀照中照現學生的天真本德，進而生成教育的美好。

2.用心若鏡照現天真本德

當代西方學者庫利（C. H. Cooley）曾提出鏡中自我

（looking-glass self）的比喻。庫利認為，人出生時並沒有所謂的「自我」，自我概念是社會互動下的產物。對於個體而言，與其互動的他者都像一面鏡子，個體依據他者在互動中表現出來的反應和期望來評價自己，而且產生高興、沮喪、自卑等情感。所以人際互動就像鏡子的反照，影響著個體自我概念的建立[35]。

　　庫利以敏銳的社會觀察，發現他者具有「鏡照」功能，可以左右個體的自我認知，「鏡中自我」是社會現象的描述，重在說明自我概念是社會化的結果。道家的智慧不同於當代社會學的眼光，老莊不僅覺察人際互動中的「鏡照」效應會牽動個體的自我概念與認同，更進一層把「鏡照」轉化提升為價值創造的「生成」作用。老子有言：「致虛極，守靜篤，萬物並作，吾以觀復。」[36] 心虛靜如澄澈明鏡，可有形上觀照的能力，不僅自我觀照人性本有的天真本德，也能照現人人本有的天真，讓躁動不安的芸芸眾生，重新覺察真實生命的自然美好[37]。心虛靜如鏡可以鏡照照現，讓人人「看見」本自俱足的人性天真，回歸自在自得的人生，這是道家式的「生成」。莊子則言：「至人之用心若鏡，不將不迎，應而不藏，故能勝物而不傷。」[38] 鏡子的妙用是

---

[35] 譚光鼎（2010）。教育社會學。台北市：學富文化。頁88-89。

[36] 語出《道德經16章》。意指：「心致虛的工夫要達到最高程度，心守靜要到最篤實真切而無造作的地步。此時內心清明如鏡，面對萬物並起的牽動造作，我可以在虛靜心的觀照下，讓人人都回歸天真素樸的自己。」同註15，頁172。

[37] 同註15，頁171。

[38] 語出〈應帝王〉。本段的白話語意是指修養境界最高的至人，其心靈虛靜如鏡，沒有特別的分別心，不會拒絕或逢迎任何人，僅應物而不藏物，可以全面而整體的照現對方，不會讓對方承受壓抑委屈的傷痛。

無執著無分別,不拒絕也不逢迎任何人,它只是整體而全面的照現,既不會深藏鏡照的結果,隨時可以照人,也讓現身鏡子面前的人體認生命本真的美好,不必承受壓抑委屈和莫須有的挫折傷痛,如同王邦雄所言:「至人的心『虛而待物』,在『照』物中『生』物,在鏡照人間中生成天下。」[39]

3.化解「好名求實」的執著與造作

對於師生互動而言,教師的「虛而待物」是化解「有而為之」的主觀執著,其中好名求實的執迷陷溺,是寓言故事中孔子對顏回的重要提點。孔子特別指出:「名實者,聖人之所不能勝也」,意指連聖賢之士都很難擺脫好名求實的價值制約。他以歷史上夏桀殺賢臣關龍逢,紂王將王子比干處以極刑為例,被殺害的兩人都是修養自身,以臣下身分去憐愛君王的子民,對君主來說,這是拂逆的不敬表現,最後兩人也因為賢德光采而被君王排擠入罪[40],孔子對此論斷:「是好名者也」,兩人因為愛好賢德之名,而引來殺身之禍。接著,孔子又以堯出兵攻打叢枝、胥敖,禹對有扈發動戰爭為例,說明以聖王自居的堯、禹為了行教天下,完成外王理想,竟然不惜大動干戈,要將邊陲小國納入禮樂教化中,最後造成這些小國生靈塗炭,國土變成廢墟。堯和禹皆好「聖王」之名,不斷出兵征伐是為了讓自己成為名副其實的聖王,「好名求實」的造作帶來無數傷亡,自身也失落愛民的聖王賢德。

---

[39] 同註5,頁388。

[40] 同註5,頁183。

缺乏沖虛修養的教師，在「循名責實」的自我期許中，也可能出現一意孤行的專制獨斷，把個人偏執的價值觀強加在學生身上，讓「長善救失」的過程變成宰制壓迫，無法容許學生依其才情性向而有多元發展的空間。明顯的例證是受到升學主義箝制的教師，往往以升學率作為「好老師」的指標，把學生成績視為教學績效的唯一標準，看不見分數之外的學生才情與人格教育的重要。結果為了實現自以為是「好老師」的價值，反而自我異化成為升學主義的推手，種種逼迫學生讀書以提高成績的手段，也淪為「好名求實」的造作之舉。

　　在寓言中，孔子告誡顏回：「古之至人，先存諸己，而後存諸人。」自古以來最有智慧的人，一定先涵養自身，把道理在自家身上體證，再求行教於天下，自己都在不定的狀態，怎麼可能穩住暴亂的對方。體現沖虛修養的生命高度可以直通天道，「先存諸己」的教師有天道作為源頭活水與精神超越的依據，可以超離世俗功利的牽絆，體認本自俱足的生命價值，沒有「好名求實」的執著陷溺與造作之舉，其「救人」行動不會衍生「災人」惡果，即使面對有權勢名位的家長，依然神態自若，因為不必討好迎合，自然也免除了「益多」的可能。

　　莊子體悟：「虛室生白，吉祥止止」，人間的美好都依止停靠在心靈的虛靜中。「虛而待物」的修養讓教師的精神天地無比開闊，不執迷於教師之名，自然化解好名求實的人為造作。學生沒有壓抑委屈，師生關係也有了和諧共好的餘裕空間。

參、「無用之用」的人生智慧

在〈逍遙遊〉中，莊子藉著惠子的「拙於用大」，呈顯「無用之用」的人生智慧。〈人間世〉中不材的散木、身有殘疾的支離疏，也是圍繞著「無用之用」來說。

以下分就寄身神社的散木與形體不全的支離疏兩則寓言，先詳述其內容，再進行哲學義理和教育蘊義的闡述。

一、故事內容

（一）寄身神社的散木

1.散木的無所可用

> 匠石之齊，至於曲轅，見櫟社樹。其大蔽數千牛，絜之百圍，其高臨山十仞而後有枝，其可以為舟者旁十數。觀者如市，匠伯不顧，遂行不輟。弟子厭觀之，走及匠石，曰：「自吾執斧斤以隨夫子，未嘗見材如此其美也。先生不肯視，行不輟，何邪？」曰：「已矣，勿言之矣！散木也，以為舟則沉，以為棺槨則速腐，以為器則速毀，以為門戶則液構；以為柱則蠹。是不材之木也，無所可用，故能若是之壽。」

有一位名字叫「石」的工匠，他在前往齊國的路上，經過一個大彎道，赫然看見一棵寄身神社的櫟樹出現在眼前。這棵參天巨木的樹蔭可以遮蔽數千頭牛，粗壯的樹幹要百人才能合圍，而

且越過山頭十仞高才長出旁枝，這些旁枝如果拿來製作舟船，要以十為單位來計量，可見巨木之高大。這麼高大的樹必然引人注目，所以觀賞者絡繹不絕，巨木的周邊猶如鬧市。匠石的弟子也跟著湊熱鬧，而且看得很開心，他們對於師傅居然未駐足旁觀而繼續前行，感到大惑不解。於是請問匠石：「我們帶著砍伐木材的斧頭刀刃追隨老師多年，從未見過這麼吸引人的美材巨木，為何老師看都不看一眼，就繼續行程呢？」匠石回答：「別再說了，這只是一棵無用巨木，其材質用來製作舟船會沉，作棺木很快腐朽，製成日常器物則快速毀壞，作為門戶會滲出脂液，用作樑柱則引來蠹蟲腐蝕。它是一棵無用的散木，所以才能存活到今天，沒有被人砍伐利用。」

2.散木託夢

> 匠石歸，櫟社見夢曰：「女將惡乎比予哉？若將比予於文木邪？夫柤梨橘柚果蓏之屬，實熟則剝，剝則辱；大枝折，小枝泄。此以其能苦其生者也，故不終其天年而中道夭。自掊擊於世俗者也，物莫不若是。且予求無所可用久矣，幾死，乃今得之，為予大用。使予也而有用，且得有此大也邪？且也，若與予也皆物也，奈何哉其相物也？而幾死之散人，又惡知散木！」

匠石回到家後，在夜晚睡夢中這棵神社櫟樹來託夢。夢中櫟樹對匠石提出質疑和抗議。它說：「你想把我看成什麼呢？你把我看成是有用的文木嗎？或像柤梨橘柚等果樹和瓜類等樹叢呢？

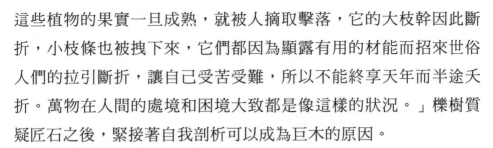

這些植物的果實一旦成熟，就被人摘取擊落，它的大枝幹因此斷折，小枝條也被拽下來，它們都因為顯露有用的材能而招來世俗人們的拉引斷折，讓自己受苦受難，所以不能終享天年而半途夭折。萬物在人間的處境和困境大致都是像這樣的狀況。」櫟樹質疑匠石之後，緊接著自我剖析可以成為巨木的原因。

櫟樹說道：「長久以來，我都在追求自我的修行，讓自己不顯露亮麗光采，這條修行的路上充滿險阻，差點兒被砍伐，直到現在才有了成果，這才是我的大用。如果我像一般有用的文木，那能有今天長成巨木的可能呢？再說，你和我有同屬於物類的存在處境，應該彼此尊重，相互欣賞，你怎麼只從表面的「物」來看待我呢？你被『有用之用』的世俗價值制約，就像流落街頭的散人，如何能理解我是通過修行，回歸生命大用的散木呢！」

3.匠石的領悟

> 匠石覺而診其夢。弟子曰：「趣取無用，則為社何邪？」曰：「密！若無言！彼亦直寄焉，以為不知己者詬厲也。不為社者，且幾有翦乎！且乎，彼其所保與眾異，而以義喻之，不亦遠乎！」

匠石從夢中醒來之後，向弟子陳述夢境內容，弟子疑惑回應：「如果這散木所認取的價值是無用，為何又要寄身神社，受神社庇佑呢？」匠石趕緊對弟子說：「閉嘴，別再說了。這散木只是寄身神社，讓不瞭解它的人辱罵它無用罷了，這是保存自身的隱藏之道。其實散木是靠修養來存全自我，因為長得夠大才讓

神社依附它而存在，即使它不寄身神社，也不會受到砍伐。而且，散木的自保之道已超越世俗層次，你用世俗的標準來審視，豈不是太不相應了。」匠石的結論也為這則故事畫下句點。

（二）形體不全的支離疏

> 支離疏者，頤隱於臍，肩高於頂，會撮指天，五管在上，兩髀為脅。挫鍼治繲，足以餬口；鼓筴播精，足以食十人。上徵武士，則支離攘臂而遊於其間：上有大役，則支離以有常疾不受功；上與病者粟，則受三鍾與十束薪。夫支離其形者，猶足以養其身，終其天年，又況支離其德者乎！

支離疏是一位身障人士，他的形體嚴重扭曲，臉頰因為駝背而隱在肚臍下，肩膀居然高於頭頂，因背駝頭朝下而使髮髻朝天，使五臟的血管向上突起，兩股也升上腋下。雖然形體不全，他依然可以靠著縫衣工作養活自己，做篩米工作可供養一家十口人。當君上徵召武士時，支離疏因殘疾而豁免，可以高舉雙臂在街頭悠遊自在地行走；當國君徵用勞役時，也因為形體不全而免去勞役之苦；當君王賑濟病苦的人時，支離疏的殘疾可獲得三鍾米和十捆柴。

莊子最後結論：形體不全者如支離疏，還可以養活自己，終老天年，更何況是在德行修養上能化解心知執著的人，生命更是海闊天空。

二、哲學義理

「無用」的主題多次出現在《莊子》書中，以〈逍遙遊〉來看，在惠子和莊子的論辯中，就有幾處提到「無用」。首先是惠子打破無用的葫蘆瓜，被莊子批評是「有蓬之心」；其次是惠子自述有一棵無用的大樹，暗諷莊子之言「大而無用」，猶如這棵無用之樹，不能被世人接受；最後莊子以「無所可用」的大樹反而海闊天空，不落入被人利用的困苦中作結。對比惠子實用的價值意識，莊子的不求有用顯得淡泊逍遙，無待自在。在人生修養四層境界的對比中，莊子把集功名利祿於一身的顯赫人士列為最低等級，因為這些人就像自以為「飛之至」的小鳥，渾然不覺自己受困於功名的「小用」，一生都在等待世俗的恩寵肯定而患得患失。

莊子「求無所可用」的人生似乎隱沒於平淡生活，與真實人間看似格格不入，事實並非如此。賴錫三認為，隱者對政治社會通常保持冷漠，未能有深刻的觀察與揭露，但是從《莊子》以極富創意的方式去顛覆「有用」、「無用」的社會成見，對實用中心主義提出質疑，這絕非一般隱者的躲藏生活可以擁有的精微省察[41]。賴錫三的觀點有理有據，〈天下〉篇描述莊子：「獨與天地精神往來而不敖倪於萬物，不譴是非，以與世俗處。」[42] 由此

---

[41] 賴錫三（2013）。道家型知識分子論：《莊子》的權力批判與文化更新。台北市：台大出版中心。頁17。

[42] 「敖倪」同「傲睨」，即傲慢與輕視。本段白話語意是：「莊子以生命的真實自我與天地精神同行，有超然物外的高度，不會傲慢自負，看不起眾生，也不

可見莊子的超然物外與遊於人間的安然自適。世俗人間多以名利權勢作為「有用」的人生指標，莊子則將道化入生命，從形上的超越眼光解開功名利祿的小用與束縛，把無待逍遙的生命大用還給每一個人。

以下針對有用、無用的世俗評價，以及散木的無用大祥等兩部分，闡述其中的哲學義理。

（一）世俗評價的有用、無用只是相對的價值

老子對於美善、禍福、成敗與得失的價值二分，有極為深刻的反省。他指出：「禍兮福之所倚，福兮禍之所伏。孰知其極？其無正。」[43] 禍福是相對而立的概念，彼此有相互依存的連帶關係，若以升學考試上榜為福，落榜則成為禍。世俗的禍福認定往往從心知執著的價值標準來，當時空條件改變，原初認定的福也許瞬間變成禍，反之亦然。禍福之間難以截然二分，老子關切的不是福禍的有無與判準，因為「有無相生」[44]，「有」是相對於「無」而產生，彼此都是對方成立的原因，具有人為比較的主觀性與相對性。老子的重點是從心知執著的價值標準中超離出來，回歸主體自覺的存在抉擇，則世人認為的危機也能化為轉機。

以心知執著的是非價值譴責天下人，能解消自我融入世俗之中。」同註5，頁520-521。

[43] 語出《道德經58章》。本段白話語意是：「看似災禍，福卻相隨在側，看似有福，卻潛藏禍害。禍福之間有相互依存的連帶關係，誰能清楚掌握福禍的分界？禍福之間並無一定的標準答案。」同註15，頁569。

[44] 語出《道德經2章》。

　　莊子順著「有無相生」的後設反省，說明人間對於「有用」、「無用」的價值論定，存在著相對性與侷限性，主體的認知立場與觀點不同，會有相異的論定結果，而且在時間流變中，價值評量的標準往往也定不住。支離疏的殘疾從世俗眼光看來是大不幸，不過他的駝背正好適合為人縫衣、洗衣和篩米，不會有長期低頭工作而產生的腰酸背痛，而且當君上徵召武士與勞役者時，所有強健的男人莫不恐懼憂慮，害怕成為徵召對象，支離疏卻可以自在地行走街頭，而且還因為身體的缺陷而獲得補貼救濟。在〈逍遙遊〉中，惠子因為無法忍受葫蘆瓜的一無可用，用力將它擊碎，被莊子說是：「夫子猶有蓬之心也夫！」惠子的心就像被雜草充塞，以有限的小智當然看不到葫蘆瓜的「無用之用」。支離疏的寓言最後，莊子結論：「夫支離其形者，猶足以養其身，終其天年，又況支離其德者乎！」形體不全的支離疏，不僅可以養活自己，還能安享天年，更何況是「支離其德」[45]，即化解心知執著的修養之人，更能超離「有用」、「無用」的價值二分，如同不材的散木，回歸「無用之用」的生命大用而自在自得。

（二）散木的無用大祥

1.散木的不材是大祥

　　在「寄身神社的散木」寓言之後，莊子接著說了南伯子綦遊

---

[45] 依王邦雄詮解，「支離其德」就是老子的「不德」，都是化解心知執著，解消自以為有德的執著。同註5，頁228-229。

於商丘的故事，其寓意和散木大致相同，可見莊子對「無用之
用」的重視。這則故事以子綦的獨白呈顯，內容大要是子綦到商
丘遊樂，見到一株奇木，可以讓千乘馬車在樹蔭下休息，仔細觀
看這奇木的樹枝、主幹和葉子，沒有一個部分有利用價值，於是
子綦下了定論：這巨木果真是無用啊，才可以長得這麼大。如果
顯現世俗認為「有用」的價值，就會像宋國荊氏這個地方所種植
的楸、柏、桑一樣，長到一定程度之後，馬上被人砍斫做成小木
樁、屋樑和棺木，根本無法安享天年。又如人間祭拜河神的時
候，白色額頭的牛、高鼻的豬和患有痔病的人，都被視為不祥而
免於被沉入河中用作祭奠，這些巫祝都很清楚。一般人迷於「有
用之用」的價值，莊子破除世人迷思，點出鋒芒畢露地顯耀自身
材用，會招來生命的禍患，在人間被視為「不祥」的「無用」
之物，反而可得到大祥的結果[46]。神人即是以「不祥」為修養工
夫，成就「大祥」的生命意境，換言之，「無用之用」成就生命
的大用與大祥，就像不材的散木不會引來斧頭砍伐，能長成參天
巨木而終享天年。

---

[46] 這則寓言故事的原文如下：「南伯子綦遊乎商之丘，見大木焉有異：結駟千
乘，隱將芘其所藾。子綦曰：『此何木也哉！此必有異材夫！』仰而視其細
枝，則拳曲而不可以為棟梁；俯而視其大根，則軸解而不可以為棺槨；咶其
葉，則口爛而為傷；嗅之，則使人狂醒三日而不已。子綦曰：『此果不材之木
也，以至於此其大也。嗟乎神人，以此不材！』宋有荊氏者，宜楸柏桑。其拱
把而上者，求狙猴之杙者斬之；三圍四圍，求高名之麗者斬之；七圍八圍，貴
人富商之家求樿旁者斬之。故未終其天年，而中道夭於斧斤，此材之患也。故
解之以牛之白顙者，與豚之亢鼻者，與人有痔病者，不可以適河。此皆巫祝以
知之矣，所以為不祥也。此乃神人之所以為大祥也。」

2.「無用之用」的「無」是化解的作用

面對人間現實常把相對的價值標準絕對化，且據此評定人的美醜、善惡與人身價值的問題，老子以「人之所畏，不可不畏」來超越解困。一般人都害怕被世俗評價為失敗、醜惡與無用，這些負面價值都是「人之所畏」，「不可不畏」[47]是把「人之所畏」當作超越的對象，不陷溺在分別比較的得失中，回歸生命的自在美好，人間隨處都能逍遙遊[48]。莊子把「不可不畏」的超越反省更進一層，從「無用之用」的生命大用來說，放下世俗功利價值的箝制，讓人人走在適合自己的人生常道上，自我的潛能可以不受禁閉而充盡實現。不過，莊子也感慨：「人皆知有用之用，而莫知無用之用也」，他以此作為〈人間世〉的結語，一語道破人心的執迷不悟，同時也凸顯「無用之用」的重要性。

「無用之用」的「無」是涵藏修養與化解的作用，消解心知對「用」的標準執著，作用地保存生命本身的大用，這是天道生成原理的體現，其與「有用之用」不是平等對列，而是超越的層次區分。散木涵藏自己，不彰顯世俗工具性的利用價值，以此作為自身保全之道，不僅得以終享天年，還因為充盡實現生命潛能，最後成為參天巨木，讓眾生在其庇護之下休養生息，重獲能量而再出發，此為散木真正的大用。對散木來說，即使不瞭解的人對其無所可用鄙視辱罵，它依然獨立不改地涵藏自己，不汲汲於成為鎂光燈的焦點，等生命涵養蓄積豐厚時，連鬼神都會來投

---

[47] 語出《道德經20章》。

[48] 同註15，頁202-203。

靠,自然也成為神社所在。

　　相較於散木內斂涵藏地保存自身,以成就生命的大用,莊子列舉山中木因材質可用而招致砍伐,膏油可以當燃料而引來世人燃燒利用,桂樹的果實可口而被人摘取,漆樹汁液可用而遭切割,這些都是因為具有引人注目的「有用」材質而不得善終。人間的「散人」[49] 困陷在「有用之用」的迷思中,終其一生所追求的功成名就,也只是被世俗所用的工具價值,相較於生命潛能的開展而言,畢竟是畫地自限的小格局。

三、教育蘊義

　　第一章有關〈逍遙遊〉的教育蘊義部分,筆者曾就「有用之用」與「無用之用」的教育目的論參照對比,指出前者失之偏狹,後者可以給出寬廣的人生之路。以下依據〈人間世〉的哲學義理,延伸「有用之用」與「無用之用」的教育目的思考。

(一)「有用之用」是當代教育的主流價值

　　工業時代的學校教育是參考工廠生產線的運作方式,採標準化的流程,來確保效率與品質。這種追求整齊劃一的教育,以教科書為學習重心,悖離日常生活,學生只是被動吸收,不能學以致用,也忽略真正的學習發生在生活中[50]。工業時代的教育思維

---

[49] 〈人間世〉有云:「而幾死之散人,又惡知散木!」散人是被世俗的「有用之用」套牢,困陷於「有用之用」的價值,讓人生失去自在自得的空間。同註5,頁223。

[50] 林秀珍(2015)。老子哲學與教育。台北市:師大書苑。頁87。有關工業時代

深深影響當代的學校運作，長久以來，學校教育也因為與生活世界脫離而備受批評。

　　二十世紀的教育學者杜威（J. Dewey）主張「教育即生活」，特別強調教育與生活的連續關係，他認為學校本身就是一種社群生活，學生的社會覺知和社會關懷只有透過真正的社會媒介才能展開[51]。學校教育與生活連結的重要性，可從以下幾點得知：第一，學生的校內外經驗得以連接與統整，有利於建立靈活的知識網路；第二，抽象的知識不再是空洞的文字概念，而是解決問題的有效工具；第三，有助於矯正以教師為中心的偏弊，重視學生經驗的價值創造與發展；第四，提高學生學習的意義感與自願性；第五，可以培養適應生活與改造生活的能力；第六，教育活動貼近生活世界，能讓學生感覺親切實在，有助於鄉土情與社區意識的建立[52]。「生活」是人人無可逃避的共同「職業」，教育與生活的聯繫有其必要，不過，如果完全依據現實世界的發展來主導辦學方向，「有用之用」的價值取向也會成為教育的主流。

　　過去幾十年來，市場經濟和市場價值已掌控了我們的生活，連教育也無例外。根據義大利學者歐丁（N. Ordine）研究，商業邏輯已經滲入當代校園，中學和大學被改造成企業公司，校長

教育系統的反省，可參閱楊振富（譯）（2002）。P. Senge等合著。學習型學校（上）（Schools that learn: A fifth discipline fieldbook for educators, parents, and everyone who cares about education）。台北市：天下遠見。頁49-107。

[51] Dewey, J. (1959). Democracy and education. New York: The Macmillan. p.416.

[52] 林秀珍（2007）。經驗與教育探微：杜威（John Dewey）教育哲學之詮釋。台北市：師大書苑。頁147。

褪下教師外衣，套上經理人的西裝，忙著讓學校更有競爭力。教授在商業化的大學中也改頭換面，把時間花在寫論文、不停計算、製造漂亮的統計數字、為了拿到補助而準備計畫案，幾乎很少人關心研究和教學品質。他語重心長的結論：「教育一旦無法隔絕一切形式的功利主義，我們將難以繼續想像未來的公民能負起責任，克服他們的自私自利，擁護共同的利益」[53]。在資本主義衝擊下的現代社會，功利實用的商業價值成為主流，連「不求利益」的歐洲大學傳統也向商業經營模式看齊，深陷在世俗「有用」的迷思中。

生活中無所不在的商業文化氛圍，形塑著我們的價值意識。近年來，台灣社會隨著科技工業與資本主義的緊密結合，功利趨向也日益明顯，為了取得國際競爭的優勢地位，以經濟理性為主導的教育市場化發展，儼然成為指導教育活動的優先觀念[54]。以高等教育為例，政府以市場競爭的邏輯與績效評鑑作為大學經費補助的依據，傳統以來大學肩負的價值理想與淑世擔當退位，教授競相投入學術知識經濟底下的論文生產行列，公共知識分子的角色逐漸式微[55]。當大學過度凸顯「有用之用」的功利與計算，以學校排名、教授的論文發表量與學生的職場競爭力為主要考量時，教育便失去了崇高，與利益優先的工商產業無分軒輊。

---

[53] 郭亮廷（譯）（2015）。N. Ordine著。無用之用（L'utilita' dell'inutile: Manifesto）。台北市：漫遊者文化。頁96-99。

[54] 林逢祺（2004）。教育規準論。台北市：五南。頁84。

[55] 廖炳惠（2012）。台灣公共知識分子的式微。載於廖炳惠、孫康宜、王德威（主編）。台灣及其脈絡。台北市：台大出版中心。頁399-417。

（二）「無用之用」給出潛能開展的自由空間

德雷希維茲（W. Deresiewicz）指出，國際競爭環境越來越激烈，讓許多家長害怕憂慮，越來越多人把大專以上的學歷視為不可或缺，對名校的狂熱有增無減。富貴家庭以分數掛帥打造孩子的人生，高成就學生忙於滿足父母對分數的期待，承受巨大的心理壓力，孩子為了回應父母期望，形成「虛假的自我」，感覺喪失了靈魂[56]。名利權勢的「有用之用」舉世皆知，父母親對名校文憑趨之若鶩，誠然可以理解，不過老子早就提醒：「甚愛必大費，多藏必厚亡。」[57]，人心會在名利競逐中癡迷狂熱，爭名奪利讓爾虞我詐的機巧算計因應而生，生命能量耗損殆盡，天真本德也蕩然無存。「甚」愛與「多」藏名利的心知執著，必然會以犧牲生命的美好為代價。

教育的功能之一是培養學生適應生活與改造生活的能力，教育回應現實世界，教導「有用」的知識技能有其必要。莊子的「無用之用」並非否定「有用之用」的實利價值，他是從形上超越的眼光，解開世人被功名利祿的小用箝制束縛，把人的存在本身當作目的，而不是手段工具的器用價值。〈養生主〉寓言中，位高權重的右師是眾人欣羨的「有用」之人，在莊子筆下卻成了

---

[56] 章澤儀（譯）（2016）。W. Deresiewicz著。優秀的綿羊（Excellent sheep: the miseducation of the American elite and the way to a meaningful life））。台北市：三采文化。頁54-74。

[57] 語出《道德經44章》。 本段白話語意是：「甚愛名利，必然以付出生命的美好為代價，想要藏有金玉滿堂的財貨，必然要讓自己遭受更大的犧牲。」同註15，頁436。

受到刑罰而少了一隻腳的「受刑人」。右師汲汲營營地求用於世，儘管如願以償也付出生命重創的代價，不若水澤中的野鳥不困於人間「小用」，所以神色自若，姿態昂揚，有寬廣的天地得以盡情揮灑。

學業成績一向是父母、師長評估孩子前途的參照，功課不好彷彿注定前景堪憂，這些孩子不是沒有才華，只是不符合「有用」的標準。蘋果電腦的創辦人賈伯斯（S. Jobs）、新加坡前總理李光耀、英國前首相邱吉爾（W. Churchill）都有閱讀障礙，社會多半認定這種孩子沒前途，但是事實證明他們後來都成為舉足輕重的人物。即使人類已經進入人工智能的高科技時代，目前為止也沒有任何科技產品可以完全預測一個人的才情性向與潛能極限，教育者的職責是提供優質環境，讓孩子在自由探索，沒有委屈與壓抑的學習經驗中，實現人性價值與潛能開展，活出自在自得的人生。莊子感嘆，在人間街頭被「有用」宰制的「散人」，心思盡在向外求用，與人爭勝，根本無法理解「散木」求「無所可用」的生命情態。父母、師長的價值意識對孩子有潛移默化的深遠影響，要超越世俗小用，給出孩子潛能開展的自由空間，莊子的「無用之用」是重要的涵養與提點。

肆、結　論

在《莊子》內七篇中，〈人間世〉的編排順序居中，或許隱含著本篇可作為莊子哲學的軸心，其他篇章都在回應有限人物走在複雜人間的自我超越之道。

　　本章主要選擇顏回救人、不材散木與形體不全的支離疏等三則寓言，從中衍釋「醫門多疾」的教育聯想，以及「長善救失」與「無用之用」的教育智慧。在「顏回救人」的故事中，莊子描述顏回以醫門譬喻孔門，也許在莊子的理解中，孔子以人文教化救世救人，所以孔門就如同救人的醫療院所，「醫門多疾」隱含著儒家對外王理想的自我期許與使命承擔。從「醫門多疾」的淑世寓意或可啟發教師思考「學校」的價值和意義，讓學生熱愛學習的學校才是名副其實的教育場所，對於進入校門且未臻成熟的「學習者」，也能給出同情的理解，以及更寬廣的包容接納。

　　救人的利他情懷誠然動人，但是救人者未能貼近對方的心思，感受對方的感覺，也會讓善心美意扭曲變質，衍生出「災人」或「益多」的負面效應，這是莊子化身為寓言中的孔子，對儒門後學的忠告。教師如果像顏回一樣，自身涵養仍在「未定」狀態，滯陷於「有而為之」的心知執著，以主觀偏執所認定的「好」強加在學生身上，變成「好名求實」的人為造作，結果也會適得其反。孔子提點顏回要化解心知執著與人為造作，在心上做「心齋」工夫，對教師而言，即是從「聽其言」、「觀其行」的感官侷限，往上提升至教育知能與科技輔具的專業判斷，最後以虛靜如鏡的真實生命直接與學生交會感應，在「虛而待物」的虛靜觀照中照現學生的人性本真，進而生成教育的和諧與美好。

　　「虛而待物」的沖虛涵養在人間可以生成「無用之用」的生命大用。莊子以不求有用的散木，反而能長成庇護眾生的巨大神木，連鬼神都來投靠而成為神社所在的寓言故事，凸顯世人多被有用、無用的價值制約，困陷在名利權勢的功利實用，而不見生

命本身自為目的的大用。世俗對有用的價值評斷存在著主觀的相對性與侷限性，就像形體不全的支離疏從世俗眼光看來是大不幸，但是在君上強徵武士和勞役時，形體的殘缺卻成為最有用的護身符。所以莊子結論：連形體不全的支離疏都足以養其身而終享天年，更何況是修養沖虛心靈，化解執著與造作的修德之人，更能活出海闊天空的自在人生。「無用之用」的「無」即是化解人間對功利實用的執迷陷溺，還給生命寬廣的揮灑空間。在當前以「有用之用」為主流價值的教育場域，通過「無用之用」的超越眼光與化解作用，提供孩子自由探索，免於宰制和壓抑的學習環境，或可減緩現實功利的升學競爭，開啟一條回歸生命大用的希望之路。

第五章
〈德充符〉的哲學義理
與教育詮釋

壹、前　言

　　人間世是人人無所逃避的立身之處。莊子以有限的形體為憑藉，在複雜的人間開展無限可能的精神天地，這是「乘物以遊心」[1]的生命理境，有待於心靈的沖虛修養而實現。在〈人間世〉之後，緊接著是〈德充符〉，依郭象注解篇名要旨：「德充於內，應物於外，外內玄合，信若符命，而遺其形骸也。」[2]王邦雄依郭象注，進一步詳解「德充於內」是化解心知對「德」的執著負累，屬於工夫論；應物於外則是以清明的心靈「虛而待物」，此為修養工夫開顯的生命意境。「無」是內在的修養工夫，「有」是對外開顯出物我的一體和諧，又「無」又「有」即是「玄」，玄同於道是為「玄合」，此「內外玄合」有如兵符的

---

[1] 語出〈人間世〉。莊子言：「乘物以遊心，託不得已以養中，至矣。」意指人生最高的境界是憑藉著有限的形體，展開無限可能的心靈空間與精神天地，在不得已的人間處境中，涵養沖虛的心靈而能超然物外，逍遙自在。「不得已」的「已」是止，意指無力改變外在世界，讓外在世界的變化停止下來。參閱王邦雄（2013）。莊子內七篇‧外秋水‧雜天下。台北市：遠流。頁211。

[2] 郭象（註）（2000）。莊子。台北市：藝文。頁108。

兩半完全符合[3]，沒有間隙，而心知執著的化解也讓有限形體不再成為生命的負累。簡言之，德充符即是「德充於內，而符應於外」[4]，當生命朗現無執著分別的天真本德，行走人間可以達人心，達人氣，在人我之間相融相契而無扞格。

〈德充符〉的寓言故事中，有三則內容最能呈顯莊子心目中理想的教師圖像。為了便於教師圖像的主題探究，以下先詳述三則寓言內容，接續再綜合論述其中的哲學義理與教育蘊義。

貳、寓言故事

莊子的寓言中，有許多故事以身障人士為主角，或許這是對形體不全者的悲憫同情，藉由看似荒唐的故事編造，來翻轉世俗偏見，為殘疾人士遭受不平對待的委屈平反，同時也暗喻著「支離其德」[5]的沖虛修養，才是人生幸福的保障。

以下針對以王駘、申徒嘉與叔山無趾為主角的寓言故事，分別詳述其內容。

---

[3] 依王邦雄詮解，「德充符」的「符」是符應，有如古代君上與邊防大將各持兵符的一半，軍情緊急需要傳達君上旨意時，就以兩半兵符是否契合，作為驗證旨意真偽的依據。「德充符」的符應意指人我之間以本德天真相遇，猶如兩半兵符完全契合，沒有間隙，此為「符應於外」。同註1，頁235。

[4] 同註1，頁235-236。

[5] 語出〈人間世〉。「支離」是化解的作用，「支離其德」意指解消心知執著，化解德行的高貴與光采。同註1，頁228-229。

一、兀者[6] 王駘

（一）孔子將以王駘為師

　　〈德充符〉以魯國王駘的故事揭開序幕。王駘是受斷足刑罰而少了一隻腳的身障者，雖然莊子只說他是「兀者王駘」，沒有交代他被斷足的原因，合理推測他應有不為人知的人生挫折與傷痛。這樣一位形體不全的殘缺人物，卻是眾人想要緊緊追隨的良師，常季對此感到大惑不解，向孔子請教其中的原由。故事情節如下：

> 　　魯有兀者王駘，從之遊者，與仲尼相若。常季問於仲尼曰：「王駘，兀者也，從之遊者與夫子中分魯。立不教，坐不議，虛而往，實而歸。固有不言之教，無形而心成者邪！是何人也？」仲尼曰：「夫子，聖人也，丘也直後而未往耳。丘將以為師，而況不若丘者乎！奚假魯國！丘將引天下而與從之。」

　　王駘雖然被砍斷了一隻腳，跟隨其遊學的學生數和孔子的學生數相當。常季很納悶地向孔夫子請教：「王駘是被斷足的人，為什麼他可以和您分庭抗禮，讓魯國有一半的人追隨他。他在日常教學中，不會強迫灌輸偏執的議論，追隨他的人原本都認為自己一無所有，學成歸返家時卻感到滿載而歸。請問夫子：人間真有所謂的不

6　依成玄英疏：「刖一足曰兀。」兀者即是受斷足刑罰之人。郭象（注）、成玄英（疏）（1998）。南華真經注疏（上）。北京市：中華書局。頁110。

言之教，毋須刻意說什麼教誨的話，就能讓對方心領神會呀！王駘到底是何許人啊？」

孔子回應：「王駘是個聖人，我只是一時之間還來不及向他學習，連我都企盼拜他為師，更何況是那些德行比不上我的人呢，更是嚮往成為他的學生。而且何止在魯國，我將召引天下人來向他學習呢！」

（二）孔子對常季說明王駘的獨特用心之處

> 常季曰：「彼兀者也，而王先生，其與庸亦遠矣。若然者，其用心也獨若之何？」仲尼曰：「死生亦大矣，而不得與之變，雖天地覆墜，亦將不與之遺。審乎無假而不與物遷，命物之化而守其宗也。」常季曰：「何謂也？」仲尼曰：「自其異者視之，肝膽楚越也；自其同者視之，萬物皆一也。夫若然者，且不知耳目之所宜，而遊心乎德之和；物視其所一而不見其所喪，視喪其足猶遺土也。」

常季繼續探問：「斷足的王駘聲勢居然高過您孔子，其必有過人之處。到底王駘的獨特用心是什麼？」

孔子答道：「死生是人生很難面對的關卡，他能看破生死而不被牽動，即使天崩地裂也不會失落自己本有的真實。因為他明確認定：生命的真實是立基於內心的『真君』，確立了生命的主體就是內在心靈，人生不會隨波逐流，可以順任氣化世界的變化萬千，而守住自己內在的『真君』。這就是王駘獨特的用心之處。」

　　常季進一步問道：「這是什麼意思呢？」孔子回答：「如果從不同點來看，肝和膽就好像楚國和越國的距離一樣遙遠；若從相同的本源來看，萬物也可以是一體無別。像王駘這樣的人，他的心不會跟著耳目官覺去追逐外在的聲色犬馬，既然已經解消了心知執著，也就能無心自然的朗現天真本德，讓心神遨遊在與萬物一體和諧之境。他從道心看到萬物同源的一體美好，不會有執著的成心對萬物的殊異加以刻意區隔，所以王駘看待自身少了一隻腳，就像塵土飄落大地，根本是無足輕重，不值得放在心上的事。」

（三）唯止能止眾止[7]

> 　　常季曰：「彼為己，以其知得其心，以其心，得其常心，物何為最之哉？」仲尼曰：「人莫鑑於流水而鑑於止水，唯止能止眾止。受命於地，唯松柏獨也在，冬夏青青；受命於天，唯舜獨也正，幸能正生，以正眾生。夫保始之徵，不懼之實。勇士一人，雄入於九軍。將求名而能自要者，而猶若是，而況官天地，府萬物，直寓六骸，象耳目，一知之所知，而心未嘗死者乎！彼且擇日而登假，人則從是也。彼且何肯以物為事乎！」

　　常季繼續問道：「王駘停止了一切人為造作，因為他體認到

7　本句的白話語意是：「虛靜的心靈有如明鏡，可以照現人人的天真本德，讓人人看見自己本有的美好，所以能吸引眾人前來依止停靠，緊緊追隨。」這句話是孔子對王駘能吸引眾人追隨的生命理境之描述。

人為造作是從心知執著來，所以在心上做工夫，回歸虛靜的常心。可是虛靜的心靈怎麼可以吸引如此多的人緊緊跟隨呢？」

孔子回應並結論道：「人無法在流動的水中好好端詳自己，只有在靜止的水中，才可能如實照現。同樣的道理，唯有當自己的心虛靜如鏡，才能吸引眾人前來依止停靠。就像一樣是根植大地的植物，只有松柏在冬夏依然常青；眾人皆秉承天命，只有舜得天獨厚有過人的才氣，能修養自身不偏離道，也能引領眾人回歸道的正途。無畏無懼的生命表現即是保有天真本德的驗證。連想要得到英雄之名的勇士，都可以責求自己隻身一人深入九軍戰陣中，更何況是修養已達最高境界，能以道心統合天地，包容萬物的人，這種人只是把心寄託在形體上，以外在耳目為生命跡象而已。他的心因為無執著、無分別，而有宏大的格局，可以靈動地觀照萬物而生成萬物。保有天真本德而無執著分別心的人，隨時都能登上道的高遠理境[8]，自然吸引天下人追隨在後，他的修養已達極致，怎麼可能讓名利成為心理負擔，把天下外物當作一回事來經營呢！」

這則寓言中，莊子請出孔子來詮表王駘的生命人格，孔子還

8　原文是：「擇日而登假」，「假」意指高遠，吳怡將本句翻譯為：「他只是等日子而登天入道」，張耿光譯為：「他定將選擇好日子升登最高境界」，兩者對「擇日」都理解為選擇日子。王邦雄跳脫表面文字，從本段前後脈絡的義理來詮釋，將本句解為：「意謂得其常心的人，隨時可以登上高遠的道境」，莊子雖言「擇日」，對無執著無分別的體道之士來說，毋須選擇好日子，隨時皆可的詮釋更有說服力，所以筆者採王邦雄詮釋觀點。參閱吳怡（2001）。新譯莊子內篇解義。台北市：三民。頁185；張耿光（譯注）（2006）。莊周原著。莊子‧內篇（五版）。台北市：台灣古籍。頁94；同註1，頁246。

明白表示以王駘為師的想望，看起來莊子筆下的道家似乎比儒家更勝一籌。其實，孔子的涵養如果未能通達天道，又如何可能看見王駘「命物之化而守其宗」[9]的生命理境，成為最佳的代言人呢？儒道兩家的相知相惜與相輔相成，就在莊子精心安排的寓言故事中透顯端倪。

二、兀者申徒嘉

申徒嘉也是被斷足之人，他和鄭國執政大臣子產都是伯昏無人門下的學生。位高權重的子產眼中，根本看不到申徒嘉的存在，也不屑與之為伍，寓言故事就在兩人的互動過程中展開。

（一）子產的傲慢

> 申徒嘉，兀者也，而與鄭子產同師於伯昏無人。子產謂申徒嘉曰：「我先出則子止，子先出則我止。」其明日，又與合堂同席而坐。子產謂申徒嘉曰：「我先出則子止，子先出則我止。今我將出，子可以止乎，其未邪？且子見執政而不違，子齊執政乎？」

子產自恃身分高貴，不願意和申徒嘉在師門同坐同行。他對申徒嘉說：「我先離去，請你稍微慢點再離開；若你想要先離去，我也可以稍後再走。」

第二天，申徒嘉依然故我，選擇和子產同時坐在一起。子產

9　本句白話語意是：隨順氣化世界的變化，守住生命的「真君」，無論外在如何變遷，永遠保有內在的本德天真。

不開心的說道：「我不是告訴你了嗎，我先離開則你稍坐一會，你先離開則我稍坐一下，現在我即將離開，你可以多停留一下嗎？還是你根本不願意這麼做呢？你看到像我這樣的執政權貴，也不懂得要迴避，難道你認為自己的身分地位可以媲美我的權位嗎？」

（二）申徒嘉以伯昏無人的教誨回應

> 申徒嘉曰：「先生之門，固有執政焉如此哉？子而說子之執政而後人者也？聞之曰：『鑑明則塵垢不止，止則不明也。久與賢人處則無過。』今子之所取大者，先生也，而猶出言若是，不亦過乎！」

申徒嘉回應：「老師的門下怎麼會有像你這樣姿態傲慢的執政呢？你耽溺在執政的權威而看不起同學。老師在講堂曾經說過：『明鏡不會有塵垢停留，沾染塵垢就無法成為明鏡。假如一個人長期和賢德者相處，就不容易犯過。』你之所以進師門，在價值認取上應該是認同老師的修行，想和老師學道，讓自己的心猶如明鏡，你怎麼會說出這種勢利傲慢，充滿塵垢汙染的話呢，這不是太過分了嗎？」

（三）子產以申徒嘉的傷痛作為反擊

> 子產曰：「子既若是矣，猶與堯爭善，計子之德，不足以自反邪？」

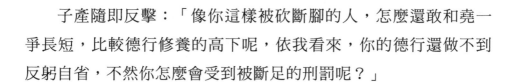

子產隨即反擊：「像你這樣被砍斷腳的人，怎麼還敢和堯一爭長短，比較德行修養的高下呢，依我看來，你的德行還做不到反躬自省，不然你怎麼會受到被斷足的刑罰呢？」

（四）申徒嘉自述體道的心路歷程

> 申徒嘉曰：「自狀其過，以不當亡者眾；不狀其過，以不當存者寡。知不可奈何而安之若命，唯有德者能之。遊於羿之彀中。中央者，中地也；然而不中者，命也。人以其全足笑吾不全足者眾矣，我怫然而怒；而適先生之所，則廢然而反。不知先生之洗我以善邪？吾與夫子遊十九年矣，而未嘗知吾兀者也。今子與我遊於形骸之內，而子索我於形骸之外，不亦過乎！」

申徒嘉沒有動氣，他平靜地回應：「如果讓一般人陳述自己的過錯，人之常情多半有所掩飾，認為自己不該受斷足刑罰的人，一定非常多；反之，你若不指出他的過錯，而對方會自己承認應受斷足之刑，也就是自己的腳不該被保全下來的人，也一定非常少見。人生路上有許多無可奈何的事，只有修養深厚的有德者，才能安然自適，把人世間不得已的處境，視同不可改變的命。

我們行走人間就像在神射手后羿的箭靶範圍內出遊，在靶的中心處必然被射中受傷，不受傷的算是命大。想當初有許多人自恃雙腳俱全來嘲笑我缺了一隻腳，讓我感到憤憤不平，可是我前

往老師門下受教後，歸返家時憤怒和怨恨全消。老師待我如常人，不知道是否因為他以無心自然的修養，為我洗滌了生命中的創痛和遺憾？我追隨老師已經十九年了，從來不覺得自己是有殘缺的人。今天你和我都在老師門下共學修德，既然我們是同學，理應超越外在形體，共遊於內在本德的天真無別而和諧相處，在這裡哪有名利權勢的分別，而你竟然用我的外在形貌不全來審視與批判我，從道的無執著、無分別來看，你的作為不是太過分了嗎？」

（五）子產的幡然悔悟

> 子產蹴然改容更貌曰：「子無乃稱！」

申徒嘉的心境轉折與體道之言，讓子產感到不安，他馬上改變了神情與姿態，滿懷愧疚地說：「請你別再說下去了！」

故事就在子產的悔悟後結束。

三、兀者叔山無趾

（一）叔山無趾踵見仲尼

第三則寓言的主角叔山無趾是一位腳趾刑殘的兀者。故事圍繞著叔山無趾、孔子與老聃而展開。情節如下：

> 魯有兀者叔山無趾，踵見仲尼。仲尼曰：「子不謹，前既犯患若是矣。雖今來，何及矣！」無趾曰：「吾唯不

知務而輕用吾身，吾是以亡足。今吾來也，猶有尊足者存，吾是以務全之也。夫天無不覆，地無不載，吾以夫子為天地，安知夫子之猶若是也！」孔子曰：「丘則陋矣。夫子胡不入乎，請講以所聞！」無趾出。孔子曰：「弟子勉之！夫無趾，兀者也，猶務學以復補前行之惡，而況全德之人乎！」

　　魯國有一位犯禁受刑而被砍掉腳趾的人，名叫叔山無趾，他用腳踵艱難地走路前往拜見孔子，希望以自己多年修行所得，可以得到孔子的肯定，以撫慰其重創的心靈。他沒料到孔子竟然劈頭就說：「你怎麼這麼不小心啊，給自己帶來斷趾的刑害，傷害既已造成，雖然你今天來看我，也來不及挽回了。」

　　無趾聽完孔子的惋惜之言，情緒激昂地說道：「過去的我與人相爭，輕易地把自身當工具，沒有內斂涵藏，好好愛惜自己，才會遭斷趾之禍。今天我來見你，憑藉的是我多年用心於修德，保有人性的天真本德，這比起形體的腳趾更為尊貴啊。在我心中，你孔夫子就像天地一樣包容萬物，天沒有不遮覆的，大地沒有不承載的，沒想到你也和世俗人一樣，只看到我被砍斷腳趾，沒看到我多年修德的努力和成果。」孔子聽完無趾的委屈抱怨，立刻致歉說：「我真是太淺陋了，沒有貼近你的心思和感覺。可否請你進來，分享你這一路走來的見聞和平復傷痛的心路歷程。」無趾沒有接受孔子的善意，直接轉身就走。

　　叔山無趾離開後，孔子對著學生機會教育說：「大家要好好勉勵自己，像叔山無趾這樣受到刑害而形體不全的人，還會深切

自省地修養自身，來彌補先前因為輕忽涵養而與人對抗相爭的過錯，眾弟子的形體健全[10]，更應該好好珍惜，用心修養自己。」

（二）老聃回應叔山無趾對孔子的批判與不滿

> 無趾語老聃曰：「孔丘之於至人，其未邪？彼何賓賓以學子為？彼且蘄以諔詭幻怪之名聞，不知至人之以是為己桎梏邪？」老聃曰：「胡不直使彼以死生為一條，以可不可為一貫者，解其桎梏，其可乎？」無趾曰：「天刑之，安可解！」

　　孔子的回應讓叔山無趾大失所望，他帶著滿腹委屈轉向老子訴苦。他對老聃說：「依我看來，孔丘這個人恐怕還沒有達到至人的最高修養境界吧。不然他為什麼頻頻來向你求教呢？他怎麼還在追求人間街頭那些奇異虛幻的聲名呢，難道他沒有領悟至人的生命境界，就是把外在虛名視為自身的枷鎖嗎？」

　　老聃聽了叔山無趾對孔子的批判之言，他順著無趾的話回應：「那我們何不直接讓孔子打破生死二分，了解死和生本來就是一體，人間可與不可的是非判定也是同時並生的存在，這樣可

10　原文是：「而況全德之人乎！」從「全德」的字面看來，意指德行圓滿，然依王邦雄之見，莊子是從「全德」來說「形全」，因為「全德」是德不形於外，自然不會與人對抗相爭，引來反撲的刑害，而不是說眾弟子已德行圓滿。若從本段文意脈絡來看，王邦雄的詮釋有其合理性，所以筆者採王邦雄的詮釋觀點。同註1，頁256。

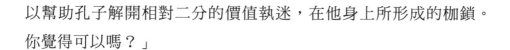

以幫助孔子解開相對二分的價值執迷，在他身上所形成的枷鎖。
你覺得可以嗎？」

（三）叔山無趾的體悟

　　老聃邀請無趾一起來解救孔子的一番話，逼出無趾的大徹大
悟。他說道：「這是老天加在孔子身上的『天刑』枷鎖，有誰能
解得開呢？」[11]

參、哲學義理

　　王駘、申徒嘉與叔山無趾都是形體不全的人，莊子以之作為
寓言故事中的主角，尤其以王駘作為良師典範，其中隱含著生命
的尊貴價值不在「形體」，而在「德行」，修德的根基就在人人
本有天道賦予的「德性」。莊子承繼老子的人性體悟，肯定人性
本有天真常德的存有根基，唯德性只是靜態的存有，天真的朗現
有賴「真君」做主，也就是通過虛靜心的觀照作用，讓人自覺人
性本真的立足基礎，行走人間得以展現德行的美好。天生的「德
性」是後天「德行」所以可能的必然保證，「德性」朗現而外顯
為「德行」的關鍵在「真君」，亦即「心」的作用，所以修養工
夫在心上做。以下就「心」、「形」與「德」的關係分位加以梳
理。

---

[11] 叔山無趾言：「天刑之，安可解？」從字面翻譯不易理解其深意。這句話更深
　　刻的意涵是：孔子以淑世為己任，這是他的價值自覺與存在抉擇，放棄救人的
　　理想，孔子就不再是孔子了。這就像老天加在他身上的「天刑」，既然不可
　　解，也毋須解，直下承擔就是了。參考王邦雄詮釋觀點。同註1，頁257-259。

一、「心」與「形」的關係

（一）無限的「心」寄託於有限的形體中

老子體認，萬物的存在根基是從「道生德畜」[12] 的形上原理來，其具象成形則有賴「物形之」與「勢成之」的形構之理[13]。「物形之」指涉萬物成形的物質性條件，「勢成之」則是透過萬物的內在生命力與外在環境情勢的交互作用，促成其後續的生成發展，這是現代自然科學和社會科學的研究領域。莊子對於「物形勢成」的生命現象，進一步以人為焦點，通過「成形」和「形化」來說明人生的現實處境。

「一受其成形，不亡以待盡」[14] 是莊子體察的人生寫照，依宣穎解為：「真君所在，人知之不加益，人不知不加損，惟人自受形以來，守之待死。」[15] 宣穎根據文意脈絡為這句話補上「真君」作為主語，「真君」（心）超然物外而不受牽動，它具有「不亡」的無限性，只是寄居在有限的形體中而過一生。換言之，「形」是「心」的暫居之所，莊子指出：「有人之形，故群於人」[16]，有人的形貌才能投入人群，成為人間社會的一分子。

---

[12] 原文是：「道生之，德畜之」（《道德經51章》），意指天道生萬物，又以內在於萬物之中的德來畜養萬物，此形上意義的生養是萬物的存在之理。參閱林秀珍、徐世豐（2011）。老子道德經義理疏解。台北市：師大書苑。頁490。

[13] 參考王邦雄詮釋觀點。王邦雄（2010）。老子道德經的現代解讀。台北市：遠流。頁231。

[14] 語出〈齊物論〉。

[15] 宣穎（1978）。莊子南華經解。新北市：廣文書局。

[16] 語出〈德充符〉。意指有人的形體才能在人間做人，成為社會的一分子。

依王邦雄的觀點，「形」的內涵至少包含三方面，第一是形軀生命最原始的生理、官能和欲求；第二是指人的性向才情，也就是人的獨特才華；第三是生命熱血，這是讓人勇於承擔使命與理想的生命表現[17]，可見「形」不僅指涉外在可見的形體、形貌，還包括才情氣魄，這是個人實現價值理想的資藉，沒有最基本的形軀生命的存在，以及才情氣魄的撐持，情意理想猶如空言。

從生命的發展來看，人在「成形」之後，各有其殊異的才性與形體外貌，在歲月流變中會歷經生老病死的「形化」過程，就像燃燒的薪柴最終將化為灰燼，走向死亡。「形化」是自然現象，也是無可奈何的命限，當孔子探視重病在床的冉伯牛時，也只能感嘆：「亡之，命矣夫。斯人也，而有斯疾也。」[18] 在面對顏回早逝的重大打擊時，連孔子也不免情緒激越，傷心悲痛地說出：「噫！天喪予！天喪予！」[19] 冉伯牛和顏回都是孔門中屬於德行科的人物，顏回更是孔子寄望最深的傳人，即便兩人的德行崇高，也不必然保證可有安享天年的福報。「形化」過程中所遭遇的貧富、貴賤、禍福、壽夭等人生際遇，也不是個人的自由意志可以完全掌握，這些外在的情勢機緣總歸來說也是「不得已」

---

[17] 王邦雄（2004）。老子的哲學（二版）。台北市：東大。頁5。

[18] 語出《論語‧庸也篇》。「亡之」意指「沒有別的原因」。本段白話語意是：「這樣好的人竟然會得這樣的病，也沒有什麼特殊的原因，這無非就是命，就是偶然罷了。」參閱王邦雄、曾昭旭、楊祖漢（2003）。論語義理疏解（八版）。論語義理疏解。台北市：學生書局。頁51-52。

[19] 語出《論語‧先進篇》。本段白話語意是：「唉呀！真是天要毀滅我的道啊！」同前註，頁57。

的「命」。莊子有言：「乘物以遊心，託不得已以養中」[20]，面對不能改變的天生命限與人間處境，莊子一方面接納存在的有限性，另一方面以沖虛的心靈修養拓展無限寬廣的精神天地，開顯「即有限而無限」的人生出路與超越曠達的生命智慧。

（二）「心」是「形」的主宰

莊子在〈齊物論〉的篇章中，透過百骸、九竅、六臟彼此無法相互取代或統攝的事實，證成在形體之上必然有個真正的主宰存在，莊子名之曰「真君」，也就是虛靜清明的心[21]。在現實世界中，我們都是以形軀生命的形式存在，由於形軀的耳目官覺是感性的，沒有價值的思考判斷力，很容易受外物牽引而去，不能決定生命的動向與歸往，所以孟子稱之為「小體」，真正能思辨價值，為生命做主的是「大體」，也就是心[22]。莊子與孟子對心的內涵儘管有著不同的體認，但兩者不約而同都指出心是形的主宰，決定著生命的價值方向。

王邦雄認為，人生的價值選擇可分成上、下兩路，自覺地向上提升往「成道」之路走，是「形往上」；順任生理官能、才情性向與生命熱血往下凝聚而往專技特長的「成器」之路發展，是「形往下」[23]，決定價值歸屬的關鍵是心。心帶著形往超越的層次昇越，上達於天道之境，即是「天人合一」的生命理境；心若停滯於形，則重心落在現實的生活世界。

---

[20] 有關這句話的意涵，請參考註1的詮釋說明。

[21] 有關證存真君的詳細論證，請參考第二章之內容。

[22] 王邦雄、曾昭旭、楊祖漢（2004）。孟子義理疏解。台北市：鵝湖。頁89-91。

[23] 同註13，頁2-7。

　　依據當代德國學者哈伯瑪斯（J. Habermas）的觀點，人類生活實踐的第一個層次是透過勞動生產滿足生存所需，以維繫生命的延續；第二層次是在現實世界中透過語言與他人溝通互動，實踐社會文化的生活。唯勞動和語言衍生的權力和意識形態，往往扭曲溝通，形成宰制的現象，所以人會從事解除社會宰制的批判活動，這是生活實踐的第三層次[24]。透過哈伯瑪斯對生活實踐的三層次分析可以發現，心在形中最基本的現實問題是生存與生活，學習專業的知識技能，成為「有用」的「社會人」，顯然是生存的必要條件。不過，誠如哈伯瑪斯所言，人間社會的權力與意識形態的宰制，是生活實踐歷程中衍生的負面效應，就莊子而言，這是心知執著所造成的結果。心一旦滯限於形的層次，不免陷溺在生理官能的滿足，以聲色犬馬的感官刺激為樂，走在「成器」的路上，也因為心知執著於「器用」價值，為了彰顯自我而身陷名利圈與權力場，讓才情氣魄變成權謀機巧的競爭利器。而且心知執著的介入干擾之後，生理自然的欲求轉為名利權勢的貪慾，形體已不只是心的暫居之所，根本就成了名利心與權力慾的工具。

　　哈伯瑪斯是從認知進路，發展批判的學科知識以改造社會，獲得解放的自由空間；莊子則由生命的進路，開顯「德充於內，而符應於外」的修養工夫和生命理境，在德行實踐中生成人際和諧，同時也完成人性的價值實現。兩位哲人都在為社會的和諧進步找尋出路，彼此選擇的進路有別，也開展出截然不同的哲學風貌。

---

[24] 黃光國（2001）。社會科學的理路。台北市：心理。頁409-411。

（三）德有所長，而形有所忘[25]

在子產不屑與申徒嘉互動的寓言中，申徒嘉提點子產：「今子與我遊於形骸之內，而子索我於形骸之外，不亦過乎！」形骸之外是外在的生命跡象，最直接的呈現就是外表形貌；形骸之內是人性本有的天真常德。「遊於形骸之內」說出了伯昏無人門下是以修德為務，既然如此，子產因為申徒嘉的形體不全而不屑與之為伍，顯然有違師門教誨。另則寓言中，莊子也藉著叔山無趾之口說出：「吾唯不知務而輕用吾身，吾是以亡足。」叔山無趾自省遭受刑害的原因，就在於自己沒有用心於修德，把自身當成打天下的工具，在與人相爭中受到了傷害。兩則寓言都在凸顯「德」的價值優先性，「形往上」的修德實踐也是莊子生命動向的價值歸趨。

在〈德充符〉的後半部，莊子繼續以闉跂支離無脤和甕㼜大癭為主角，說了個簡短的故事。闉跂支離無脤和甕㼜大癭都是人如其名[26]，身有殘疾的人士，他們分別去遊說衛靈公和齊桓公，兩人雖然形體不全卻同樣深受君王喜愛，甚至影響了衛靈公和齊桓公把他們視為長相正常的人，而以他們的形體為標準來看一般

---

25 語出〈德充符〉。意指以修德為務而德行日有寸進的形體殘缺人士，其生命感染力早已超越外在形貌，讓人忘其形體不全，而深受其人格感召所吸引。

26 「闉跂」是指足彎曲，「支離」指形體不整，也指彎腰駝背，「無脤」是無唇，即今所謂之兔唇。「甕㼜」是瓦罐之類，「大癭」是頸下的大瘤，「甕㼜大癭」是脖子長了大如瓦盆之肉瘤的人。參閱吳怡（2001）。新譯莊子內篇解義。台北市：三民。頁202。

人，反而覺得這些形貌整全者的脖子都太細太長了[27]。莊子的結論是：「德有所長，而形有所忘」，以修德為務而德行日有寸進的形體殘缺之人，其生命散發的感染力早已超越外在形貌，讓人忘了他的形體不全，而深受其人格感召所吸引。這些修德者就像王駘一樣，所有跟隨他的人都感覺「虛而往，實而歸」，原本在人間歷盡滄桑，覺得自己一無所有的委屈傷痛，彷彿得到療癒而重獲新生的希望。追隨王駘的人根本就沒有把他的形體殘缺當作一回事，因為德行的吸引力遠遠超越外在形貌。

心執著於形的典型是以貌取人，殊不知形體樣貌在歲月中會逐漸「形化」而變醜、變老，最後與草木同朽。唯有人性的價值實現亙古長存，如同老子所言：「善建者不拔，善抱者不脫，子孫以祭祀不輟。」[28] 建基於天真本德而懷抱素樸天道的修德者，生命的存在基礎堅實穩固，其與天道相契的精神生命，可以長久地傳諸後世。

形氣物欲本為實存的自然現象，是心的作用使形產生意義。「形」所包含的才情氣魄能夠承擔人間使命，創造人之所以為人的價值生命，也可以作為名利爭奪的競爭利器，形往上或往下是心在抉擇，不一樣的選擇也開顯不同的生命意義。心帶著形回歸道根德本，這是自我超越的形上之路；心若滯陷於形中，無法擺

---

[27] 原文是：「闉跂支離無脤說衛靈公，靈公說之；而視全人，其脰肩肩。甕㼜大癭說齊桓公，桓公說之；而視全人，其脰肩肩。」同註1，頁271。

[28] 語出《道德經54章》。白話語意是：「善建於德的人，常德來自自身，所以不會被拔除；善抱於道的人，因為懷抱素樸天道，天真永遠不會脫落，此精神生命可與天道相通，世代相傳。」同註12，頁521。

脫「形化」的感傷與人間的是非紛擾，自在的精神空間也將不復存在。莊子以「德」的價值優位性為形體殘缺者帶來希望，朗現天真的德行之路才是恆常可走的人生大道，當然在心上做工夫是不可或缺的要件。常季針對王駘獨有的魅力而提問孔子：「其用心也獨若之何？」常季已經覺察「心」才是真正的主宰，他推測王駘的用心必有異於常人之處，才可能吸引眾人歸往投靠。莊子安排孔子為常季解惑，不僅意味著莊子對孔子的崇敬，也可視為莊子對世人的指點迷津。

二、王駘的獨特用心

老子肯定「德」普遍存在於人身上，其道尊德貴的人性立論奠基於「道生之，德畜之」[29] 的形上體悟，人生的價值方向也不離天真本德的朗現[30]。莊子則透過形體不全者凸顯「德有所長，而形有所忘」的德行優位，所以養生之道在養「生主」，生命的主宰是「心」，修養工夫自然也在心上做，王駘即是最佳典範。孔子以「審乎無假而不與物遷，命物之化而守其宗」[31] 來形容王駘，他不隨變化萬千的外物而起伏不定，因為明確地認定生命的真實基礎是心，守住「真君」可以挺立自我，不隨波逐流，在「形往上」的超越提升中，達於「天人合一」的生命情態。

---

[29] 語出《道德經51章》。同註12，頁494。

[30] 林秀珍（2015）。老子哲學與教育。台北市：師大書苑。頁123。

[31] 依王邦雄詮釋，「審乎無假」的「無假」與「守其宗」的「宗」指謂的是「真君」；「命物之化」的「命」可當順任解，「命物之化」和「不與物遷」則是兩相對應。同註1，頁241。

（一）隨順「命之行」與「事之變」的造化遷移

莊子哲學中的「物」可以指涉形氣物欲，如「乘物以遊心」，或者外在世界，如「不與物遷」，前者是人的天生命限，後者是人所居處的社會環境與自然生態。有限的人物身處複雜世界，既要面對自身的「形化」與死亡，又難以掌握個人機運、時代氣運與自然變化，這些「不得已」且無所逃的處境，形成人生的關卡與難題。

莊子在後續以哀駘它[32]為主角的寓言故事中，再度透過孔子之言，更清楚說明人的現實處境是：「死生存亡，窮達貧富，賢與不肖毀譽，飢渴寒暑，是事之變，命之行也；日夜相代乎前，而知不能規乎其始者也。」死生存亡、聰明才智、生理欲求是天生氣命的「命之行」，窮達貧富，人間毀譽、四季寒暑的自然現象都是後天的「事之變」，兩者日日夜夜交織地呈現於眼前，不是人的心智能力可以全然掌握和預知。面對客觀存在的定限，孔子以「下學而上達」[33]作為立身處世之道，他透過人文教化的力量，積極提升自我上達於天道的究極美善，由此開出仁心自覺的德行之路，所以能「不怨天，不尤人」[34]，時刻保有內心的平靜

---

[32] 依據王邦雄注解，「它」讀為「駝」，「駘」是駝起貌。同註1，頁261。

[33] 語出《論語・憲問篇》。本段話原是孔子和子貢的師生對話，孔子以為沒有人可以了解他，子貢不解，孔子回應：「不怨天，不尤人，下學而上達，知我者其天乎！」孔子的深厚內涵與生命意境已達天道之境，即使外在環境不如人意，亦能安然處之而不被牽動。他的「下學而上達」是通過人文教化喚醒仁心自覺，進而開出德行大道，這是由內在而超越的修養實踐，達此境界則人可知天，天與人已然合而為一。同註18，頁44-46。

[34] 語出《論語・憲問篇》。同前註。

祥和。不同於孔子以詩書禮樂為媒介的人文之路,莊子是走「命物之化」的自然之道,他隨順外物遷化,體認人的有限與環境的不定是無可奈何的人生處境,只有坦然面對與接受。不過「命物之化」的隨順並非隨波逐流或委曲求全,而是在接受現實中,保有「不與物遷」的穩固根基,也就是確立生命的主宰是心,工夫修養也圍繞著心來做。

(二)與世人共成「德之和」的一體和諧

1.「審乎無假」與「守其宗」

「審乎無假」的「無假」是「真實」,也就是「真君」;「守其宗」的「宗」為宗主,就生命而言,也是指涉「真君」。王駘與一般人的不同在於,他能體察「真君」的真實性與主宰性,領悟「道生德畜」[35]是萬物的存在之理,他讓自己的心帶著形往上超越提升,從究竟的天道層次觀照,可以照現萬物同源於天道的天生本德,確立萬物為一的存有基礎。

眾人多以肉眼看世界,就像庖丁初始解牛之時,所見僅止於耳目官覺的表象,後續透過心知的作用,再把物我與人我之間分別比較、區隔分類,萬象的殊異被當作唯一的真實,而且在分判差異的背後,還潛藏著「自是」而「非他」的傲慢與偏見,凡是不同於己的皆視為不對或不好。王駘以「守其宗」的心靈涵養,開展出「獨與天地精神往來」的生命高度,如同老子的「滌除玄

---

[35] 請參考註12。

覽」³⁶，因為無執著、無分別，所以能以形上超越的眼光，洞見萬物同源於天道而一體無別。

2.遊心乎德之和³⁷

孔子形容王駘：「且不知耳目之所宜，而遊心乎德之和」，「不知」是化解心知執著，「耳目之所宜」即生理官能的所好³⁸。王駘把天道完全化入其生命流行中，可以超離感官本能的好好色與惡惡臭，也不被心知作用所侷限，其心胸格局無比寬廣，猶如天道般可以奧藏萬物，讓所有與他相遇交會的人，不必承受批判與責求的心理壓力，也無莫須有的自卑、挫折與缺憾，大家回到天真本德的自在自然，「德充於內」即能「符應於外」，彼此共成「德之和」的和諧榮景。

王駘是「乘物以遊心，託不得已以養中」的最佳寫照，他以超拔的精神和生命的飛越來面對形體不全的既成事實。心有待於形才能在人間實現情意理想，「乘物」雖然不可免，態度卻能自主決定。王駘看待自己少了一隻腳，就像塵土飄落大地般，根本微不足道，因為他透過精神的向上提升，可以洞見「道生德畜」的萬物本源，領悟人人本有高貴的人性根基，所以不必等待外

---

³⁶ 語出《道德經10章》「滌除玄覽」意指化解心知執著，能以形而上的天道眼光來觀照世界。同註12，頁117-118。

³⁷ 依王邦雄詮釋：「『遊心乎德之和』有如〈齊物論〉的『萬竅怒號』，既活出人籟之真，又共成地籟之和。道家從無心、無知、無為說『遊』」。同註1，頁241-242。

³⁸ 同註1，頁241-242。

貌、地位、財富或權勢等條件來建立自尊自信。王駘的「遊心」是無待於外的精神自由，也是沖虛修養所開顯的逍遙意境，「遊心乎德之和」就不必等待外在條件的尊榮富麗，面對形體殘缺、個人機運或時代氣運的「不得已」，不僅有「不與物遷」的安然自適，還可達致物我相融的和諧關係，因為他的生命就是道的體現。

3.「不言之教」[39] 體現「有生於無」[40] 的形上生成原理

「內聖外王」是儒家的聖人圖像，道家對聖人的期許除了自身修養之外，也不離外王的使命承擔。老子曾言：「是以聖人處無為之事，行不言之教」[41]，道家的聖人依然要處事與行教，這是外王理想的實踐行動。不過，不同於儒家的「有心有為」，道家的聖人重在「無心無為」，「無」不是否定義，而是「有生於無」的形上生成原理在聖人身上的體現。「無為」和「不言」不是捨棄人文教化的積極有為和言說引導，讓人間陷入無序的「虛無」狀態，而是通過「無」和「不」的化解作用，也就是透過心靈的沖虛涵養，消解自以為是的傲慢和偏見，圓滿外王事業的理

---

[39] 「不言」的「不」是化解心知執著，不是否定或捨棄之意。言語是心聲的表露，「不言」是無心自然。同註12，頁32-35。

[40] 《道德經40章》有言：「天下萬物生於有，有生於無。」意指天下萬物生於天道的「有」，天道的「有」生於道體沖虛的「無」。老子體悟的形上生成原理是「有生於無」，天道「無」了自己，才可能與萬物同在同行，人間美好的實現原理也是如此。聖人化解權力傲慢，沒有自己定執固著的心，才能聽見人民的聲音，看見人民的需要，實現民主的價值和理想。同註12，頁401-403。

[41] 語出《道德經2章》。

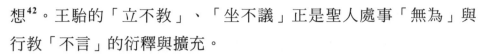

想[42]。王駘的「立不教」、「坐不議」正是聖人處事「無為」與行教「不言」的衍釋與擴充。

言語是內在心聲的表露，王駘的「不言」是「無心」，也就是沒有執著分別，心中有寬廣的包容空間來承擔天下人的存在，表面上看起來好像沒有什麼積極作為，卻能讓受教的人「虛而往，實而歸」。常季不解地問孔子：「固有不言之教，無形而心成者邪！」人間真有看似沒有什麼刻意的積極教誨行動，而能讓對方心有戚戚焉的教育可能性存在嗎？常季的疑惑也是一般不瞭解道家的人會產生的質疑。莊子請出孔子作為代言人，藉著王駘來呈顯道家的獨特用心，後續更以「才全而德不形」[43]的哀駘它為寓言主角，透過孔子與魯哀公的對話，進一步補充了「無形而心成」的意涵。

4.「才全」的存全天真與「德不形」的修養工夫

哀駘它和王駘都欠缺有利的外在條件，但兩人處事風格相近，而且魅力無窮。王駘的影響力展現在社會教育，哀駘它則是撼動執政者，讓國君樂於禪讓，兩則寓言前後呼應，有異曲同工之妙。

哀駘它是衛國人，其相貌醜陋，也無權勢財富，在人際互動中他只是「和而不唱」，就像王駘的「立不教，坐不議」，未曾聽到他倡導什麼動人的議論，只有應和別人而已。不過，哀駘它

---

[42] 同註12，頁32-35。

[43] 依王邦雄解，「才全」的「才」是草木之始生，就人而言，是指天生本真的「德」，所以「才全」是保有天真；「德不形」是化解心知執著，放下德行的高貴光采。同註1，頁265。

的人緣超乎尋常，和他相處過的男人會捨不得離去，女人對他則是無比傾慕，甚至央求父母說：與其嫁給他人為妻，寧可作為他的妾，而且有這種想法的女性還不少呢。魯哀公聽聞哀駘它的奇聞，好奇的召見他，彼此共處不到一個月，哀駘它就深獲賞識；不到一年，他已全然得到君王的信任，剛好國家宰相出缺，哀公想把國政交託給他，沒想到哀駘它態度淡然。最後哀公決定讓位，以表達其誠摯之心，沒想到隔不久哀駘它不告而別，讓哀公悵然若有所失。他不解地向孔子請教[44]，孔子回應說道：「今哀駘它未言而信，無功而親，使人授己國，唯恐其不受也，是必才全而德不形者也。」哀駘它這個人沒多說什麼，就能取得君王信任，即使未曾建立功業也能得君王賞識，想把國政甚至君位交託給他，還深怕被拒絕呢。最後孔子點出哀駘它的「才全而德不形」，才是他有驚人魅力的根本原因。

(1)才　全

依王邦雄詮釋：「『才』是草木之始生者，就人的存在而言，「才」是天生本真的「德」，故『才全』是保有天真之謂。」

---

[44] 本段原文是：「魯哀公問於仲尼曰：『衛有惡人焉，曰哀駘它。丈夫與之處者，思而不能去也。婦人見之，請於父母曰：『與為人妻，寧為夫子妾』者，十數而未止也。未嘗有聞其唱者也，常和人而已矣。無君人之位以濟乎人之死，無聚祿以望人之腹。又以惡駭天下，和而不唱，知不出乎四域，且而雌雄合乎前。是必有異乎人者也。寡人召而觀之，果以惡駭天下。與寡人處，不至以月數，而寡人有意乎其為人也；不至乎期年，而寡人信之。國無宰，寡人傳國焉。悶然而後應，氾若而辭。寡人醜乎，卒授之國。無幾何也，去寡人而行，寡人恤焉若有亡也，若無與樂是國也。是何人者也？」限於篇幅，此處只呈現寓言的部分原文，本文也僅簡述故事內容大要，未逐字詳述。同註1，頁260-261。

「才全」就是「德充於內」的寫照[45]。依老子體會，人生而有天真本德，這是天道賦予人人可以活出生命價值的人性基礎，天人關係猶如母子，復歸於嬰兒般的無執天真，就是人與天道之間的存有接續。天人連線讓人的生命中有道，體現天道的生命人格自然也像天道般，沒有執著分別，可以生成人間的美好。莊子承繼老子的體悟，確認人性的本德天真，並且把「才全」的生命理境進一步衍釋說明。

莊子透過孔子為魯哀公解惑，呈顯「才全」的內涵有二。首先，「才全」的天真之人能夠超然物外，不會讓無可奈何的「命之變」與「事之行」干擾血氣的平和或心靈的虛靜。其次，「才全」的天真朗現，可以生發和諧愉悅的生命情調，化解物我障隔的對立，在與萬物互動的每個當下，心中盡是「與物為春」[46]的盎然生機。就像莊子與惠子的「濠梁之辯」[47]，莊子在物我兩忘，情景交融的當下，感興說出魚兒的與世無爭與悠閒快樂，這是「與物為春」的真實存在感受，呈顯其生命的昇華超越，能與天地大化同在同行。可惜惠子仍然停滯在心知層次，他從主客對立的知識探究立場，把魚兒當作客觀認知的對象，要莊子提出「如何知道」魚兒快樂的證據，不僅不相應於莊子的生命意境，也凸顯莊子以修養的生命進路所開展的藝術美感世界，不同於心知的知識進路所掌握的抽象世界。

---

[45] 同註1，頁265、270。

[46] 語出〈德充符〉。意指人與萬物在一起，就像春天到來一般，充滿生機活力。
同註1，頁267。

[47] 出自〈天下〉篇。

(2)德不形

老子言:「上德不德,是以有德」[48],「不德」是化解的作用,放下高貴的德行光采,超離道德教條的桎梏,不以自以為是的德行價值責求他人,才是老子心目中真正的有德者。莊子則言:「德者,成和之修也。德不形者,物不能離也。」[49]平心靜氣的心和修養,是德行實踐的必要工夫,「德充於內」即是保存天真,使內心安定和諧,猶如平靜無波的止水,可以照現人性本真,讓天下人看到本自俱足的生命美好,人人回到生命真實,人際間真誠相待,人間也成為和諧的關係世界。莊子以水為喻[50],水平之時是靜止的最佳狀態,可以做為效法的準繩,讓心靈保持沖虛平和,如同水平狀態,心不會被外物役使而淪為競逐名利的利器,內在天真也得以存全,這是「德者,成和之修」的最佳註解。內在保有天真的人,行走人間不必虛偽作假,因為體認「知足者富」[51],足於人性本真的高貴價值,自然毋須權謀巧詐以爭名奪利。沖虛的心靈修養確保天真德性不會流蕩失落,同時也化解德行實踐的潛在問題。

---

[48] 語出《道德經38章》。本段白話語意是:「上德是無心自然,純任天真而為;下德是夾雜功利動機或外在目的的有心有為。」同註12,頁374。

[49] 語出〈德充符〉。依王邦雄解,「德者」是指德行,「德者,成和之修」意指心和的修養成就人的德行;「德不形」是德不形於外,也就是心知不會執著於自身德行而傲慢自負;「物不能離也」則是通過德不形於外的心和修養,散發符應於外的親和力。同註1,頁268-269。

[50] 原文是:「平者,水停之盛也。其可以為法者,內保之而外不蕩也。」同註1,頁268。

[51] 語出《道德經33章》。意指足於生命本身圓滿自足的內在天真,才是真正富有的人生。同註12,頁329-330。

　　外顯的德行美善會增益生命光采，如果陷溺其中而沾沾自喜，難免產生恃才傲物的自傷與傷人。德不形於外是內斂涵藏的修養，也是「不德」的化解作用，以保存德行的圓滿無憾。莊子在〈養生主〉描述庖丁完成解牛的藝術展演後，君王嘆為觀止，庖丁的姿態則是「提刀而立，為之四顧，為之躊躇滿志，善刀而藏之」。在大功告成的那一刻，庖丁成了眾所矚目的焦點，他昂然挺立地望向四方，彷彿自己就是宇宙的中心，不過就在心滿意足的瞬間，他立刻把刀收入刀鞘中。這把刀是庖丁的榮耀光采，但是不同於世俗常情的洋洋得意與賣弄炫耀，庖丁選擇「善刀而藏之」，「善」是從無心自然來說[52]，儘管贏得君王賞識，他仍以平常心看待，柔和自家生命的光采，不顯露功成的耀眼鋒芒，自然也不會引來他人的反感對抗與是非紛擾。庖丁的「藏之」是自我涵藏，化解鋒銳的生命氣勢，如同哀駘它的德不形於外，都是「有生於無」的生成原理在人生修養的體現。

　　老子言：「功遂身退，天之道。」[53]「身退」的功成弗居與「德不形」異曲同工，「身退」的沖虛修養體現天道，「德不形」也是將天道化入生命中的涵藏修養。德不形於外的修行者心中有道，內在如春天般充滿蓬勃的生機活力，自然吸引眾人歸往投靠，從「物不能離也」即可知其魅力。王駘和哀駘它都是「德

---

[52] 參考王邦雄詮釋觀點。王邦雄認為，就道家而言，無心自然為善。同註13，頁47。

[53] 語出《道德經9章》。本段語意是：「天道生成萬物，從來不自居有功。沖虛謙退而不居功，才是真正的大功告成，也是天道在人間的體現。」同註12，頁109。

充於內」而「符應於外」的典型範例，也是體現「才全」而「德不形」的最佳代表。

肆、莊子哲學的教師圖像

孔子以真切的體道修養與崇高的道德人格，樹立了萬世師表的永恆典範。莊子在寓言中以孔子言：「丘將以為師」，來凸顯王駘是道家版的理想教師，表面上似有貶抑孔子以抬高王駘之意，事實上從後續叔山無趾大徹大悟的一段故事，以及魯哀公以「至人之言」稱許孔子，即可見莊子對孔子的推崇。「丘將以為師」是孔子的謙遜與修養，莊子請出孔子為常季釋疑說解，再透過叔山無趾的「天刑之，安可解」[54] 來肯定孔子，可見莊子心目中有著儒道會通的理想，其教師圖像也兼容儒道而開展。

以下根據〈德沖符〉寓言中的「天刑之，安可解」，以及「無形而心成」的不言之教，衍釋莊子心目中理想的教師圖像。

一、「天刑之，安可解」的教育承擔

（一）教育的無限包容如同天地精神

中國傳統官學在學校設置孔廟，廟內舉行學禮，其原始意義是尊師重道[55]。孔子被尊為「至聖先師」，其有教無類與因材施教的主張也被視為教育圭臬。有教無類猶如天地精神[56]，上天無

---

[54] 同註11。

[55] 周愚文（2001）。中國教育史綱。新北市：正中。頁22。

[56] 意指天道無限包容的精神。

不遮覆，大地無不承載，教育的天地精神就是對學習者無執著分別的包容接納，再依據學生才情性向的殊異性提供適性發展的啟蒙引導。申徒嘉自述因為形體不全，經常受到世人冷嘲熱諷而讓他勃然大怒，但是自從跟隨伯昏無人學習十九年以來，他在老師門下從來沒有感覺自己是身障人士。伯昏無人的全然接納就像天地的無限包容，撫慰了申徒嘉受傷脆弱的心靈，同時給出重新出發的人生希望。

　　另則寓言中，叔山無趾對孔子抱怨：「吾以夫子為天地，安知夫子之猶若是也。」他把孔子視同奧藏萬物的天地，很切合孔子有教無類的精神。只是叔山無趾的修行未臻究竟，才會對孔子的悲憫不以為然，認為自己好不容易重新做人，又得面對過往不堪的傷痛。伯昏無人是道家人物，孔子則是儒家代表，莊子融合儒家的教育情懷，以天道精神呈顯其心目中的教師形相，後續更藉由叔山無趾的領悟，來呈顯萬世師表對教育使命的承擔如同解不開的「天刑」。

（二）教育的使命承擔如同「天刑」

　　寓言中的叔山無趾向老聃抱怨孔子的不是，老聃全然接納其不滿，他沒有說之以理，只是隨順叔山無趾的批判，邀請他一起努力來解救孔子的「蒙昧」。老聃的應和逼顯叔山無趾的荒謬，因為以孔子的德行修養，誰有資格來救他呢？叔山無趾當下領悟說道：「天刑之，安可解！」孔子行教人間的淑世理想是秉承天命而來，他對人間苦難充滿悲憫同情，為解救天下蒼生而周遊列

國，即使危及自家生命也義無反顧地直道而行。莊子把孔子的使命感與理想性說成是「天刑」，也就是老天加在其身上的刑具枷鎖，不僅一生背負，根本也無法解開。「天刑之」反映出莊子對孔子的深刻理解與敬意。

對莊子來說，孔子面對時代亂局，選擇以道德生命投入人文教化，他無怨無悔地四處奔波來救治天下病痛，「天刑」看似受苦受難，其實是「替天行道」的自覺與承擔，不是外在的強迫要求，既然這是天命在我的理想擔負，即使過程艱辛險阻，也甘之如飴，因為價值上「值得」。西方存在主義主張：「我選擇，所以我存在」，主體自由意志的抉擇決定了「我是誰」，以及自我的存在價值。孔子樹立了人格的理想典範，對文化生命負起繼往開來的傳續使命，莊子筆下的孔子曾對子貢說道：「丘，天之戮民也。」[57]孔子自承是天生的勞累人，一生擇善固執，為文化理想的實現奮鬥不懈。「天刑」與「戮民」看似天生悲苦與勞累，其實是莊子的「正言若反」，亦即把正面的價值和道理隱藏在看似反面的論說中，藉以凸顯孔子的自我期許是仁心自覺的主動選擇，猶如天生自然般，沒有任何的勉強與不適。在自由與道德合而為一的精神自主中，「天刑」不是解不開，根本是不必解開，因為理想承擔是生命本然的自在自得，所以「天刑」也等於是「無刑」。

「天刑之」是從孔子自覺地體現形上天道的生生之德，在人間承擔人文教化的使命來說；「安可解」代表行教人間是孔子自

---

[57] 語出〈大宗師〉。

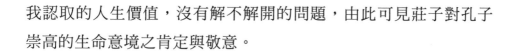

我認取的人生價值，沒有解不解開的問題，由此可見莊子對孔子崇高的生命意境之肯定與敬意。

（三）教師的「天刑」不可解，也不必解[58]

我們的文化傳統在很早以前就認知教育的重要性，「天地君親師」成為禮拜的對象，因為天地生萬物、聖君生百姓、父母親生兒女、老師生學生。老師「生」學生的「生」是價值意義的創造，就個人而言，透過教育轉化生命品質而得到新生與重生；就社會來說，通過教師的薪火相傳，文化命脈永續不絕。由於教育負有價值創造與「生成」的重責大任，是個人與社會「新生」、「再生」的希望，如果教師無法認同至聖先師孔子的淑世情懷，及其通貫千古的文化理想，把神聖的工作視為賺錢工具，則教育將只是掛空的概念，價值的創造也淪為空談。

我國文化傳統加諸於教師身上的高度期待猶如刑具枷鎖，即使在私人生活領域也得謹言慎行，以為學生表率。莊子會通儒道哲理，以「天刑之」樹立了承擔理想的教師典型，意味著在人生路上選擇成為老師，就得「認命」地背負無法解除的教育使命，一旦解除了，教師也不足以尊稱為教師。更進一步來說，體認「教人成人」的使命是「天刑」，老師對教育工作的體認就不只是「認命」，還是認「天命」，因為這是通過自己最真切的教育體悟，自覺承擔教人與傳道的重責大任，「天刑」也等於是「無

---

[58] 本段內容主要取自筆者先前的研究成果。參閱林秀珍（2008）。師道—道家哲學的啟示。載於中華民國師範教育學會（主編）。教師形象與專業倫理。台北市：心理。頁34-36。

刑」了。所以不必等待外在倫理規範的約束，教師的自律自重已是天經地義，自然而然的事。

二、「無形而心成」的不言之教

王邦雄從思想史的發展，發現道家思想的義理分位為「作用」層次，儒學義理屬於「實有」層次，老子是以「無」的虛用來保存儒學義理。在歷史開展上，道家與儒家義理結合呼應，才能生發其正面的作用與意義，所以對於道家的理解詮釋必須扣緊其作用層次的分位來說[59]。由於作用層次無形而不可見，其重要性也常常被忽略，就像茶壺的實用功能顯而易見，但是一般人不會注意到成就茶壺得以盛水的價值，其實來自茶壺內部的虛空作用。王邦雄認為，莊子的「援儒入道」凸顯了道家思想的正面作用[60]，「天刑之」可視為莊子對儒家淑世理想的援引，「無形而心成」則是道家哲學的反映。王駘的「無形」是從化解心知執著的「作用」層次來說，學生「虛而往，實而歸」的「心成」，即心領神會的成效，則是教育的實有美好。

以下分從化解權力傲慢與心如明鏡等兩方面，闡述莊子通過「無」的沖虛心靈所開顯的教師圖像。

（一）化解心知執著的權力傲慢

以哀駘它為主角的寓言中，魯哀公經由孔子提點而恍然大悟，他對孔子的學生閔子騫說道：「剛開始我是以一國之君的統

---

[59] 王邦雄（2013）。道家思想經典文論。新北市：立緒。頁16-19。

[60] 同前註，頁18-19。

治姿態，謹守治國的綱領法紀，而且掛慮著人民的生活，我自認為這麼做已經是很通達治道了。今天我聽到孔子的一番話才明白，恐怕我的修養還不足，太自以為是，才會把自己當作天下人民的準則，讓人民失去自在的空間，也因此傷害了國家。我和孔子的關係已超越君臣，是人生修養路上的好朋友。」[61]。哀公是位高權重的上位者，權力會讓人以英明自居而遺忘自己的有限性。老子深刻體察自恃聰明才智之士，往往大膽有為，把自己的期望和價值觀強加在他人身上，不僅抹煞別人的獨立自主，也干擾每個人自在自然的生命節奏，所以他提出：「使夫智者不敢為也」[62] 的智慧之言。哀公的領悟對有權力的教師而言，猶如暮鼓晨鐘。

當代教育思潮雖然強調師生間的平等對話，不過在事實層面，師生關係存在著權力的不平等。歐陽教指出，教師角色的扮演有幾種權威可資應用，包括行政法理賦予的權力運用、學術專業力量、道德涵養的吸引力、學生的英雄崇拜，以及傳統習俗的尊師重道等[63]。教師在授課班級中，無疑是領導者的角色，具有多元的權力來源，可以決定教材、教法、評量與班級運作模式。一般而言，家長認定的好老師不離熱心關懷學生，班級井然有序，學生表現優異等，「好教師」本身也以全力為學生付出做

---

[61] 原文是：「始也，吾以南面而君天下，執民之紀而憂其死，吾自以為至通矣。今吾聞至人之言，恐吾無其實，輕用吾身，而亡吾國。吾與孔丘非君臣也，德友而已矣。」同註1，頁268。

[62] 語出《道德經3章》。意指讓自認為是聰明才智之士，能尊重人人的自主空間而不敢大膽有為。同註12，頁46-47。

[63] 歐陽教（1991）。教育哲學導論（十版）。台北市：景文。頁97-110。

為自我期許。從領導者的角色著眼,世俗認為的「好老師」其實和哀公的作為沒有太大差別,兩者都是以自己為範本來規定價值準則,雖然殫精竭慮為學生或人民的福祉設想,而且自認為盡心盡力,無愧於領導者的職責,但是對學生或人民來說,全然訴諸外鑠規範的責求,對質樸天真的生命本德形同桎梏。當權力的滋味讓教師遺忘自身的有限,對自己的教育作為過度自信,就聽不到學生的心聲,教學成效看似顯著,實則已陷入權力的傲慢與迷失。就像哀公太相信自己已通達治道,根本看不到人民在其專制獨斷下的委屈和痛苦。

我國文化傳統視教育為價值創造的神聖工作,透過教育生成學生的心智慧命,可以給出人人新生與再生的希望,所以教師地位崇隆,備受禮敬。尊師重道的氛圍凸顯教師尊榮,也容易讓教者把自己神聖化,在自我膨脹的迷失中,以教育愛之名綁住學生,造成師生關係的緊張與衝突。老子認為,即使是聰明才智者也不免迷於教人與愛人的成就感,陷入自以為是的封限。他以「不貴其師,不愛其資」[64] 的超越智慧,提點教者勿以身為人師而自我高貴,也不要沉迷於自己付出的愛,而用愛綁住學生。「不貴」與「不愛」都是化解心知執著的作用,以圓成美好的師生關係[65]。

莊子以王駘作為人師典範,其「無形而心成」的不言之教來自沖虛的心靈修養,如同「才全而德不形」的哀駘它,都是體察

---

[64] 語出《道德經27章》。

[65] 同註12,頁277-279。

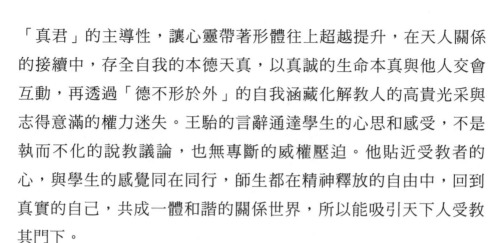

「真君」的主導性，讓心靈帶著形體往上超越提升，在天人關係的接續中，存全自我的本德天真，以真誠的生命本真與他人交會互動，再透過「德不形於外」的自我涵藏化解教人的高貴光采與志得意滿的權力迷失。王駘的言辭通達學生的心思和感受，不是執而不化的說教議論，也無專斷的威權壓迫。他貼近受教者的心，與學生的感覺同在同行，師生都在精神釋放的自由中，回到真實的自己，共成一體和諧的關係世界，所以能吸引天下人受教其門下。

（二）心如明鏡的觀照學生

申徒嘉自述跟著老師伯昏無人學習十九年，感覺自己與常人無異，因為老師心如明鏡，對外在形貌沒有殘缺與否的執著分別，所有學生同等接納，申徒嘉的自卑與傷痛也隨之化解。當他面對子產的傲慢，自然以講堂聽聞的道理：「鑑明則塵垢不止，止則不明也」來回應。「鑑」是鏡子，沾染灰塵的鏡面無法清明照人，此合乎常識之見，但是鏡子清明則塵垢不能停留，看似有違常理。其實莊子是以明鏡來比喻沒有執著分別的沖虛心靈，可以隨順外物遷化，與世俗眾生同在同行，但不會陷落其中而沾染人間的是非紛擾，因為工夫修養已達超然物外的自由境界。「鑑明則塵垢不止，止則不明也」不僅是伯昏無人的教言，也是其「用心若鏡」的體證所得。

1.用心若鏡而不惹塵埃

老子指出：「受國之垢，是謂社稷主；受國不祥，是為天下

王。」[66] 真正的領導者能把自己放在卑微之處，擔負民間疾苦與天下災禍，若缺乏江海容納百川的宏大格局，無法承受人間的塵垢汙染，也不足以成為名副其實的領導人。對教師而言，學生不成熟的表現諸如盲目、無知、叛逆與衝動等，就像老子形容的塵垢與不祥，如果拒絕包容接納，不僅違背「長善救失」的教育職責，也有失教師的身分。選擇走在教育的路上，必然得面對學生的不成熟與非理性，這是教育場域中的塵垢汙染，教師能否超離困境，不離不棄地陪伴學生，也成為嚴峻考驗。

〈人間世〉有一則寓言，描述魯國的顏闔向衛國賢大夫蘧伯玉請教，該如何教導衛靈公之子。這位太子氣質涼薄，不為人著想，其才智足以知他人之過，但缺乏自省能力，不教他規矩會危及國家，若以規範責求其行為，又恐怕惹來殺身之禍。蘧伯玉回以：「正汝身哉！形莫若就，心莫若和。雖然，之二者有患，就不欲入，和不欲出。」[67] 為人師者先修養自家的身心才是根本，而修養工夫體現在教學互動中，教師的外形看來是隨順融入學生，不會引生反感，自己的內心則能調和平順，沒有怨懟不滿，所以「形就心和」是最好的因應之道，不過也得謹慎其後遺症。蘧伯玉特別提醒，教師外表隨順並非「同流合汙」，跟著學生向

---

[66] 語出《道德經78章》。意指：「能把自己放在卑微之處來承受整個國家的塵垢汙染，才是真正的國家領導人；能承擔所有天下人的災難和苦痛，才足以稱為天下王。」同註12，頁767-768。

[67] 蘧伯玉提點顏闔，要專注心志於自家的身心修養，沒有比外表隨順而內心調和更好的處世態度了，雖然如此，其中還是存在著後遺症。外形雖隨順但不能跟著對方而向下沉落，內心調和但不能凸顯自己的高明。同註1，頁214。

下沉落，內心平和也不能凸顯自己的包容性，顯現教者的優越感。「就不欲入」是貼近學生但不隨之起舞，如同王駘的「審乎無假而不與物遷」，不會被外在環境束縛，因為體察「真君」是生命的主宰，在用心若鏡的沖虛涵養中，教師化解教人的傲慢自負，也不受學生牽動而沾惹紛擾的塵埃。

〈應帝王〉有言：「至人之用心若鏡，不將不迎，應而不藏，故能勝物而不傷。」至人的沖虛心靈猶如明鏡，與人互動時沒有選擇性的差別對待，既不刻意逢迎，也無悍然拒絕，他只是像鏡子一樣，如實回應而且全方位的照現，對方的好被「看見」，所以能免去受到壓抑和委屈的傷害。用心若鏡的教師修養猶如至人境界，能給出學生同等的接納與尊重，不因為學生的家世背景、才智高下與外在形貌，產生分別心的歧視或特殊禮遇。而且互動過程只是「應而不藏」，僅僅回應而已，不會把學生的種種表現深藏心中，成為揮之不去的重擔壓力，或者日積月累變成解不開的心結而扭曲師生關係。

「鑑明則塵垢不止」的生命高度從用心若鏡的修養工夫來，教師的心如明鏡就像庖丁解牛，可以「無厚」的自我進入教育場域，在複雜的人我關係中遊刃有餘而兩不相傷。對道家而言，心如明鏡不僅止於不惹塵埃，還有更積極的「照現」功能，在照現萬物中生成萬物，此為天道生成原理的體現。

2.用心若鏡的觀照生成

申徒嘉跟隨伯昏無人十九年，感覺自己與常人無異，而且過往被人嘲笑的怨氣和怒氣，在老師門下也一掃而空。伯昏無人的

高明之處，從申徒嘉對子產的回應即可見端倪。申徒嘉言：「今子與我遊於形骸之內，而子索我於形骸之外，不亦過乎！」形骸之「內」是無形而不可見的天真本德，形骸之「外」最直接可見的是形貌，其次是世俗所重的名利權勢等身外之物，申徒嘉一語道破了子產的迷失。形骸之內與形骸之外看似平等相對的內外之分，就生命的境界層次而言，內、外其實是上、下的超越區分，通過無限的心帶著有限的形體向上提升，朗現人性的天真本德，才是人生的尊嚴與榮耀，這是申徒嘉領悟的師門教誨。天真本德是人人天生而皆有的高貴根基，立足於人性本德，後天的種種德行才有必然保證，至於外在的形貌或名利權勢，將隨歲月流變而不定，並不足以作為人生的價值之路。申徒嘉的領悟讓陷溺於名利權勢中的子產頓時悔悟，以滿懷愧疚的神情請求申徒嘉不要再說下去，以免讓他更加感覺無地自容。

回歸人性本真的德行實踐，在莊子的價值評價中，遠遠超過外在形貌的美醜。王駘把自己的形體不全視同微不足道的小事；伯昏無人的心中沒有形貌殘缺的歧視偏見，申徒嘉的自卑情結也隨之化解，兩位良師皆以用心若鏡的生命涵養，全面觀照前來求教的學生，在觀照中同時照現學生的天真本德，鼓舞眾多在人間競爭中的失敗者，重新「看見」自己與生俱來的尊嚴和價值，從內在建立無求於外的自尊自信，開發繼續前行的生命動力。教師的眼中沒有「壞學生」，學生心中也就跟著掃除了「壞學生」的陰霾，而且是「虛而往，實而歸」，在教師無心自然而不帶執著偏見的觀照中，生成學生的自信與教育的美好。

　　在孔子與魯哀公的寓言對話中，孔子提到自己曾經於出使楚國途中，見到一群小豬貼著死去的母豬吸吮母奶，但是才一會兒時間，只見這群小豬好像受到很大的驚嚇，紛紛逃離母豬身邊，因為牠們從母親的眼神中看不到自己，也感受不到母親身上和自己一樣的生命力[68]。孔子論斷：「所愛其母者，非愛其形也，愛使其形者也。」原來小豬所愛的不是母豬的外在形體，而是讓母豬可以成為母親的母愛。教師的工作是「教人成人」，「成人」蘊含著價值創造的「生成」意義，教師受到社會禮敬或者學生敬愛，原因不在有引人注目的亮麗外表，而是具足了「使其形」的內在涵養，也就是沖虛的心靈修養，讓教師得以成為名副其實的教師，實現「生成」的崇高價值。對莊子來說，心如明鏡的觀照作用有生成力量，學生通過教師的「鏡照」覺察自家本有的人性美好，從內在生發自我挺立的信心和獨立自救的希望，這是「常善救人」[69]的體現，也是道家版的人師典範。

伍、結　論

　　我們都是有限的人物，卻身處在複雜人間，這是人生無可逃避的現實處境。莊子以「德充於內」的工夫修養，達致「符應於外」的生命意境，在物我與人我之間共成一體和諧的關係世界，

---

[68] 本段的原文是：「丘也嘗使於楚矣，適見豘子食於其死母者，少焉眴若，皆棄之而走。不見己焉爾，不得類焉爾。」（〈德充符〉）同註1，頁263。

[69] 語出《道德經27章》。意指通過人人本自俱足的「常善」，也就是內在的天真常德來救人，對方依恃自己本有的「常善」，可以建立自尊自信而獨立自救。同註12，頁275。

由此化解存在的困境與難題。〈德充符〉被安排在〈人間世〉之後，隱含著回歸主體心靈的沖虛修養，朗現無執著分別的天真本德，讓心帶著形向上超越提升，才是開展逍遙人生的根本之道。

　　〈德充符〉的哲學義理可以進一步通過「才全而德不形」來說明。「才全」是朗現天真，不受外在環境牽動情緒，在人我或物我互動的當下，心中盡是愉悅的盎然生機；「德不形於外」的內斂涵藏，則能化解美善德行的耀眼光采，既不會引來他人反感，又可以生成人際間的和諧共生，所以哀駘它的形貌雖然醜惡，也沒有強勢地倡言什麼主張，在人際互動中只是應和對方而已，但是眾人無分男女都深受其吸引，甚至連魯哀公都想要讓位給他，哀駘它的人格感染力與生命感動力即是「才全而德不形」的最佳註解。

　　有關〈德充符〉寓言的教育蘊義，筆者以莊子心目中理想的教師圖像為闡發重點，主要從「天刑之，安可解」的孔子、「無形而心成」的王駘，以及用心若鏡的伯昏無人等三則寓言著手，輔以其他相關寓言故事，統整出莊子哲學的教師圖像至少包含：自覺承擔教育的神聖使命、化解心知執著的不言之教，以及用心若鏡的觀照學生，實現「生成」的崇高價值等。孔子以天命在我的自我期許，承擔文化薪傳的使命，在歷史上樹立了萬世師表的永恆形相，莊子對孔子的人格風範與價值理想給出高度敬意，不過，理想的擔負如果缺乏沖虛涵養的化解作用，不免對自我形成負累，對他人造成責求的壓迫。況且，不是所有懷抱理想的教師都有孔子般的生命高度，在「長善救失」的教學歷程中，可能因

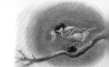

為求好心切或自以為是，而造成適得其反的惡果。所以莊子的教師圖像除了孔子之外，另外安排了王駘與伯昏無人兩位道家人物，隱約透顯出儒道的並行不悖與相輔相成。儒家的情意理想輔以道家的心靈虛用，理想的實踐得以圓滿無憾；道家的虛用智慧有儒家理想的撐持，可以避免價值虛無的危機。莊子會通儒道的努力，或可從其心目中理想的教師圖像而見端倪。

第六章
〈大宗師〉的哲學義理
與教育詮釋

壹、前　言

　　〈大宗師〉以「真人」作為接續天人關係的代表。莊子在首段提到：「有真人而後有真知」，真人的「真知」是主體通過生命修養向上提升，直接體證天道的生成之理，有別於當代知識論所強調的客觀認知作用。誠如老子所言：「道者，同於道」[1]，當人的修養工夫上達天道之境，生命中就有了道，此時天人之間已經合而為一。所以莊子以看似提問實則肯定的方式指出：「庸詎知吾所謂天之非人乎？所謂人之非天乎？」[2]他所說的「天」就是「人」，「人」就是「天」，當然這裡的「人」是修養已達天道境界的真人，而非世俗之人。真人的生命涵養可以體現天道，其真知應就「知天」而言，不是針對經驗世界的客觀認識。王邦雄解〈大宗師〉的篇名意涵為：「體現天道的生命人格之大」[3]，很

---

[1]　語出《道德經23章》。

[2]　白話語意是：「怎麼知道我所說的『天』不就是『人』，而我所說的『人』不就是『天』呢？」即「天人合一」之意涵。參閱王邦雄（2013）。莊子內七篇・外秋水・雜天下。台北市：遠流。頁285。

[3]　同註2，頁281。

切合莊子的真人有真知與真知在知天的哲學義理。

死亡的必然與人生際遇的無常是人人無可逃避的生命課題，真人的生命人格之大即是在超離死生存亡與窮達貧富中呈顯。〈大宗師〉可視為莊子生死學的代表篇章，除了死生議題之外，本篇對於人的有限性與際遇的不確定，也有深刻回應，值得探究。

貳、寓言故事

以下針對四位方外高人的莫逆於心、儒家與道家的相遇對話與子桑的認命等三則寓言故事詳細說明。

一、四位方外高人的莫逆於心

（一）超離死生的相知相惜

> 子祀、子輿、子犁、子來四人相與語，曰：「孰能以無為首，以生為脊，以死為尻；孰知死生存亡之一體者，吾與之友矣。」四人相視而笑，莫逆於心，遂相與為友。

子祀、子輿、子犁、子來四個人互相說著：「誰能以無執著無分別的虛靜心靈作為生命之主，把『生』視如身體的背脊，把『死』看成像身體的尾椎，誰能了悟死生是一體，我就和他做朋友。」四人互看而會心一笑，彼此心意相通而成了好朋友。

（二）子輿的隨順造化變遷

> 俄而子輿有病，子祀往問之。曰：「偉哉夫造物者，將
> 以予為此拘拘也。」曲僂發背，上有五管，頤隱於齊，
> 肩高於頂，句贅指天。陰陽之氣有沴，其心閒而無事，
> 跰𨇤而鑑於井，曰：「嗟乎！夫造物者又將以予為此拘
> 拘也。」子祀曰：「女惡之乎？」曰：「亡，予何惡！
> 浸假而化予之左臂以為雞，予因以求時夜；浸假而化予
> 之右臂以為彈，予因以求鴞炙；浸假而化予之尻以為
> 輪，以神為馬，予因以乘之，豈更駕哉！且夫得者，時
> 也，失者，順也；安時而處順，哀樂不能入也。此古之
> 所謂縣解也，而不能自解者，物有結之。且夫物不勝天
> 久矣，吾又何惡焉！」

　　不久之後，聽說子輿生病了，於是子祀前往探望。子輿對著
子祀說：「天地造化真是不可思議，竟然用這樣的形體來拘束
我！」子輿的背脊駝背彎曲，臟腑的血管都朝上，臉頰藏在肚臍
邊，肩膀高於頭頂，彎曲的頸椎朝天隆起，儘管體內的陰陽之氣
失調紊亂，但是心情仍然悠閒而若無其事的樣子。

　　由於形體扭曲加上受到風寒，子輿步伐蹣跚地走到井邊，看
著映照在水中的自己，說道：「唉！天地造化依舊用這樣的軀體
來綁住我，讓我無法行動自如啊。」也許子祀感覺子輿的話語中
透顯無奈，於是問說：「你會討厭自己這樣的形體嗎？」子輿回
答：「沒有啊，我怎麼會厭惡自己的形體呢！假如在造化流變

中，我的左臂逐漸轉化成一隻雞，那我就順著它作為守夜報曉的公雞；假如自然造化又把我的右臂逐漸轉化成彈弓，那我就用它來射鳥而且烤熟來吃；假如造化又將我的尾椎漸漸變成了車輪，而以我的心神作為馬，我就順著它駕馬車而行，哪裡需要去找別的車馬呢！」子輿的一番話表明了自己完全接受造化拘限，而且隨順造化流轉而無怨前行的人生態度。他的達觀認命與其超然的生死觀緊密相連，所以緊接著子輿說出了他對生死的看法。

子輿說：「我得到這個形體而生於人間只是偶然機緣，我失去形體而死亡則是必然的歸趨。我能安於『生』的偶然性，把『死』的必然性以順境來看待，無生死執著則悲哀和歡樂之情就不會闖入我的心中，這就是古代所謂的瓜熟蒂落，即解開了執著生死所帶來的倒懸之苦。如果自我未解消，讓心還停留在執著的倒懸狀態，則物欲會帶來情累和壓迫。而且所有的事物都在遷移變化中，長久以來，沒有任何事物可以逃離或對抗天地造化的安排，我又怎麼能厭棄而不要自己的形體呢？」

子輿的「安時處順」化解了貪生怕死帶來的困苦和傷痛，下一段有關子來將死的內容，說的也是同樣的道理。

（三）子來的坦然面對生死

> 俄而子來有病，喘喘然將死，其妻子環而泣之。子犁往問之，曰：「叱！避！無怛化！」倚其戶與之語曰：「偉哉造化！又將奚以汝為，將奚以汝適！以汝為鼠肝乎？以汝為蟲臂乎？」子來曰：「父母於子，東西南

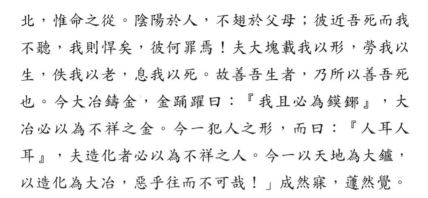

北，惟命之從。陰陽於人，不翅於父母；彼近吾死而我
不聽，我則悍矣，彼何罪焉！夫大塊載我以形，勞我以
生，佚我以老，息我以死。故善吾生者，乃所以善吾死
也。今大冶鑄金，金踊躍曰：『我且必為鏌鋣』，大
冶必以為不祥之金。今一犯人之形，而曰：『人耳人
耳』，夫造化者必以為不祥之人。今一以天地為大鑪，
以造化為大冶，惡乎往而不可哉！」成然寐，蘧然覺。

時隔不久，子來也生病了，而且氣息急促即將死去。子來的
妻兒環繞其側，傷心難過的哭泣，前往探病的子犁對著他們說
道：「不要這樣子！你們走開！別驚擾那個正在轉化中的人。」
接著，他倚靠在門邊對子來說：「不可思議的天地造化啊！這下
子又要把你轉成何物，轉到何方呢！會把你變成老鼠的肝嗎？還
是昆蟲的臂呢？」子來答以：「父母命令子女往東、西、南或北
的方向走，做子女的只有唯命是從。陰陽氣化的世界對人而言，
就好像父母一樣，它以死亡壓迫我，而我竟然不聽從，這是我的
強悍無知，它哪裡有錯呢！天地造化給我形體，讓我為了生存而
勞苦，讓我因為年老而安逸閒適，最後透過死亡讓我得以安息，
我不執著於生，就可以無心自然地看待死亡，不會有死亡陰影
帶來的壓迫和傷害。這就好比現在有個冶煉大匠正在鑄造金屬器
物，鑪中熔解的金屬沸騰跳躍著說：『一定要把我鑄造成像鏌鋣
一般的名劍！』大匠必定會認為這是不祥的金屬，因為已經有了
執念。現在，人只是在偶然機緣下承受了人的形體，就雀躍欣喜地
喊著：『我是人，我就是人』，造化也會因為我們執著於人的身

分而視為不祥之人。如今，我把天地視同大熔爐，把造化看成大
冶匠，一切隨順自然，它會把我鑄成什麼樣子，有何不可呢？」

　　寓言最後，莊子以「成然寐，蘧然覺」作為結語，意味著對
生死的執著如大夢，解開生死執迷則是大覺[4]，超離生死才能回歸
自在自得的人生。

二、儒家與道家的相遇對話

　　本則寓言以喪禮為引線，延伸出人在道中相遇，可以開展出
相忘無事的人間理序和美好。

（一）三位道友的莫逆相交

> 　　子桑戶、孟子反、子琴張三人相與友，曰：「孰能相與
> 於無相與，相為於無相為？孰能登天遊霧，撓挑無極；
> 相忘以生，無所終窮？」三人相視而笑，莫逆於心，遂
> 相與為友。

　　子桑戶、孟子反、子琴張三位道友聚會聊天，說道：「誰能
保持友誼的純真，在相處時以無心自然來對待，在相助時又能放
下自己的付出呢？誰能超然物外，精神天地寬廣而無窮無盡；誰
能做到彼此間不執著於生，而化解有一天死亡會讓友誼終結的心
理壓力呢？」三人相望而笑，彼此心意相通而成了好朋友。

4　「成然寐，蘧然覺」之意涵，依王邦雄詮釋觀點：「『成然』是熟睡貌，『蘧
　　然』是安適貌，就是熟睡無夢，醒覺無憂。此意謂死生一如夢覺，可以放下而
　　安適。」同註2，頁328。

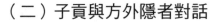

（二）子貢與方外隱者對話

> 莫然有閒而子桑戶死，未葬。孔子聞之，使子貢往待事
> 焉。或編曲，或鼓琴，相和而歌曰：「嗟來桑戶乎！嗟
> 來桑戶乎！而已反其真，而我猶為人猗！」子貢趨而進
> 曰：「敢問臨尸而歌，禮乎？」二人相視而笑曰：「是
> 惡知禮意！」

　　沒多久，子桑戶過世，但是還未下葬。孔子聽到這個消息，
便派遣子貢前往協助處理喪事。子貢一到現場，看到孟子反和子
琴張，一位編歌曲，一位彈琴，而且彼此唱和著：「嗟乎，桑戶
啊！嗟乎，桑戶啊！你已經回歸天道真實，而我們還繼續流落人
間啊。子貢快步向前問道：「請恕我冒昧請教，面對堂內停棺還
可以唱和歌曲，這合乎禮制嗎？」孟子反和子琴張兩人相視而笑
說：「你的質疑來自於你不知道什麼是禮意啊！」

（三）孔子為子貢解惑

> 子貢反，以告孔子曰：「彼何人者邪？修行無有，而外
> 其形骸，臨尸而歌，顏色不變，無以命之。彼何人者
> 邪？」孔子曰：「彼，遊方之外者也；而丘，遊方之內
> 者也。外內不相及，而丘使女往弔之，丘則陋矣。彼方
> 且與造物者為人，而遊乎天地之一氣。彼以生為附贅縣
> 疣，以死為決疴潰癰。夫若然者，又惡知死生先後之所
> 在！假於異物，託於同體；忘其肝膽，遺其耳目；反復

終始，不知端倪；芒然彷徨乎塵垢之外，逍遙乎無為
之業。彼又惡能憒憒然為世俗之禮，以觀眾人之耳目
哉！」

子貢回去之後，向孔子報告這件事。他問說：「他們到底是
什麼樣的人啊？他們的修行竟然是顛覆人間的禮制，不把形體視
為生命，還在棺木前唱歌，面容沒有哀戚，我真不知道該怎麼稱
呼他們。他們到底是怎麼樣的人？」

孔子回答：「這些人是超離禮制規範，遊於方外的人；而我
孔丘則是遊於禮制之內的方內之人，禮制內外的層面不同，彼
此的價值觀沒有交集，我派你前往弔唁，這是我的淺陋無知。
這些方外之人是與天地自然為友，在造化的一氣轉化中自在遨
遊，與天地合而為一。他們把貪生的執著視同多餘的贅瘤，把
化解死亡的執著看成就像毒瘡的化膿潰破，像這樣的人已經打破
生死執念，哪裡還會知道死生之間何者為重的先後之別呢！對他
們來說，人的存在只是假借不同的形體來展開人生行程，但是都
共同寄託在天道的一體無別中，沒有肝膽的執著分別，也不被外
在的聲色犬馬牽引而去，面對氣化流轉中反覆的生生死死，根本
不知其發端於何處，心也不被牽絆，只是隨順而已。他們心無罣
礙，超離世俗塵染的患得患失而海闊天空，在化解塵垢汙染的無
心而為中，開展逍遙自在的精神天地。這樣的人哪裡會擔心害怕
受到世俗批評，而在眾人面前展示合於世俗禮制要求的言行舉止
呢！」

（四）孔子與子貢共遊於方內

> 子貢曰：「然則夫子何方之依？」孔子曰：「丘，天
> 之戮民也。雖然，吾與汝共之。」子貢曰：「敢問其
> 方。」孔子曰：「魚相造乎水，人相造乎道。相造乎水
> 者，穿池而養給；相造乎道者，無事而生定。故曰，
> 魚相忘乎江湖，人相忘乎道術。」子貢曰：「敢問畸
> 人。」曰：「畸人者，畸於人而侔於天。故曰，天之小
> 人，人之君子；人之君子，天之小人也。」

聽完老師的釋疑之後，子貢仍感困惑，既然孔子肯定道家行
誼，那儒門情意理想的價值何在？所以子貢接著提問：「那老師
您要依於何方？是方內還是方外呢？」孔子回答：「我是天生注
定要為人間解決疾苦的勞累之人。雖然如此，我和你還是要共遊
於方內，我們師生一起承擔淑世的責任和理想吧。」

子貢接著問：「如何可能遊於方內，老師可有良方？」孔子
回應：「就像魚兒們是在水中相遇，人則是在道中相遇。相遇於
水中的魚兒，可以在水裡游來游去，從中得到養分而自給自足；
在道中相遇的人，通過天道而來本自俱足的人性本真，就可以生
命自定。所以說，魚在江湖中彼此相忘而互不干擾，人則是在道
體術用中彼此相忘，放下是非牽扯，回歸各自的生命美好。」

順著孔子的說明，子貢又問：「對於那些與我不同，看起來
特立獨行，超離在禮俗制度之外的『畸人』，老師怎麼界定他們
的人生呢？」孔子答覆：「所謂的『畸人』是異於人而同於天。
所以說，從天道的高度來看人間拘泥於世俗禮俗者是小人，但是

從人間觀點來看，順從禮俗而行的人是彬彬有禮的君子；人間認定的君子，從天道的眼光來看，過於拘泥世俗禮法而失落生命真實，所以只是小人而已。」

這則寓言就在天道與人間的超越區分中，告一段落。

三、子桑的認命

貧病交迫的人生際遇是挫折磨難，也最能激發真切的存在感受。莊子在〈大宗師〉的結尾，以子桑為主角，道出「認命」是人生得救的解方。故事情節如下：

> 子輿與子桑友，而霖雨十日。子輿曰：「子桑殆病矣！」裹飯而往食之。至子桑之門，則若歌若哭，鼓琴曰：「父邪！母邪！天乎！人乎！」有不任其聲而趨舉其詩焉。子輿入，曰：「子之歌詩，何故若是？」曰：「吾思夫使我至此極者，而弗得也。父母豈欲吾貧哉？天無私覆，地無私載，天地豈私貧我哉？求其為之者而不得也。然而至此極者，命也夫！」

子輿和子桑是好朋友。在連綿陰雨下了十天之後，子輿擔心子桑的狀況，他心想：「子桑恐怕生病了！」於是帶著準備好的飯菜，前往探望子桑。到了子桑家門口，就聽到屋內傳來好像哭泣的歌聲，子桑一邊彈琴，一邊唱曲，歌詞內容說著：「父親啊！母親啊！天啊！人啊！」[5]子桑的歌聲中夾雜著哭腔，好像生

5　簡略歌詞中的深刻語意是：「我問父母親啊，你們生下了我，怎麼會讓我一個

命中有承受不住的落寞和感傷，急促的唱曲如唸詞般，心中的傷痛也讓歌詞無法唱得完整。子輿進門後問道：「你今天的歌唱怎麼感覺如此傷痛？」

　　子桑回應說道：「我一直在想，為何自己的人生會陷入貧病交迫的困境中，但是找不到答案。父母親生我愛我，怎麼捨得讓我落得如此下場？上天不會有偏私遮覆，大地也無偏私承載，既然天地無私，怎麼可能會特別對待我，獨獨用貧困來折磨我呢？我一直在探求，到底是誰造成我的困窮境遇，但始終不得其解。既然找不到答案，唯一可以解釋的理由就只剩下『命』了。」

　　這則簡短的寓言就在子桑的「認命」中告一段落。

參、哲學義理

　　形上道體至虛無形，其作用無窮無盡。體現天道的真人生命玄妙深遠，可以「知天」、「知人」，在天人關係的聯繫中，開展向上超越的人生道路，讓身處複雜人間的有限自我得以安身立命，活出存在的價值與意義。

　　以下論述真人的修養工夫與生命意境，從中可見莊子的生死觀與逍遙人生。

人在人間受苦受難！再問天地，你們既然生下萬物，怎麼又會讓萬物孤獨無依呢！到底是天地生成的，還是人為造成我如此窮困的處境呢？」依王邦雄詮釋：「人來到這個世界，一是天地生成，二是父母生養，二者正是生命所從來的生成原理，貧病交迫等同存在基礎動搖，所以要問是天地嗎？還是父母？」此解精湛深刻。同註2，頁353-354。

一、知天之所為，知人之所為

　　人生的價值取向有「成道」與「成器」的兩路區分，前者是自我心靈往形而上的天道之路走，為有限生命開拓無限的價值縱深度；後者是落在日常的具體世界，回應生存與生活需求，以成就專業的器用價值為務。老子體悟天人關係如同母與子，他自述其人生動向是「貴食母」[6]，回到生成之母的懷抱，汲取生命甘泉，能有遼闊如海，高揚如風的生命氣象。所以他說：「孔德之容，惟道是從」[7]，大德之人的存在抉擇必然是走在天道的路上，因為回歸天道可以得到精神滋養，保有生命動力的源頭活水。

　　老子以「道生之，德畜之」[8]來說明萬物的存在之理，從中可見其領悟天道的作用即是「生」，而且是「不自生，故能長生」[9]，天道不會圖謀私利，因為沒有想要成就自己的執念，才能天長地久地生成萬物。莊子承繼老子思想，在〈大宗師〉開宗明義即提到：「知天之所為，知人之所為者，至矣。知天之所為者，天而生也」[10]，人道走天道的路是人生價值不變的歸趨，天

6　語出《道德經20章》。「貴食母」意指以天道為貴，這是老子人生價值的選擇。參閱林秀珍、徐世豐（2011）。老子道德經義理疏解。台北市：師大書苑。頁208。

7　語出《道德經21章》。意指大德者的生命動向是以天道為依歸。同前註，頁212-213。

8　語出《道德經51章》。意指天道創生萬物，又以內在於萬物中的德來畜養之。同註6，頁492。

9　語出《道德經7章》，意指天道無私，不把「生」封限在自己身上，所以能長久的生成萬物。同註6，頁82-83。

10　本段意指修養工夫的極致是能「知天」與「知人」，「知」不是客觀認知，而

道恆常不變的作為只有「生」，在人間實現「生成」價值者可以媲美天道，受到世人的歌頌和敬重。我國文化傳統禮拜「天地君親師」，因為聖人、父母和教師體現生成之道，在人間生成人民、兒女和學生的美好，所以地位崇隆，成為世代相傳的禮拜對象。

　　王邦雄指出，任何大教或大哲學家派的使命都是要同情人的有限性，開發無限的希望前景，讓人得以走出有限，通往無限[11]。莊子的「知天之所為」即是人生終極的價值指引，走在天道的路上可以開出「即有限而無限」的精神天地和價值宇宙，從價值意義的開創給出人生出路。天之所為是生成萬物，「有生於無」[12] 則是其生成原理，人要體現天道的生成之理，有賴「虛而待物」[13] 的心齋工夫，也就是化解心知執著的沖虛修養。

二、從「知」到「不知」的生命境界與工夫歷程

（一）從「知」進到「不知」的生命境界

　　依道家體會，心有知的作用，心知會執著陷溺，帶來人生

是體悟之知。天道無聲無形，如何能「知天」？透過天道的作用可以體認天道的真實存在，其作用即是生成萬物。參考王邦雄詮釋觀點，同註2，頁283-284。

[11] 王邦雄（2004）。走在莊子逍遙的路上。台北市：台灣商務。頁284。

[12] 依據《道德經40章》：「天下萬物生於有，有生於無」，天下萬物生於天道的「有」，天道的「有」生於道體沖虛的「無」。「有生於無」是老子體悟的形上生成原理，也是人間一切美好的實現原理。同註6，頁399-403。

[13] 語出〈人間世〉，「虛而待物」是「心齋」工夫的最高境界，即化解心知執著，在吾心的沖虛修養中朗現天道，由此生成人間的美好。「虛而待物」的「待」已非表面的對待之意，而是更深一層，有超越性的「生成」意涵。參考王邦雄詮釋觀點，同註2，頁194-195。

的自困自苦。老子言：「知不知，上；不知知，病。」[14] 從心知執著的「知」修養至無執著無分別的「不知」，這是「為道日損」[15] 的形上超越之路；反之，從無心無為的天真淪落到爭名奪利的有心有為，就是從無執著的「不知」向下沉淪至心「知」執著[16]。他以美善的價值認取為例，「知善」、「知美」即是把一套美善價值視為唯一標準，凡是不合標準者都被視為醜惡之類，其實對方只是不同而已，並非不美或不對。這種僵化固著的意識型態展現在宗教、種族、性別與政治上的排他性與不容忍，在人類歷史上已經造成無數的悲劇，證諸老子在兩千多年前的反省批判：「天下皆知美之為美，斯惡已；皆知善之為善，斯不善已。」[17] 可謂真知灼見。

莊子在〈人間世〉提到：「夫徇耳目內通而外於心知，鬼神將來舍」[18]，從感官層次的向外追求轉向內心的探求，更進一層

---

[14] 語出《道德經71章》。「知」是心知執著，「不知」是化解心知執著，達至道心的境界。同註6，頁708。

[15] 語出《道德經48章》。意指為道之路是日漸減損心知執著，走向更高層次的形上超越。同註6，頁463-464。

[16] 同註6，頁708-710。

[17] 語出《道德經2章》。白話語意是：「當天下人執著在美之所以為美的唯一標準時，就會產生美醜的分別心，不合乎標準的就被排除在外，當作是不美的。同樣的道理，當天下人執著在善之所以為善的唯一標準時，也會產生偏執的好善惡惡之心，不合乎標準的就被當作是不善的。這都是心知執著造成的惡果。」同註6，頁29。

[18] 依成玄英疏，「徇」是使，「鬼神將來舍」是指鬼神冥附而舍止。另依王邦雄解，「外」是超離，「外於心知」是超離心知執著。參閱郭象（注）、成玄英（疏）（1998）。南華真經注疏。北京市：中華書局。頁84；同註2，頁197。

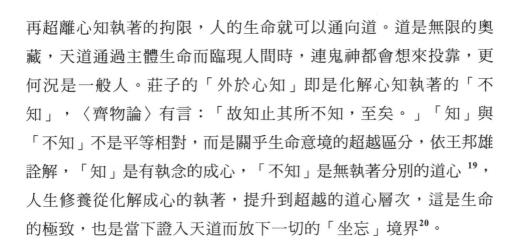

再超離心知執著的拘限，人的生命就可以通向道。道是無限的奧藏，天道通過主體生命而臨現人間時，連鬼神都會想來投靠，更何況是一般人。莊子的「外於心知」即是化解心知執著的「不知」，〈齊物論〉有言：「故知止其所不知，至矣。」「知」與「不知」不是平等相對，而是關乎生命意境的超越區分，依王邦雄詮解，「知」是有執念的成心，「不知」是無執著分別的道心[19]，人生修養從化解成心的執著，提升到超越的道心層次，這是生命的極致，也是當下證入天道而放下一切的「坐忘」境界[20]。

（二）從「知」進到「不知」的工夫歷程

〈大宗師〉有段寓言描述顏回向孔子報告修養工夫的進境，最初他是忘仁義，過一段時日是忘禮樂，最後已達坐忘之境。孔子請顏回說明「坐忘」的意涵，顏回答以：「墮肢體，黜聰明，離形去知，同於大通，此謂坐忘。」[21]人的形體是心靈的暫居之所，心靈本是生命的主宰，但是在心知執著的作用下，心與形會彼此糾結，心隨形體的變化而起伏不定；形體則被心知利用，成為爭名奪利的工具。化解之道是「墮肢體」與「黜聰明」，即「離形」和「去知」，也就是從形體拘限與心知執著中超離出來，才能達致「同於大通」的無執著分別之天道意境。王

---

19 同註2，頁118。

20 依王邦雄詮解：所謂「坐忘」是當下放下一切，因為一切從道來，既然道已臨現，代表什麼都有了，所以一切都能放下。同註2，頁351。

21 依成玄英疏，「墮」是毀廢，「黜」是退除，「大通」是大道。「墮肢體，黜聰明」之意為：「……，故能毀廢四肢百體，屏黜聰明心智也。」同註18，頁163。

邦雄認為，若與〈人間世〉的心齋工夫比較，「墮肢體」的「離形」相當於「無聽之以耳」，「黜聰明」的「去知」是「無聽之以心」，「同於大通」則與「聽之以氣」的境界無異[22]。這段工夫歷程也像庖丁解牛的體道進程，最先是感官層次的肉眼觀牛，更進一層是心知層次的心眼觀牛，最後提升至「官知止，而神欲行」[23]的最高層次，此時已超離感官目視與心知抽象，直接以「無厚」[24]的精神自我和牛體交會，呈顯出物我相融與遊刃有餘的自在自得。

從「知」進到「不知」的生命境界，有待勤行修道的沖虛修養，從化解外在的形體拘限，逐步向內解開心的執著桎梏，此層層遞進的工夫歷程，可以從另則寓言得到進一步的補充說明。這則故事記載女偊和南伯子葵間的對話，女偊是已得聖人之道的修行人，南伯子葵雖有向道之心，可惜才氣不足，女偊正等待著具有聖人之才的卜梁倚前來求教。他準備守在卜梁倚身邊當機指點，自信三天就能讓卜梁倚擺脫天下名利與權勢誘惑，七天就能放下難得器物，諸如對金銀珠寶等的企求，九天則能化解對形軀生命的執迷，坦然面對老死的必然[25]。這一段從「外天下」、

---

[22] 同註2，頁351。

[23] 語出〈養生主〉。白話語意是：「感官目視與心知抽象都停止其作用，而以心神隨順自己的感應來和牛體交會。」同註2，頁158-159。

[24] 「無厚」意指解消自我的執念。

[25] 這則寓言也出自〈大宗師〉。這段女偊自述其教導卜梁倚的工夫次第，原文是：「吾猶守而告之，參日而後能外天下；已外天下矣，吾又守之，七日而後能外物；已外物矣，吾又守之，九日而後能外生。」同註2，頁314。

「外物」到「外生」[26]的工夫次第，主要從遠而近，由外而內，先放下遠處的名利束縛，接著消解切近己身的貨利牽絆，最後是解開對自身的執著，接受形體生命必然結束的存在事實，這是最為艱難之處，在死亡面前，縱然有再多的身外之物也是枉然。

　　無論是從「墮肢體」的「離形」至「黜聰明」的「去知」，或是外天下、外物、外生的工夫次第，重點都在心靈的沖虛修養。化解「知」的執著，往無執著分別的「不知」境界昇越，工夫歷程同時也是境界的開顯。所以，從「知」進到「不知」兼有工夫與境界的雙重意涵。

三、不知悅生，不知惡死

　　從「知」進到「不知」的工夫次第是漸進歷程，「外生」是最終與最困難的挑戰。〈養生主〉有言：「指窮於為薪，火傳也，不知其盡也。」[27]形軀生命如同有形可見的薪柴，終有燃燒殆盡的一天，重點是人生時刻散發的光和熱猶如「火傳」般，可以超越時空，創造剎那即永恆的價值。「不知其盡」的「不知」即是解消生命火光終究會熄滅的恐懼陰影，在「火傳」的當下，充盡實現存在的美好，如同〈大宗師〉所述，「外生」之後呈顯的是「朝徹」、「見獨」、「無古今」、「入於不死不生」[28]的

---

[26] 依郭象注：「外猶遺也」；成玄英疏：「外，遺忘也」。同註18，頁148。

[27] 依王邦雄歸納，「指」至少有兩種解法，第一種如宣穎解為「可指而見者也」；第二種把「指」當「脂」，意為可以裹薪點燃作為照明之用的脂膏。筆者採第一種解法，莊子是以有形可見的薪柴暗喻形軀。「窮」是窮盡，「薪」是薪樵，「不知」是解消心知對於死生的執著。同註2，頁170。

[28] 依王邦雄詮釋，「朝徹」是朝陽初啟，照徹人間，人間無陰影，心頭亦無恐

生命理境。一旦放下對生命自身的執念，人生就像陽光普照，心無罣礙則時刻都可以創造不滅的精神價值，直通「不死不生」的天道意境，也就是「不知悅生，不知惡死」[29] 的真人生命。對生死的「不知」並非認知意義的「無知」，而是化解生死執念，無掉貪生怕死的好惡之情。

（一）悅生惡死衍生人為造作

貪生與怕死是一體兩面，對未知的死後世界心存恐懼，難免企求長生不死；貪戀生活的富貴榮耀，不免擔心死亡是一切的終結。歷史上以怕死聞名的秦始皇，即使有天縱英明的才智足以結束戰國亂局，建立一統的大帝國，也留下統一文字語言、度量衡和車同軌的傳世政績，但是他面對死亡陰影，竟也成了弱智癡呆，居然迷信神仙方術，還四處求取長生不死藥方，最後因為貪生怕死衍生暴虐無道的作為，逼出人民革命反抗，連帶賠上苦心建立的帝國基業。

老子早就提過：「人之生，動之死地，亦十有三。夫何故？以其生生之厚。」[30] 生死本是自然現象，但是求生太過，養生太厚，反而加速把自己推向死亡之途。歷史上企圖壟斷天下資

懼；「見獨」是朗現生命主體的道心真君；「無古今」是時光停格，每一當下都是永恆；「入於不死不生」即是體現道體不死不生的永恆之境。同註2，頁317-318。

[29] 「不知」即解消心知對於死生的執著，不會有悅生惡死的好惡情緒。

[30] 語出《道德經50章》。意為普天之下有三分之一的人，因為太想活下去，反而讓自己陷入死亡境地。何以如此？因為這些人執著於生，求生太過，養生太厚，結果適得其反。同註6，頁482-483。

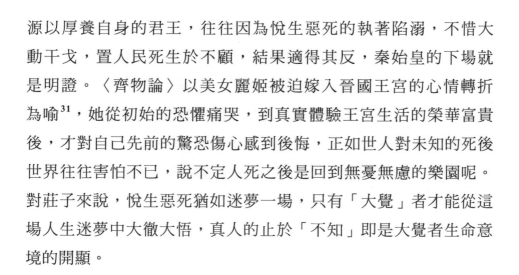

源以厚養自身的君王，往往因為悅生惡死的執著陷溺，不惜大動干戈，置人民死生於不顧，結果適得其反，秦始皇的下場就是明證。〈齊物論〉以美女麗姬被迫嫁入晉國王宮的心情轉折為喻[31]，她從初始的恐懼痛哭，到真實體驗王宮生活的榮華富貴後，才對自己先前的驚恐傷心感到後悔，正如世人對未知的死後世界往往害怕不已，說不定人死之後是回到無憂無慮的樂園呢。對莊子來說，悅生惡死猶如迷夢一場，只有「大覺」者才能從這場人生迷夢中大徹大悟，真人的止於「不知」即是大覺者生命意境的開顯。

（二）生死是一體

真人的「不知悅生，不知惡死」與其生死一體觀密切相關。老子以「出生入死」[32]描述人生處境，生是偶然，死是必然，人的存在即是趨向死亡，而生死就像花開花謝，只是自然現象。莊子在〈大宗師〉的寓言中，以背脊和尾椎的關係來譬喻人的生死，接著再假借四位修行人的交友宣言：「孰知死生存亡之一體者，吾與之友矣。」表達生死是緊密連線的一體關係，有生必有死。而且死亡的意義是讓人真正得到安息，不必再為生活勞累奔走，也可以放下所有人間責任與使命承擔的壓力負荷，就此而言，死亡未必是世人認為的負面意涵。

此外，在子犁探望重病垂死的子來寓言中，子犁對著子來的

---

[31] 有關這則寓言的細節，請參閱第二章「忘年忘義，海闊天空」一段。

[32] 語出《道德經50章》。意為：「人生的行程都是從生而來，將往死亡而去。」同註6，頁480-481。

妻兒說：「叱！避！無怛化！」從儒家的人倫關係來看，子犁不僅沒有安慰家屬，還喝斥他們離開，如此言行顯然過分而且違背情理。不過，對道家來說，死亡只是生命轉化的歷程，依王邦雄所解，「怛」是驚擾，「化」是死生間的轉化，也就是兩段生之間的過渡，根本沒有死「亡」這回事，莊子通過「化」來取代死亡的「亡」[33]。死只是準備通往下階段的「生」之中介歷程，並非一切的終了，而是轉以其他的存在形式在宇宙間延續，所以子犁對著子來說，不知道天地造化在下個階段要把子來轉成何物，有可能是鼠肝或者是蟲臂。長久以來，我國的民間習俗慣以「往生」來取代死亡的說法，或許正是受到莊子生死觀的啟發呢！

（三）安時處順，哀樂不入

在《論語・顏淵篇》中有段記載，說司馬牛看到別人有兄弟手足，唯獨自己沒有而感到憂傷時，子夏回以：「生死有命，富貴在天」[34]。司馬牛所憂的是無可改變，不可強求的事實，正如窮達貧富、禍福生死都不是主體的意志可以全然掌握，因為有待於外在種種不定的條件來決定。面對這些人力無可左右之處，儒道兩家都歸之於「命」。子夏勉勵司馬牛以「敬而無失，與人恭而有禮」[35]的態度與人為善，則四海之內皆是兄弟，命限的缺憾也得以化解。子夏的指點反映儒家對修德的重視，也凸顯儒家是

33　同註11，頁310-311。

34　王邦雄、曾昭旭、楊祖漢（2003）。論語義理疏解（八版）。台北市：鵝湖。頁53。

35　「失」有解為過失或者間斷，「無失」的意涵可為無過失或者不間斷。同前註。

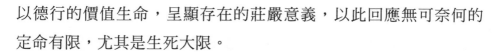

以德行的價值生命，呈顯存在的莊嚴意義，以此回應無可奈何的定命有限，尤其是生死大限。

〈大宗師〉有言：「死生，命也」，對莊子來說，人的形軀無法逃避生老死的命限，在造化流轉中生而為人只是偶然機緣所「得」，形軀生命的死亡則是必然面對的「失」。〈養生主〉和〈大宗師〉皆提到：「安時而處順，哀樂不能入也」，接受造化變遷中「生」的偶然，把死亡的必然視為生命得以安息的順境來看待，則惡死悅生的哀樂之情就不會闖入心中，擾亂生命的平靜。所以當子輿面對天地造化以殘缺的形體來拘限他時，不僅沒有怨天尤人，反而以達觀的態度隨順外在變化而行，因為他已解消死生執迷，沒有哀死樂生的情緒波動，如同〈德充符〉的兀者王駘，連生死都能看開，形體的不全根本微不足道，也不足以構成生命的傷痛和困苦。

四、安於不可改的命

〈大宗師〉提到人生的起點是：「以刑為體」[36]，形體是人生前行的據點，每個人都是憑藉自身獨有的形體走入人間，不管天生的形體整全與否，其本然的物質性在歲月中都會逐漸衰弱，最終結局是毀滅死亡。這種無可奈何的有限性如同桎梏枷鎖，束縛人的自由，莊子用「刑」來形容，極為精到深刻。以形體為出發點所展開的人生行程，除了不可抗拒的日趨老死之外，還有歷程

---

[36] 「刑」解為形，「體」本是主體，在此意指人生以形體為據點。同註2，頁298-299。

中無法預期的滄桑苦痛,如貧病交迫、人為災禍與天災地變等。面對眾多個人無能為力的人生際遇與變數,莊子給出廣大的同情,並且以「安命」作為解方。

依據〈大宗師〉篇末寓言描述,子桑面臨餓病至極的困境,即使心中悲苦傷痛,也不怨天不尤人,依然念著父母愛子與天地對萬物的無私遮覆,兩者都不可能迫使他受此折磨,既然找不到何以如此的答案,就只能接受事實而歸之於「命」了。唐君毅指出,莊子的「安命」是安於人生無可奈何之境,由此生出「死生亦大矣,而不得與之變」[37]的坦然面對死生,其「安命」所嚮往的積極面即是「與造物者為人,而遊乎天地之一氣」[38]的精神[39]。安於無可奈何的限制看似逆來順受,予人消極被動之感,其實選擇接受不得已的存在事實,在不怨天尤人的當下,生命已然超越,因為不再被現實困陷套牢,如同〈人間世〉所言:「乘物以遊心,託不得已以養中」[40],立足於有限的自身與不得已的人間處境,重點在涵養沖虛心靈,解消執著陷溺,開展超然於上的精

---

[37] 語出〈德充符〉。意指死生是人生大關,面對死生可以超然地坦然面對而不受牽動。

[38] 語出〈大宗師〉,依王邦雄詮釋,本句意指與天地造化為友,遨遊在天地造化的一氣之中。同註2,頁334。

[39] 唐君毅(1980)。中國哲學原論:導論篇(4版)。香港:新亞研究所。頁530。

[40] 意指人生最高的境界是憑藉著有限的形體,展開無限可能的心靈空間與精神天地,在不得已的人間處境中,涵養沖虛的心靈而能超然物外,逍遙自在。「乘」是憑藉,「物」有形體與外在環境的雙重意涵,「不得已」的「已」是止,意指無力改變外在世界,讓外在世界的變化停止下來。同註2,頁211。

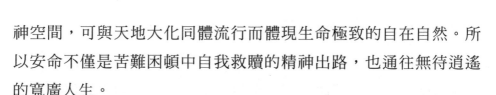

神空間，可與天地大化同體流行而體現生命極致的自在自然。所以安命不僅是苦難困頓中自我救贖的精神出路，也通往無待逍遙的寬廣人生。

五、遊於方內與方外

（一）安義若命

依據〈德充符〉所述，莊子的安命可以說是安於「死生存亡，窮達貧富，賢與不肖毀譽，飢渴寒暑」等不得已的人事變遷與氣命流行[41]。在〈人間世〉的寓言中，莊子提出愛親之命與事君之義的人生關卡，可以作為「安命」論的補充。

寓言故事的主角是楚國公卿葉公子高。他奉命要出使齊國，還沒出發前已經患得患失，焦慮不已，想到未來若無法順利完成使命，回國後得面臨入罪懲處的迫害，更是寢食難安。臨行前他憂心忡忡地向孔子請教該如何是好，孔子告以：「天下有大戒二：其一，命也；其一，義也。」身為兒女一生愛父母，此為天生自然的命定，這種發自內心的愛永遠無法解除；人間社會必然存在著體制規範，只要身處人間，到處都有「事君之義」的規範約束，自我的愛親之命不可解，人間的「事君之義」無所逃，兩者構成人生的兩大難關。唯子之愛親既然是天生而有的命，孝順父母也成為自自然然的事，不必訴諸道德驅迫或法律規範，儘管

---

41 依王邦雄詮釋，人有死生存亡、賢與不肖與飢渴的官能欲求，這是屬於氣命流行的「命之行」；人間有窮達貧富、毀譽、與寒暑的天候地理，此為人事變遷的「事之變」。同註2，頁266。

這是解不開的命，但是認取天生的命比起接受人間「義」的規範顯然容易許多，子高的難題就在於此。所以孔子接著提點：「知其不可奈何而安之若命，德之至也。」修養工夫的極致就在「安義若命」中呈顯，既然人間的「義」無處可逃，那就「不擇事而安之」，把認取「義」視同認「命」，直接面對承擔就是了。

（二）以禮為翼

「義」的涵義是「宜」[42]，在人際間雙方都能認同和接受的道理，才成為公義和正義。依據儒家系統，仁、義、禮三者間關係密切，缺一不可。主體的行動由仁心發端，必須通過義理的權衡判斷，最後藉由外在客觀化的禮制，作為人我溝通的管道，社會的運作才有軌道理序可言。莊子的「事君之義」是以戰國時代君上與臣下的政治結構為背景，君臣名位有別，雙方也各有其應盡的本分職責，如《論語・顏淵篇》所言：「君君，臣臣，父父，子子」，不同的「名」就有相對應的「分」，在禮制的軌道中，「正名」與「盡分」相輔相成，讓君臣間展現合理適當的倫理關係，「事君之義」即是從禮制規範下，為人臣子「應然」的行為表現來說。

當代民主社會的體制不同於戰國，君臣關係已不復存在，不過只要社會存有分工的事實，名號和頭銜必不可免，這是社會制度結構的產物，對於不同的職位賦與相對的名分，人人各盡其

---

[42] 依《韓非子・解老篇》：「義者，謂其宜也」。參閱陳啟天（1969）。增訂韓非校釋。台北市：台灣商務。頁724。

職，各守其分，整體社會組織的功能才能運作順暢。從當代社會
體系的觀點來說，人的社會意義從「角色」來，而「角色」是社
會透過制度的強制力，對其成員的行為表現加以規範約束，以維
持和確保社會秩序的建立，在「社會先於個人」的前提下[43]，莊
子主張的「事君之義」無所逃於天地之間，就能得到充分理解。

「義」的外在客觀化是禮制，莊子言：「以禮為翼者，所以
行於世也」[44]，禮制不僅維繫著社會的倫常理序，也是人我互動
與情意會通的輔助媒介。勞思光指出，孔子立「仁義禮」之統，
其意義是以仁心的價值自覺作為禮制基礎，儒學發展至荀子，偏
重禮的制度面，禮義的產生是為了應付環境需要，只有工具價值
而已[45]。外在化的禮制如果缺乏價值自覺的源頭，人我之間即使
行禮如儀，彼此沒有會心共鳴與情意感通，規範的存在也只是徒
具形式，沒有實質意義，更嚴重者是制度僵化，形成禮教吃人的
惡果。老子對此體會深刻，他說：「夫禮者，忠信之薄，而亂之
首」[46]，上位者高唱禮制規範，原初設計制度的禮意被遺忘，由
於遠離人民內在的真實感受，行為規範變成高壓強迫，也引來民
怨反彈的紛擾亂局。莊子肯定人活在社會組織與結構中，需要禮

---

[43] 葉啟政（1991）。制度化的社會邏輯。台北市：東大。頁112-115。

[44] 語出〈大宗師〉。「翼」是輔翼，本段意指禮法制度就像鳥的雙翼，是吾人用
來行走人間必要的輔具。

[45] 勞思光（2004）。新編中國哲學史（三版）。台北市：三民。頁325-327。

[46] 語出《道德經38章》。本段意指：「強調外在禮制規範，凸顯的是天下人民內
在忠實性薄弱，不能從內在自我肯定，就會向外求取名利來高貴自己。此外，
天下人民對禮缺乏內在感應，為政者只好訴諸高壓強制的手段，結果引起民怨
和反彈，天下的紛亂由此而生。」同註6，頁383。

制作為人際互動的通路,「安義若命」正是接受人身處在社會體系中,必然受其制度規範的存在事實,「安」是心靈虛靜所顯發的境界,能正視現實,不陷入情緒的怨懟憤懑,由此可以穩固立足根基,蓄積生命的動能。

(三)方內與方外都能遊

1.方內與方外反映不同的文化心靈

莊子的「以禮為翼」雖然肯定禮的價值,不過對於禮制凌駕在禮意之上,成為本末倒置的形式主義,特別是喪禮,有著深刻的反思。儒家傳承的喪禮儀節演變至戰國末年,出現「儒者破家而葬,賃子而償,服喪三年,大毀扶杖」[47]的景象,為滿足厚葬儀文而傾家蕩產,在三年守喪期間,子女為表達孝道與哀戚而形銷骨立,這些都是儒家禮教僵化的後遺症,因此引發墨家批判而有節葬的主張。莊子則是以遊於方內與方外的超越智慧,化解禮的僵化,給出儒道並行的空間。

勞思光指出,「禮」原有廣狹兩義,狹義的禮即世俗禮生所知的儀文,廣義的禮是節度秩序,也就是理論意義的禮,此原非世俗所知,到孔子才正式闡明。換言之,以制度或秩序釋「禮」時,秩序制度的根據,直到孔子才以人的自覺心或價值意識建立

---

[47] 語出《韓非子·顯學篇》。本段意指為了滿足喪禮的厚葬儀節而傾家蕩產,甚至舉債而葬,以子為人擔任傭工來償債。而且守喪三年,因為哀痛至極而形銷骨立,需人攙扶才能起,得倚賴手杖才能行。同註42,頁6。

其基礎[48]。莊子在子桑死的寓言中,安排兩位道友回應子貢的質疑時說道:「是惡知禮意!」子貢從制度層面的合禮行為出發,自然對道家人物「臨尸而歌」的表現感到不解,兩位道友已超離外在制度規範,直接從禮制本源的層次,提點子貢回到內在人心的感應契合,才是禮制規約的根本與合理基礎。後續莊子透過子貢與孔子師徒兩人的對話,呈顯儒家遊於方之內與道家遊於方之外,雙方只是不同而已,不代表有任何一方是不對的。

　　子貢對於子桑戶還停棺在堂,兩位道友居然在靈堂前編曲歌唱的言行,感到大惑不解,回去之後向孔子請教到底他們是何許人。孔子回答:「彼,遊方之外者也;而丘,遊方之內者也。」「方內」與「方外」的「方」是從儒家標準出發所定的禮制禮教,反映的是儒家的世界觀和價值觀[49],內外之分意味著道家在儒家之外,另有自己獨特的價值宇宙和文化心靈,「方內」與「方外」彼此雖然沒有交集,但可以相互尊重,和諧共好。老子有言:「大方無隅」[50]、「方而不割」[51],社會不能免於體制架構的理序規範,沒有禮法則人間失序混亂,唯禮制規範如同「方正」,方正的隅角意味著偏執,有偏執的角落難免與人民的感受

48　同註45,頁108-109。

49　同註11,頁251-254。

50　語出《道德經41章》。「大方」的「大」指涉天道。「大方無隅」的「方」是方形,方形必有邊角,唯有天道所在的「大方」沒有偏執角落,都是核心精華。同註6,頁410-412。

51　語出《道德經58章》,原文是:「是以聖人方而不割」,意指聖人治理天下能方正而沒有偏執角落,不會與人民割裂。同註6,頁571-573。

疏離，形成鴻溝障隔[52]。為了化解制度與人性割裂的後遺症，老子以究極的道作為貞定，開展自成一家的「大方」[53]之言，通過道家系統來看，「大方之內」的人即是莊子寓言中與造物者為友，逍遙於天地之間的修行人，「大方之外」反而是在人間依循傳統禮教的儒家徒眾了。所以，內與外只是相對，隨著參照標準不同也會有相異的分判。

2.無論方內或方外，關鍵都在「遊」[54]

儒家與道家都以人性作為禮之本，強調禮意的優先性，老子批評禮為「亂之首」，只是針對禮淪為形式主義而發，並非否定禮的價值。在〈大宗師〉另則寓言中，故事主角孟孫才的母親過世，他哭泣無淚，看不出內心悲戚，守喪期間也不見哀痛之情，卻以善於處喪聞名魯國，顏回十分納悶而請教孔子。孔子答以：「夫孟孫氏盡之矣，進於知矣。唯簡之而不得，夫已有所簡矣。」[55] 莊子藉著孔子來為道家的生死觀說解。孟孫氏是超離死生，解開心知執著的道家人物，對於至親離世，他善盡禮意，但不滯限在繁文縟節的拘束中，雖然喪禮力求簡化，還是順應民間禮俗，該哭的時候也哭，而且保留最基本的儀式排場。所以，道家的沖虛修養是化解死生執迷的超拔智慧，不是全然捨棄人間禮

---

[52] 同註6，頁572。

[53] 「大方」的「大」指涉天道。

[54] 王邦雄認為，方內與方外殊途，「遊」才是關鍵。同註2，頁336。

[55] 依據王邦雄詮釋，「進於知矣」意指已越過心知執著的層次。本段意指夢孫氏已盡治喪之道，他沒有執著於世俗外在的禮儀規範，雖然喪禮已力求簡化，也不會因此而過於簡略。同註2，頁340。

俗，以驚世駭俗的言行立足人間。

儒家的遊於「方內」是文化傳承與人文教化的使命承擔；道家的遊於「方外」重在超離俗染塵囂，與天地大化同體流行的逍遙無待。兩家的人生選擇看似不同，重點都在「遊」。道家通過沖虛修養化解心知執著而逍遙遊，莊子筆下的孔子自認是「天之戮民」，天生注定為淑世理想而勞累，既然天命如此，自然無怨無悔地選擇守護方內禮教，以此穩定社會的軌道理序。成為「方內之人」或「方外之人」是主體的存在抉擇，儘管選擇的生命情調有所不同，能「遊」於其中是共同的關鍵。對莊子來說，解消心知執著，化解物我藩籬的「方外」之人，並非僻處鄉野不問世事的隱者，而是開展絕高的精神出路，在人間處處可遊的體道之士，此即從「知」進到「不知」的工夫歷程所開顯的生命理境。

肆、教育蘊義

莊子以體現大道的真人生命為典範，來面對死生難題和無可奈何的人生際遇，其生死智慧和「安命」的人生哲學，對於死亡教育和教師哲學啟發良多，以下分述之。

一、死亡教育

教育的發生、發展和演進因人而起，教育活動必須回應最基本的生存與生活需求而與時俱進，也成為理所當然。以「維生」為核心不免側重教育的實利與工具價值，著重生活改善，強調物質文明發展，忽略生死本是一體，獨重生命歷程的追求發展，對

「死亡」議題避而不談，甚至成為禁忌，不僅加深社會對死亡的無知和恐懼，也助長迷信怪力亂神的非理性現象。

　　傅偉勳指出，美國的「死亡學」研究與死亡教育開始於1960年代，日本在1970年代開始關注死亡問題，也大量引進美國的研究成果，相比之下，我國在這方面有待急起直追，迎頭趕上[56]。近年來國內推動的生命教育，已經納入生死課題的探討，並且將「思考生死課題，進而省思生死關懷的理念與實踐」列為普通高中生命教育課程所欲培養的核心能力之一[57]，死亡教育的重要性也逐漸受到重視。

　　莊子哲學具有高度的人文精神與普世價值，以下從其生死觀論述死亡教育，並輔以老子的智慧來補充說明。

（一）以超然的精神高度正面接受死亡的事實

　　莊子以背脊和尾椎的關係譬喻生死存亡本是一體，儘管人人都有獨一無二的人生歷程，最後皆以死亡作為共同的終點，不過每個人回應死亡的態度不盡相同。傅偉勳把絕症末期患者對死亡的接受，分成四種類型：第一類是掙扎抵抗到底，拒絕接受死亡的事實，此為「不接受的被迫接受」；第二類是以無可奈何的心情，被動地接受死亡；第三類是把死亡視為自然現象而「自然安然的接受」；第四類患者通常有堅定的宗教信仰，哲理智慧或高

---

[56] 傅偉勳（1993）。死亡的尊嚴與生命的尊嚴。台北市：正中書局。頁20。

[57] 教育部國民及學前教育署（2008）。普通高級中學選修科目「生命教育」課程綱要。取自https://www.k12ea.gov.tw/files/common_unit/e4fde167-fc32.../22生命教育.pdf

度精神性信念（如人類愛、宇宙愛），是「基於宗教性或高度精神性的正面接受」，其中第三類和第四類的「接受」方式才能彰顯「死亡的尊嚴」[58]。不管是自身的臨終，或是遭逢親朋好友離世，都是人生的重大考驗，特別是突如其來的死亡意外猶如晴天霹靂，往往讓人驚慌失措，哭斷肝腸。傅偉勳區分的四種「接受」類型，不僅適用於絕症患者，也可以用來說明一般人面對至親死亡的反應。

在莊子哲學中，生死觀佔有極重要的分量，〈大宗師〉的幾則寓言都圍繞著死亡而展開，其哲理智慧不僅安然接受死亡，更給出超然的精神高度正面看待。對莊子來說，死生命限如同晝夜交替的天行有常，非人力可以干預改變[59]，一般人對此無可奈何的命定結局，很容易抱著消極悲觀或者忌諱逃避的心態，反而造成更大的精神耗損與心理壓力。莊子選擇直接面對，在子來病重垂死的寓言中，安排子犁和子來暢談死亡，而且以天地為大熔爐，造化為大冶匠的譬喻，說明死亡只是隨順自然，轉化為不同的存在形式而已。

另則以子桑戶死為主題的寓言，兩位道友對著棺木相互唱和：「你已經回歸天道真實，而我們還流落人間啊！」[60] 死亡是

---

[58] 傅偉勳（1994）。學問的生命與生命的學問。台北市：正中書局。頁316-317。

[59] 〈大宗師〉有言：「死生，命也，其有夜旦之常，天也。人之有所不得與，皆物之情也。」

[60] 原文是：「而已反其真，而我猶為人猗！」「而」是爾，意為「你」；「反」同返，指回歸；「真」是天道真實；「猗」是發出深層的嘆息。同註2，頁332。

回歸生命本源的形上天道，天人關係猶如母子[61]，回歸天道就像回到母親的懷抱，可以得到真正的安息。由此不難理解何以兩位道友在棺木前還能有編曲唱歌的心情，因為天道是最真實的安息之所，回歸天道就像「回家」，不必恐懼悲傷。而且形軀生命的「死」只是中介歷程，準備通往下一階段的生而已。誠如子來所言：「故善吾生者，乃所以善吾死也。」[62] 道家的善是無心自然[63]，放下「生」的執念，「死」就不會成為籠罩心頭的烏雲。對莊子來說，死亡的必然是命限，不過人可以涵養立體超越的精神高度來觀照生死，體認天道是生命的本源與歸宿，死亡就如同「回家」一樣自然自在。這不是訴諸宗教信仰，而是莊子以自身實踐修行的領悟，化解心知執著，提升精神的高度來接受死亡的事實，也為死亡教育奠定重要的哲理基礎。

（二）以真實生命感受作為喪禮儀文的基礎

　　喪葬禮俗是人類死亡意識或死亡觀念的表達，莊子寓言中的孟孫才以善於處理母喪而聞名魯國，他是典型的道家人物，著重在治喪的內在禮意，對外在喪禮力求簡化而不拘泥於世俗的禮數儀節。禮意是內在的真情實感，人際間情意的溝通表達需要管道

---

[61] 《道德經52章》有云：「天下有始，以為天下母。既得其母，以知其子；既知其子，復守其母，沒身不殆。」由此可知，老子把天人關係視同母子關係。

[62] 意指以無心自然的態度看待「生」，也就能無心自然的面對「死」，換言之，不執著「生」，「死」就不能壓迫與傷害我。道家的「善」是通過無心自然來說。同註2，頁327。

[63] 參考王邦雄詮釋觀點。王邦雄（2010）。老子道德經的現代解讀。台北市：遠流。頁47。

媒介，禮制就是透過外部約制，建立情意表達的正當性與合理性。唯制度規範行之久遠，內在的禮意逐漸淡薄失落，人心缺乏感應共鳴，制度就成了空洞的形式。就像西周三百年的禮樂，到了東周因為貴族生命的腐敗墮落，無法承擔實踐，這套典章制度就成為形式主義，牟宗三稱之為「周文疲弊」，諸子的出現就是為了對治這個問題[64]，道家也無例外。

　　道家以復歸於嬰兒的真實生命，來救治周朝典章制度淪為虛文的危機。老子體悟：「道生之，德畜之」，天道生萬物，又以內在於萬物身上的天生本德來畜養之，此形上意義的生養是萬物的存在之理[65]。人人都有天道給予的天真本德，立足於道生德畜的人性存有，依止停靠於生命的本真常德，人生的美好可以恆久維繫，所以說「知止不殆，可以長久。」[66] 禮制只是行走人間的輔翼，不能反客為主取代禮意的優位性，就像〈養生主〉有關老聃死的寓言所示，有人在老聃的靈堂前痛哭，好像死去的是自己的兒子；也有人哭得好像是自己的母親離世，還有人說出華而不實的場面話，這些困陷於禮數的矯情造作，悖離人情自然，也對人性的本德天真造成傷害。

　　對莊子而言，死生是大事，回歸生命真實的情意感受才是重點。喪葬儀文只是傳達情意的管道，簡約樸實為宜，外在規範不

---

[64] 牟宗三（1983）。中國哲學十九講。台北市：學生書局。頁60-61。

[65] 同註6，頁490。

[66] 語出《道德經44章》。「知止」是止於道根德本之所，本段意指：「體悟以天真之德作為生命的認同歸屬與依止停靠之所，可免除執著名利衍生的災難，生命的美好得以恆久維繫。」同註6，頁437。

能反過來壓迫人性，落入虛假不實的形式主義。就此而言，死亡教育對於喪葬禮俗的探討，應強調禮意的闡發，禮意出自內心真實的存在感受，此真切感來自無執著分別的沖虛心靈，因為體悟「萬物與我為一」而通達於道，可以將死亡的事實超拔轉化，賦予嶄新的意義，從而建構合乎情理的儀節制度，既能合理地表達情感，又能避免外在規範淪為壓制人性的僵化禮制。

（三）超越死亡的逍遙人生

生死存亡是一體，死亡的問題無法單獨成立，必須聯繫著生命問題來思考，才會完整而周延。傅偉勳指出，臨終之際的精神狀態是一個人平時對於生與死的態度和價值觀之延伸反映[67]，所以死亡教育不能忽略生與死的終極意義之探究。莊子以「安時處順」的從容自適面對死亡，因為他有「獨與天地精神往來」[68]的生命意義與「真君不亡」[69]的堅定信念，從而開出超越死亡的解脫進路，值得借鏡參考。

1.獨與天地精神往來

儒者以仁義禮樂作為內聖外王之道，著重日常生活的倫常

---

[67] 同註56，頁178。

[68] 語出〈天下〉篇。「獨」是真人人格的朗現，亦即天真朗現；「天地精神」是天道精神，也就是天道的生成作用。「獨與天地精神往來」意指朗現生命的本真常德，以此通達天道精神。同註2，頁521。

[69] 「真君」是虛靜清明的心。依據〈齊物論〉所述，真君是「不亡以待盡」，意指形體是心的暫居之所，形體最終走向死亡，但是心不會隨形體消逝而亡失。「真君不亡」是從心靈所開出的情意理想與價值生命可以亙古長存來說。同註2，頁78。

理序，以此開闢精神生活的領域[70]，是莊子寓言中的「方內」之人。儒家肯定的道德價值與倫常軌道，在心知執著的效應下，不免落入偏執僵化而箝制生命，所以老莊的關懷在化解心知執著，還給主體自在自得的空間，由此開顯「同於大通」[71]而遊於無窮的精神天地。相較於儒家「方內」的價值觀，道家強調無執著分別的沖虛心靈與化解作用，呈顯不同的「方外」世界，體現與天地自然為友，與萬物通而為一的生命情調。

　　莊子筆下的道家形象：「喜怒通四時」[72]、「遊乎天地之一氣」[73]，這是以生命本然的真實行走人間，而且在人際互動之外，開展出物我交融與和諧共生的世界觀。借用當代生態心理學的說法，當我們從整體生態系統和生物圈的意識，重新發現自己與其他生物的情感與認知聯繫時，對「自我」的定義就會從個人延伸至生態圈，納入其他生物成為大家庭中的一分子，如此人類同理心的範圍擴大，「自我」的範圍也擴大了[74]。道家的「方外」世界打破形體障隔與物我藩籬，融入自然生態，從天地萬物與我並生共成的生物圈意識，更進一層掘發「道通為一」[75]的形

---

[70] 牟宗三（1994）。中國哲學的特質（再版）。台北市：台灣學生。頁126-130。

[71] 「大通」意指天道。

[72] 意指真人的生命可以和四季運行直接感應相契。同註2，頁293。

[73] 意指遨遊在天地的氣化流行中。同註2，頁334。

[74] 張體偉、孫豫寧（譯）（2013）。J. Rifkin著。第三次工業革命：世界經濟即將被顛覆、新能源與商務、政治、教育的全面革新（The third industrial revolution: how lateral power is transforming energy, the economy, and the world）。台北市：經濟新潮社。頁354-355。

[75] 語出〈齊物論〉。「道通為一」意指道體本來是一的存在樣態，天道是萬物的

上體悟，開顯「獨與天地精神往來而不敖倪於萬物」[76] 的生命哲
學，其中包含了人與天（道）的存有聯繫，人與人、人與自然的
共存共榮，相較於當代「生態自我」[77] 的概念，有更超越性的精
神高度與寬廣視野。

　　遊於「方外」所見的生物圈和生態系統多元豐富，五彩繽
紛，花開花落的生命現象，都是自然常態，道家人物可以「不知
悅生，不知惡死」，超然達觀地看待死亡，也不令人意外。就死
亡教育而言，配合學生的身心發展，先從感官體驗與心知媒介建
立整體生態圈的宏觀視野，理解生與死都是生物圈的運行之常，
再逐步放下感官與抽象認知的作用，走向修養的生命進路，涵養
如莊子與天地精神往來的人文高度，也許不能減緩肉體病痛的折
磨，至少可以解開死生執念帶來的哀慟與愁苦。

2.真君不亡的生命火傳

　　莊子對死亡不只是達觀接受，還有正視死亡而創造出積極的
人生觀。〈德充符〉寓言描述主角王駘：「死生亦大矣，而不得
與之變」，人生在名利圈與權力場上的失意挫折可以重新再來，
但是形軀生命不能死而復生，所以死生是嚴峻的難關與考驗。
王駘可以平心靜氣的面對死亡而不被牽動，關鍵就在「審乎無

　　生成之母，回歸天道則萬物一體無別，可通而為一。

[76] 「敖倪」同「傲睨」，傲睨萬物意為傲慢與輕視萬物。同註2，頁521。

[77] 「生態自我」（ecological self）是把自我的定義和範圍，擴大延伸至生態系統和
　　生物圈。此概念由深層生態學家兼哲學家A. Naess所提出，他主張人類應該關懷
　　其他生物，從內心認同其他生物也有其內在價值，必須被當成目的，而不是滿
　　足人類需求的資源。同註74，頁354-355。

假」[78]，他明確認定生命的主宰是真君，也就是沖虛心靈，不是外在會隨時間變化而趨向死亡的形體。人生的情意理想從真君來，由此開展的精神生命可以世代相傳，成為後人典範，〈齊物論〉提到寄居於形體中的真君不會亡失，只是等待著有限的生命能量燃燒殆盡而已[79]，真君不亡即是從精神生命的崇高可以穿越時空而流芳萬世來說。

　　莊子的真君不亡呼應了老子的「死而不亡者壽」[80]，也反映出道家超越死亡命限所展現的積極人生觀。對老子來說，死只是身體的終結，人還有精神價值的存在意義，不會隨著形體毀壞而亡失，「壽」即是從精神生命的長久延續來說[81]。另外，老子也提到：「善建者不拔，善抱者不脫，子孫以祭祀不輟。」[82] 立足於自身常德，懷抱素樸天道者，能夠穩固生命挺立的根基，以無執著分別的天真本德與天下人同在同行，由此生成人間美好，後代子孫也樂於相傳歌頌。莊子把老子的哲理智慧融入書中，〈養生主〉最後還以老聃死的寓言，呈顯真君作為生命之主，在活著的每一個當下，都可以創造「剎那即永恆」的「火傳」[83] 價值。道家認為，生命的意義不在時間長度，而在「火傳」當下所實現的

---

[78] 「無假」即「真君」。同註2，頁240-241。

[79] 原文是：「一受其成形，不亡以待盡」。同註2，頁77。

[80] 語出《道德經33章》。

[81] 同註6，頁332。

[82] 語出《道德經54章》。本段白話語意是：「善建於德的人，常德來自自身，所以不會被拔除；善抱於道的人，因為懷抱素樸天道，天真永遠不會脫落，此精神生命可與天道相通，世代相傳。」

[83] 意指生命力就像薪火燃燒，終有火光熄滅，化為灰燼的一刻，但是當「火光」閃現照亮自己與人間的當下，就是生命的意義和美好。

存在價值，都是自我超越的美好。既然真君創造的精神慧命可以
不亡，身體必將終結的客觀事實，也變得無足輕重。

　　莊子以遊於「方外」的天地精神釋放生命能量，體現與萬物
通而為一的人生意境。再從「道通為一」的精神高度，領悟真君
不亡的生命「火傳」，為有限人生開拓無限可能的價值空間。由
此超越死亡的必然終局，化解貪生怕死的執念，這是死亡教育的
終極理想，也是生死學的重要指南。

二、「安命」的教師哲學

　　教師是教育改革的重要力量。儘管社會認同義務教育階段攸
關國民品質與國家競爭力，對中小學教師也有高度期待，不過在
制度設計上，並未給出相對的專業尊重與自主空間。過重的行政
與教學負擔，造成認真投入的教師身心俱疲，尤其中小學學生正
值莽撞衝動的年齡，每天大大小小的問題讓老師疲於奔命，教學
的無力感也油然而生。

　　教育問題錯綜複雜，經緯萬端，往往非一己之力所能承擔與
改變。莊子的「安命」之論是回歸生命本身，從心靈開發出來的
「安」[84]，也許無法立即改變現實嚴峻的處境，卻能幫助教師化
解負面情緒，增強面對問題的精神力量。

（一）接受自身能力有限的定命

　　教育的本質是「生成」，透過教育啟蒙學生的心智慧命，讓

---

[84] 依王邦雄詮釋：「道家的修養工夫在無心不擇，故『安』是不求安的『安』，
　　是作用層的『安』，是化解負累的『安』。」同註2，頁206。

人得以走出自己的人生大道，活出適性的生命內涵，所以我國文化傳統肯定教育的神聖性[85]。儘管在資本主義的功利潮流衝擊下，教育出現商品化的現象，不過整體而言，台灣社會對於學校教育的重要性仍然高度肯定。

從內在自發性投入工作的教師，通常對教育意義的體認較深，也有更多的教育愛和使命感。不過衡諸人之常情，當付出的心力越多時，教師對教學成效與學生表現的期待也會相對提高，結果不如預期時，難免感覺挫折失敗，甚至出現心灰意冷的無力感。這些懷抱教育理想的教師往往忽略了自身的有限與外在環境的複雜，以為竭盡所能的關心學生必有立竿見影的成效。莊子早已指出：「有人之形，故群於人，……。眇乎小哉，所以屬於人也！」[86]，「形」是「心」的寄居之所，「有人之形」才能走入人群，在人間實現情意理想，樹立人生價值。不過，從客觀實存的形體來看，人只是萬物中的一類，在天地間渺若蒼海一粟，這是人的天生侷限，教師也無例外。儘管教育工作神聖崇高，教師畢竟是平凡人物，有形氣物欲的圍限，縱使才情過人，也必須承認身而為人的定命所限，不可能無所不知與無所不能。體認自己的不完美與有限性，對學生也較能給出寬容空間，不會急切要求「頑石點頭」，造成師生關係的緊張衝突。

---

[85] 有關教育的神聖性探討，可參閱林秀珍（2015）。老子哲學與教育。台北市：師大書苑。頁67-100。

[86] 語出〈德充符〉。意指人的生命存在，離不開形體，有人的形體，才能成為人間世的一分子。不過，由於形體有限，從「有人之形」來說，人在宇宙中是渺小的，就此而言，人與其他萬物的存在沒有太大差別。同註2，頁274-275。

現代科學研究顯示，人的大腦由許多部分組成，每個部分有自己的特定功能，彼此交互作用，互相協助，使大腦成為動態系統組合而成的整體，這個系統可以同時做一百萬件不同的事[87]。人類大腦的複雜奧妙可說是生命演化的奇蹟，至今科學家仍然無法完全解開生命之謎，教師對不可思議的生命現象敬畏越深，越不敢對眼前的學生妄加論斷。連精確嚴密的科學儀器尚且無法解讀生命的奧妙，以教師有限的知能和心力，又如何能精準預測學生的未來發展呢。人的成長是量變與質變的歷程，每個孩子的成長步調不同，歷史上偉大的科學家如愛迪生（T. Edison）、愛因斯坦（A. Einstein）都曾被老師錯認為智能障礙，這些例子都在提醒教師必須謙虛面對自己能力有限的定命，承認自己的有限，不但給出自我修正的成長空間[88]，也化解教學成效不如預期而自我苛責的無力感。

（二）把人間的「義」當作自然的「命」

1.人間責任無可逃避

《論語・微子篇》有段記載，孔子周遊列國時，路過長沮和桀溺的耕地，他差遣子路向兩人詢問渡口在何方。長沮反諷孔子專門為人指點迷津，自己卻找不到渡口；桀溺則對子路表示，沒有人能扭轉亂世之局，與其追隨孔子而徒勞無功，不如跟著他們

---

[87] 洪蘭（譯）（2002）。R. Carter著。大腦的秘密檔案（Mapping the mind）。台北市：遠流。頁19。

[88] 林秀珍、徐世豐（2006）。從道家思想談教師修養。載於但昭偉（主編），教師的教育哲學。台北市：高等教育。頁33-34。

隱居山林，過著自在的生活。子路把隱士的話轉達給孔子，孔子感慨回應：「鳥獸不可與同群，吾非斯人之徒與而誰與？」既然生而為人，當在人間做人，怎能避居山林與鳥獸為伍，逃避人間責任呢！依孔子的反省，隱居山林田野固然無憂自在，但是人逃不開自己的價值自覺，只有活在人的世界，承擔責任而實現生命價值，才會感覺安穩[89]。

《論語》中的隱者行誼雖然是道家思想的前驅[90]，不過根據莊子的〈人間世〉寓言，葉公子高將出使齊國，他因肩負重任而忐忑不安，特地向孔子請教，孔子沒有勸他辭官避處鄉野，而是直指事君之義無所逃於天地之間，「不擇事而安之」才是根本之道。可見莊子不是消極避世，他請出孔子作為寓言主角，也代表對孔子入世情懷的敬重，只是兩人關心的重點不同，他對「不得已」的人生處境有更多的同情和理解。

身處於人間世中，人的存在已經超越個體範圍，和廣大的群體運作緊密相連。無論覺察與否，社會運作的潛在規則無所不在。誠如當代社會學所言，身分和角色把個人和群體連結起來，讓人得以在社會空間裡找到定位和認同，從社會意義來說，沒有身分和角色的個人就等於不存在，其中職業是最重要的社會身分之一[91]。「事君之義」在當代職場脈絡下，即是隨著擔當特定職

---

[89] 同註34，頁328-331。

[90] 王邦雄（2004）。老子的哲學（二版）。台北市：東大。頁57-59。

[91] 成令方、林鶴玲、吳嘉苓（譯）（2003）。A. G. Johnson著。見樹又見林（二版）（The forest and the trees: sociology as life, practice, and promise）。台北市：群學。頁105、149。

位角色而來的社會期望與規範。就教師而言，有教師專業團體明定的倫理信條，以表明對相關人員與事物盡責的態度與應有的行為約束；也有來自社會輿論，例如期待教師善盡傳道、授業與解惑之責，人格風範成為學生表率等，這些價值規約藉由無形的輿論壓力，或者透過正式的制度考評而產生約束力量。莊子的「事君之義」可視為現代的職業倫理規範，對各行各業一體適用，即使不進入職場，也有作為國家公民應盡的角色責任，這是在人間做人必然面對的存在現實，沒有逃避空間。既然人間責任無所逃，莊子的解方是「不擇事而安之」，對教師來說，則是不擇學生而安之，「不擇」是沖虛心靈開出的超然與自適，在無可奈何的教育現實中，或可作為教師的自救之道。

2.不擇學生而安之

　　當前數位科技日新月異，推動著社會的急遽變遷，不過科技進步和精神價值的進展是兩回事。現代社會亂象叢生，有識之士莫不引以為憂。賈馥茗在多年前即指出，二十世紀後五十年代，人心失常是世界可見的明顯亂象，在追求物質生活與感官享樂的風潮中，個人依附外在物質條件來定位自我價值，造成生命意義與生活價值觀念混亂，導致個性的迷失，還有極端「個人主義」的情感放縱使道德觀念混淆，詐偽與暴戾存心，為獲得財富不擇手段而泯滅羞恥心等等[92]。他也觀察到台灣社會出現人倫之變、法紀廢弛、是非善惡混淆、群趨於利、社會失序、文化低落與崇

---

[92] 賈馥茗（1992）。全民教育與中華文化。台北市：五南。頁281-302。

洋成風等現象，因而感到痛切與憂心[93]。這些問題從台灣政壇的權力爭鬥與政治選舉的不擇手段，即可見端倪。

當前台灣除了政壇亂象叢生，令人憂心之外，家庭的和諧穩定也備受考驗。依據薛承泰的研究，台灣社會的離婚現象在過去二十年快速增加，以2012年粗離婚率[94]而言，我國是千分之2.41，高於日本（1.9）、韓國（2.3）、英國（2.1）與OECD平均（1.9）[95]。無論從世界風潮、台灣社會價值變遷與家庭婚姻的不穩定來看，學校教育的挑戰日益嚴峻。傳統社會固然有封閉、威權的問題，至少在尊師重道的氛圍中，學生多少習得了敬重的倫理態度，現在的青少年在功利消費的文化薰染與高漲的權利意識中，目無尊長的盲目衝動比比皆是，學校困陷在升學主義的桎梏，不一定能為青少年指點迷津，許多學生把徬徨無助轉成反抗體制與顛覆傳統，連自己都莫名其妙。對於國民中小學教師而言，學生不成熟的偏差行為相較於傳統社會更為複雜棘手。

在國民義務教育階段，學校對於學區的在籍學生不能拒絕入學，無論就專業倫理或制度規範而言，老師也沒有選擇學生的權利，這是教師角色的職責本分。面對叛逆衝動與冥頑不靈的學生，「不擇」並非無奈地被迫接受，而是回歸自身的沖虛修養，以向上昇越的生命意境，顯發為超拔的精神力量，寬容接納學生身上非理性的「塵垢汙染」。這是教師自覺地選擇江海納百川的

---

[93] 賈馥茗（2004）。教育倫理學。台北市：五南。頁60-72。

[94] 粗離婚率即每年離婚人數相對於十五歲以上人口。薛承泰（2016）。台灣人口大震盪。台北市：遠見天下文化。頁62。

[95] 同前註，頁54-64。

恢弘氣度，猶如天地精神的無不遮覆與無不承載，內心沒有委曲壓抑而能安然處之。

〈人間世〉有云：「天下有道，聖人成焉；天下無道，聖人生焉」，不論天下有道與否，聖人依然實現「生成」的價值。有道時所「成」的是淑世的人間志業；無道時對外雖無作為空間，所「生」的是自身內在修養，以留下傳世典範。這是聖人的本色[96]，教師也是如此。教師「生」學生是天地精神，也是人間道義的承擔，但是懵懂成長中的青少年，在當下未必認同教師的諄諄教誨，甚至以反抗作為自我存在的證明，「不擇」學生意味著不放棄專業的堅持，在對方願意受教而有可作為的空間時，所「成」的是長善救失的教育理想；被悍然拒絕時，所「生」的是教師寬容以待的人格風範，無論學生受教與否，教師都不會棄守「生成」的價值。

不擇學生而安之是「知其不可奈何，而安之若命」的存在抉擇。「不可奈何」是無可改變的客觀現實，走在教育的路上成為教師，必然得面對學生的不成熟與非理性，這是無法改變與逃避的人間道義，即使辭去教育工作，只要置身職場或群體中，也必然受到職業倫理或社會角色的規範。既然「義」無所逃，莊子的解套是「安之若命」。把人間的「義」當作天生的「命」來認取，「安義若命」的「安」乃立基於向上超越的修養而來，把不可能消失的人間道義視同天生「命定」，是自然而然的事，沒有強迫的無奈，由此成就「不擇」的宏大格局，化解道義擔當的壓

---

96 同註2，頁231。

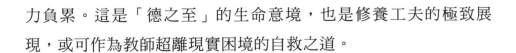

力負累。這是「德之至」的生命意境，也是修養工夫的極致展現，或可作為教師超離現實困境的自救之道。

伍、結　論

　　修養極致的真人有真知，其真知在知天，即體證天道的生成原理，再把形上體悟落實到生命的修養。其歷程是從執著的成心，向上提升至無執著的道心，這是從「知」養到「不知」的工夫與境界。莊子以「大宗師」為篇名，其意即在說明真人生命玄妙深遠而通達於道，面對無可奈何的死亡命限與變化無常的人生際遇，可以化解執念，展現超然於上而處之泰然的宏大格局，從中也反映出莊子豁達的生死觀與安命的人生智慧。

　　對莊子而言，生死是緊密相連的一體，有生必有死，就像花開花謝是自然現象。貪生怕死來自心知執著，放不下活著的價值和成就，難免擔心死亡是一切的終結，其實死亡只是生命形式的轉化，準備通往下階段的「生」。在造化變遷中，生而為人只是偶然機緣，形軀生命的死亡則是必然，接受造化中「生」的偶然，把死亡當作生命安息的順境來看待，安時處順則悅生惡死之情無法闖入心中，死亡也不會成為不可承受的桎梏。而且，死亡是身體的事，來自真君的情意理想與精神慧命可以長存不亡，在生命「火傳」的當下，即是創造「剎那即永恆」的契機。放下執念之後，隨著死亡而來的喪葬儀文，也可以回到原初禮意的真情實感，避免落入形式主義的窠臼，不會扭曲變質造成禮教吃人的惡果。

人生除了形化老死的命限之外，還有不可預期的災禍危難與無可逃避的人間責任，莊子從心靈的向上提升，開出「安命」的解脫之道。接受人生不得已的存在現實，不是迫於無奈，而是解消心知執著與情識陷溺，從超越的精神出路生發自我挺立的生命力量，在不怨天不尤人的當下，生命已然翻轉，因為不再被現實困陷束縛。

　　從教育的立場來看，莊子達觀地接受死亡的事實，以真情實感的禮意作為禮制運作的基礎，透過獨與天地精神往來的精神高度與真君不亡的價值創造，開展超越死亡而安然自在的生命情調，啟發了死亡教育的終極理想與重要理念。其「安命」之說，不僅提點教師接受自身能力有限的定命，給出自我修正的成長空間，化解完美主義的自我責求衍生的教學無力感，更進一層可以回應人間道義無可逃避的客觀現實。教師身分是社會角色，必然受到專業倫理規範的約制，不能拒絕承擔教導學生的責任，尤其強迫入學的義務教育階段，沒有選擇學生的權利，不擇學生而安之可以是教師自覺的存在抉擇。「不擇」體現「安義若命」的超然自處，把教人的職責當作命定自然，無論學生受教與否，都以向上提升的生命意境，化解心知執著的好惡分別，在不擇學生的寬容接納與責任承擔中，開出自我救贖的精神出路，同時也生成了杏壇流芳的人格典範。置身於高壓環境，對於新生代的叛逆衝動感覺無可奈何的教師，莊子的「安命」智慧或可給出春風化雨的內在動力，在教育的路上繼續耕耘理想，為自己書寫珍貴的杏壇芬芳錄。

第七章
〈應帝王〉的哲學義理
與教育詮釋

壹、前　言

　　莊子把天道化入生命，當生命中有道，精神天地無限寬廣，可以遊於無執著分別的無窮之境，如同真人的廣大包容與超然物外，即使身在複雜人間，依然保有心靈淨土與自在天空。他對自我與天下的關懷，始終不離主體心靈的沖虛修養，〈應帝王〉作為《莊子・內篇》的終結，也是立基於主體修養，開展出道家版的內聖與外王理想。

　　王邦雄指出，〈應帝王〉的「應」有解為「當該」或是「順應時運」的「應命」，前者說的是應物無心的帝王之德；後者更深一層，意指人人通過無心自然的修養，都能像帝王般自在自得[1]。此二義皆可在篇中的幾則寓言故事中見端倪。這兩種意涵也可以融會統合而無扞格，因為道家的外王理想是無為之治，上位者「虛其心，實其腹；弱其志，強其骨」[2]，才能給出人民自為

---

[1] 王邦雄（2013）。莊子內七篇・外秋水・雜天下的現代解讀。台北市：遠流。頁357。

[2] 語出《道德經3章》。老子認為，理想的執政者是先把自己的心知執著放下，不

生命主宰的空間，讓人人活出自在美好的人生。〈應帝王〉篇首以齧缺與王倪的互動，引出無心無為與有心有為的治道有高下之別，篇末則以儵和忽兩位帝王為渾沌開竅，卻造成渾沌死的寓言告終，首尾緊密聯繫，反映出莊子對心知執著與人為造作的深沉批判。

以下針對齧缺問於王倪、陽子居見老聃、季咸會壺子與渾沌之死等四則寓言，呈顯莊子的明王治道與回歸主體修養的生命關懷，先分別詳述故事內容，再綜合衍釋其哲學義理與教育蘊義。

貳、寓言故事

一、齧缺問於王倪

齧缺與王倪同為修道人，但兩人的道行有高下之別。故事就從齧缺與王倪的互動開始，再透過蒲衣子的說明，呈顯最高明的治道是無心無為。內容如下：

> 齧缺問於王倪，四問而四不知。齧缺因躍而大喜，行以告蒲衣子。蒲衣子曰：「而乃今知之乎？有虞氏不及泰氏。有虞氏，其猶藏仁以要人；亦得人矣，而未始出於

把天下當作自家的舞台，如此可以化解意志堅定地追逐名利，避免衍生人為造作的後遺症，回到生命本身真實的和諧自然，才是真正充實與堅強生命。執政者以身作則引導人民，人民也會跟著無掉心知執著與人為造作，復返天真素樸的生命自然。林秀珍、徐世豐（2011）。老子道德經義理疏解。台北市：師大書苑。頁45-46。

非人。泰氏，其臥徐徐，其覺于于；一以己為馬，一以
己為牛；其知情信，其德甚真，而未始入於非人。

　　齧缺向王倪提問了四個問題，王倪都以「不知」[3]來回應。
齧缺因而雀躍歡喜，跑去向蒲衣子說起這件事。蒲衣子聽完之
後，對齧缺說了一番道理。

　　他說：「你到今天才明白嗎？虞舜的治理之道比不上伏羲
氏。虞舜內在仍藏有仁心道德，他以仁德標準要求天下人，雖然
也能得人心擁戴，畢竟沒有超離以己為是，以他人為非的境地。
至於伏羲氏睡時安穩無夢，醒覺時從容自得，他已達與萬物通而
為一的境界，可以無執著分別地把自身看成馬或是看成牛，他的
心虛靜清明，能夠照現本德而朗現天真，從來沒有讓自己落入以
己為是，以他人為非的偏執狀況。」

　　故事就在虞舜的有心有為和伏羲氏的無心無為之比較評論中
結束。

二、陽子居見老聃

　　這則寓言藉著陽子居[4]和老聃的對話，說明莊子理想中的明王
之治。故事如下：

---

[3]　依莊子哲學義理，「不知」不是無知，而是為道日損，化解心知執著的生命智
　　慧。

[4]　陽子居即楊朱。同註1，頁368。

（一）被自身技能繫縛者非明王

> 陽子居見老聃，曰：「有人於此，嚮疾彊梁，物徹疏
> 明，學道不勌。如是者可比明王乎？」老聃曰：「是
> 於聖人也，胥易技係，勞形怵心者也。且也虎豹之文
> 來田，猿狙之便、執斄之狗來藉。如是者，可比明王
> 乎？」陽子居蹴然曰：「敢問明王之治。」

　　陽子居前往拜見老聃，他問道：「假如現在有個人，他敏捷
如音響，剛強如棟樑，其才智足以洞徹事物，析理明白，而且用
心學道而不厭倦，像這樣的人可以稱為是明王嗎？」老聃回答：
「若用聖人的標準來看，這種人就像官府中的小吏，在任職時被
自己的專技繫縛綁住，身體勞累又擔憂煩心。更進一步打比方來
說，虎豹因為身上的美麗花紋招引人來田獵；獼猴的身手靈巧，
狗的行動敏捷可以抓捕狐狸，牠們都因為自身的技能而引人注
目，以致被人用繩子拴住來利用。你所說的這種人就像這種情
況，被自己的專技繫縛，可以稱為明王嗎？」

　　陽子居聽了老聃的比喻和反問之後，心頭為之一震。他改以
恭敬的態度請教：「那麼，請問什麼是明王之治呢？」以下是老
聃的回應。

（二）明王之治的真諦

> 老聃曰：「明王之治，功蓋天下，而似不自己，化貸萬

物而民弗恃；有莫舉名，使物自喜；立乎不測，而遊於
無有者也。」

老聃說道：「所謂的明王之治是功績滿天下，可是這些功勞
看起來卻好像不是從他而來，他無心自然地化育萬物，讓人民自
生自長，自主獨立，但不給出依靠的空間；儘管天下大治，但人
民很難用言語說出什麼讚美的話，因為他讓人民感覺生命的美好
都從自己來，不是別人給的。他立足於無拘束、無限制的精神意
境，遨遊於無執著無分別的廣大天地，體現與道同在同行的生命
極致。」

莊子藉著老聃點出明王之治的真諦，故事至此也告一段落。

三、神巫季咸與壺子的四次會面

季咸是一位神通巫士，讓列子非常傾心，季咸透過列子的引
介，為列子的老師壺子算命，雙方互動共四次，由此展開精彩的
故事。詳細內容如下：

（一）列子對季咸算命的靈驗神準傾心不已

鄭有神巫曰季咸，知人之死生存亡，禍福壽夭，期以歲
月旬日，若神。鄭人見之，皆棄而走。列子見之而心
醉，歸，以告壺子，曰：「始吾以夫子之道為至矣，則
又有至焉者矣。」壺子曰：「吾與汝既其文，未既其
實，而固得道與？眾雌而無雄，而又奚卵焉！而以道與

世亢，必信，夫故使人得而相汝。嘗試與來，以予示
之。」

　　鄭國有個占卜識相極為神準的巫士，名字叫季咸，他能預知
別人的死生存亡與禍福壽夭，明確斷定是那一年、月、旬、日，
而且像神明一樣靈驗。鄭國人看到他都快速離去，深怕被他預卜
死亡災禍之日，唯獨列子見到他，對其神通傾心不已，回去向老
師壺子報告，而且說道：「剛開始我以為老師您的道行已達最高
境界，現在發現季咸比您更高明。」壺子回應：「我對你的教導
僅止於理論，還沒有進到行道實踐的層面，你有得到入道的工夫
嗎？這種有名無實的狀況就像一群母雞中少了公雞，縱使生了卵
也無法成形，只有卵又有何用！而且你把所學的道當作優越，以
此在人間和別人一比高下，因為想要凸顯自己而過度表現，藏不
住的一切盡寫在臉上，讓人從你的臉相就能算命斷吉凶。既然他
如此神準，你把他找來為我算算命吧。」

（二）壺子示之以「地文」[5]

　　明日，列子與之見壺子。出而謂列子曰：「嘻！子之
　　先生死矣！弗活矣！不以旬數矣！吾見怪焉，見濕灰
　　焉。」列子入，泣涕沾襟以告壺子。壺子曰：「鄉吾示
　　之以地文，萌乎不震不正。是殆見吾杜德機也。嘗又與
　　來。」

5　依據王邦雄詮釋為：如同大地般寂靜的生命氣象。同註1，頁376。

第二天，列子果真帶季咸來看壺子。看完出來後，季咸對著列子說：「啊！你的老師快要死了！活不了了！不會超過十天，我看到他臨死前的怪異形色，其神情氣色就像是被水澆濕的灰一樣，毫無生機。」列子聽完後，難過不已，淚水都沾溼了衣襟，對壺子轉述季咸的話。壺子說：「剛才我給他看的臉相就像大地的寂靜，萌發的氣象是不動，未給出任何兆端，這樣恐怕他在當下只能看到我生機閉塞。你再請他來幫我看相吧。」

（三）壺子示之以「天壤」[6]

> 明日，又與之見壺子。出而謂列子曰：「幸矣！子之先生遇我也！有瘳矣，全然有生矣！吾見其杜權矣！」列子入，以告壺子。壺子曰：「鄉吾示之以天壤，名實不入，而機發於踵。是殆見吾善者機也。嘗又與來。」

隔天，列子又帶季咸來見壺子。季咸看完出來對著列子說：「你的老師很幸運，還好遇到了我！他有救了。他本來像濕灰般生機全無，現在又顯生機了。我在他本來閉塞的生機中看見權變，好像死灰復燃，生機已然再現。」列子進門向壺子轉達了季咸的話。壺子說：「剛剛我給他看的是天地交感的天象，天是無心自然，所以好名以求實的執著造作不會闖入心中，而生機則從腳跟往上湧現。當下他看到的是我開放生機，無心自然而顯現天真本德蘊含的無限生機。你不妨再請他來吧。」

---

6 依據王邦雄詮釋為：天地一氣之象。同註1，頁376。

（四）壺子示之以不齊之相

> 明日，又與之見壺子。出而謂列子曰：「子之先生不
> 齊，吾無得而相焉。試齊，且復相之。」列子入，以告
> 壺子。壺子曰：「吾鄉示之以太沖莫勝。是殆見吾衡氣
> 機也。鯢桓之審為淵，止水之審為淵，流水之審為淵。
> 淵有九名，此處三焉。嘗又與來。」

　　隔天，列子又帶了季咸見壺子。季咸出來後告訴列子說：
「今天你的老師臉相不整齊，我看不到可以算命的臉相，請你的
老師先把臉相整理整齊，我改天再來為他看相算命。」列子進屋
向壺子轉達季咸的話，壺子說：「我剛剛顯示的生命氣象像太虛
一樣，沒有足以判定的任何朕兆。他大概是看到了我把正反兩邊
的生命氣象放在一起，因為兩邊對反而取得平衡，既無朕兆也無
從論斷。壺子所示的相就像大魚盤桓迴旋的水，是既流動又靜止
在原地打轉的深淵，一邊的臉所顯示的大地寂靜之相，如同靜水
積聚的深淵；另外半邊臉顯示天地交感的天象之相，如同流水匯
聚的深淵，這兩邊的匯合就成了對反又平衡的盤旋之水。淵有九
種不同的名稱，在此我只顯示三種[7]。明天你再請季咸過來。」

---

[7]　莊子的原文是：「　桓之審為淵，止水之審為淵，流水之審為淵。淵有九名，
此處三焉。嘗又與來。」依成玄英疏，鯢是大魚，桓是盤，審是聚，所以鯢桓
之水即盤旋的水。根據王邦雄詮釋，「此處三焉」指流水、止水、盤旋的水，
此三種狀態已然窮盡，「淵有九名」的淵是道的象徵，「九名」不是指另有六
種，而是取其數之極，意味無限可能的面相。就主體而言，「淵」是生命本
身，也有無數可能的應機面相。王邦雄此說極有道理。筆者遷就莊子原文而轉
譯，無法呈顯其中的深刻義理。同註1，頁379-380。

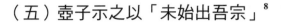

（五）壺子示之以「未始出吾宗」[8]

> 明日，又與之見壺子。立未定，自失而走。壺子曰：
> 「追之！」列子追之不及。反，以報壺子曰：「已滅
> 矣，已失矣，吾弗及已。」壺子曰：「鄉吾示之以未始
> 出吾宗。吾與之虛而委蛇，不知其誰何，因以為弟靡，
> 因以為波隨，故逃也。」然後列子自以為未始學而歸，
> 三年不出。為其妻爨，食豕如食人。於事無與親，雕琢
> 復朴，塊然獨以其形立。紛而封戎，一以是終。

　　第二天，季咸又和列子一起拜訪壺子。季咸剛進門，兩腳都
還沒站定，就立刻轉身倉皇而逃。壺子下達指令：「把他追回
來！」列子火速追出，但是完全不見季咸的蹤影，只好回去向壺
子報告說：「已經沒有他的蹤影了，他完全消失無蹤，我沒有趕
上他。」壺子說：「剛剛我顯露給他看的，是無執著無分別的
生命本真，我把自己化掉而隨順著他，他擺脫不掉我的如影隨
形，又不知道跟他同在同行的人是誰。我就像草隨風而倒，像水
隨波而流，他看不到我的臉有任何顯露出來的相可以據此算命，

8　依王邦雄詮釋，「宗」是宗主，就生命而言，真君即是宗主。「未始出吾宗」
　　有兩種意涵：第一是指壺子從未走出他自己，他不示相，所以季咸也無相可
　　相；第二種意涵的「未始出」是指真君道心本身，壺子在道心虛靜如鏡的當
　　下，以如同一面大鏡子的姿態出現，讓季咸無相可相，季咸也從鏡子的反照
　　中，看到長久以來流落江湖的自己。筆者認為，第二種意涵更能清楚說明，為
　　何季咸會倉皇逃離，因為透過壺子照現了季咸的淪落江湖與失去真我，同時也
　　讓他重新看到自我生命的本真常德，所以壺子的虛靜觀照有生成作用，讓季咸
　　回到真實生命而得以重生。同註1，頁382。

所以趕緊逃離現場。」經歷壺子此番的教導之後,列子大悟以前只學道的表象,沒有實踐體證的工夫,所以決定回家,三年不出家門。他為妻子下廚燒飯也無所謂,餵養豬就像供養人一樣,對萬事萬物沒有執著分別心,從過去雕琢華飾的造作中回到自然素樸,像大地的無心自然般,解消了心知執著的負累而朗現真我,以新生的自我挺立人間,在紛擾的人間世界中,心無雜念而保有內心的寧靜,並且以天道的素樸作為終生不渝的價值依據。

故事結束於列子的勤行修道與嶄新人生。至於在人間消失的季咸,莊子沒有後續說明,留給讀者無限想像的空間。或許他從壺子虛心如鏡的照現中大徹大悟,瞬間放下了一切而回到生命的素樸本真。難怪可以御風而行的列子,居然追不上他,因為悟道重生的季咸已經完全變了一個人,他根本沒有消失,只是列子認不出來而已。

四、渾沌之死

這則故事是〈應帝王〉的終結,描述儵、忽與渾沌三位帝王的互動,內容極為簡短,但寓意深遠。詳述如下:

> 南海之帝為儵,北海之帝為忽,中央之帝為渾沌。儵與忽時相與遇於渾沌之地,渾沌待之甚善。儵與忽謀報渾沌之德,曰:「人皆有七竅以視聽食息,此獨無有,嘗試鑿之。」日鑿一竅,七日而渾沌死。

南海的帝王名為儵,北海的帝王名為忽,中央大地的帝王名

為渾沌。儵與忽兩位帝王時常在中央的渾沌土地上相遇。渾沌善盡地主之誼，讓兩位帝王休養生息，感覺賓至如歸。儵與忽為了報答渾沌的接待情意，兩人商量對策之後說：「人天生都有眼耳口鼻等七個竅孔，才能看、聽、吃與呼息，唯獨渾沌沒有，我們就試著幫渾沌開鑿竅孔吧。」

於是，兩人每天為渾沌開鑿一竅，等到七天之後，七竅開成，渾沌也死了。故事至此畫下句點。

莊子在〈應帝王〉最後，以渾沌死的結局留下了耐人尋味的詮釋空間。

參、哲學義理

以下綜合前述四則寓言故事的哲學義理，分從明王治道、壺子應機示相的自主性與渾沌之死等三方面加以論述。

一、明王治道

明王之治的政績是「功蓋天下」，從中可見道家的入世關懷、政治理想與領導哲學。莊子以明王作為領導者的典範，「明」是心靈修養的境界，如老子言：「自知者明」[9]、「知常曰明」[10]，能虛靜觀照自己的天真常德，體認人性有本自俱足之美

---

[9] 語出《道德經33章》：「知人者智，自知者明」，意指在人際競爭中，專門研究別人弱點，以求打敗對方的「知人」能力，只是爭鬥求勝的小聰明，真正的智慧是「自知」，也就是能虛靜觀照自己的天真常德。同註2，頁326-327。

[10] 語出《道德經16章》：「歸根曰靜，是謂復命。復命曰常，知常曰明。」意指終極的天道是生命根土，回到生命根土可以得到平靜和諧，此為「歸根曰

好的「自知」者，心思不會散落在人際間的競爭計算，也不必攀緣投靠名利權勢，因為領悟生命的真常在天真本德，不在身外之物。回到道根德本的生命根土，朗現天真就是常道的開顯，所以有「自知」之明的領導者，通過虛靜明照的智慧可以「知常」，不僅自身體現「道尊德貴」[11]的人性價值，也讓天下人民都能活出帝王般自在自得的人生。

以「明」為內涵的領導哲學，可以從以下幾點論述其特色。

（一）功蓋天下，而似不自己

1.儒家的德化禮治僅是次等的治道

道家崇尚無為而治，對於儒家德化禮治的為政之道，老子給出次等的評價。老子言：「太上，下知有之；其次，親而譽之」[12]，他認為最高明的治道是無心無為，人民僅僅知道有個政府存在，為政者給出人民自作主宰的空間，人人可以走在適合自己的人生大道上，活出自己想要的生命內涵，表面上政府看似無所作為，

靜」，亦即復返生命根本的「復命」。人人回到生命根本就是回到人生常道，能體認生命常道代表內心清明虛靜，所以說「知常曰明」。同註2，頁172-174。

[11] 老子有言：「道之尊，德之貴，夫莫之命而常自然」（《道德經51章》），意指「道與德的尊貴就在於不受外力命令，可以獨立不改，由自身來作為存在的支撐和保證，所有一切的美好都從自己來。」同註2，頁493。

[12] 語出《道德經17章》，「太上」是最高治道。本段意指最高明的治道是無為而治，政府沒有不當的介入干擾，人民可以自主自立，安居樂業，因為執政者無心而為，所以人民僅僅知道有個政府的存在而已。次等的治道是為政者勤政愛民，如儒家的施行仁政，可以得到百姓的愛戴擁護，不過政府的作為畢竟落在有心有為，人民缺乏獨立自主的空間，主體性被隱沒，雖能得人心感念，但只能列為次等治道。同註2，頁178-180。

其實是「無為而無不為」[13]。上位者通過「無」的沖虛修養，以「無為」化解「有為」的偏執與造作，來存全人民「無不為」的自主空間。儒家的仁政雖然得到人民擁戴與高度肯定，但為政者是以個人的意志積極有為，儘管人心感念，從道家超越性的批判眼光來看，在領導者善意的施政主導下，人民的主體性沒有充盡展現的機會，生活過得再好也只是符應了執政者自以為是的理想藍圖，未能回歸人人自在自得的價值實現，所以僅被老子列為第二等的治道。莊子以明王之治詮釋老子的無為治道，在幾則寓言中有進一步的開展和衍釋。

〈大宗師〉有段意而子求見許由的故事。許由問道：「堯先前如何教導你？」意而子回答：「堯告訴我一定要實踐仁義，而且要明辨是非。」沒想到許由聽了之後，直接告訴意而子：他此番前來已經不能再做什麼，理由是堯已經把他定型了。實踐仁義就像在臉上刺字烙印，明辨是非如同割下鼻子而受傷害一樣，既然已被仁義綁住，被是非套牢，人生哪裡還有廣大自得，海闊天空的可能呢？[14] 許由的立論為〈應帝王〉的篇首寓言埋下伏筆。

堯舜皆是儒家聖王的典型，以仁心義理為道德標準，在蒲衣

---

[13] 語出《道德經48章》，「無為」不是無所作為，而是化解心知執著，沒有傲慢與偏見的無心而為。「無為而無不為」的政治蘊義是為政者化解執念，無心而為，給出人民「無不為」的空間，人人有充分的自由，可以活出自家生命的美好。同註2，頁464-465。

[14] 原文是：「意而子見許由。許由曰：『堯何以資汝？』意而子曰：「堯謂我：『汝必躬服仁義而明言是非。』許由曰：「而奚為來軹？夫堯既已黥汝以仁義，而劓汝以是非，汝將何以遊夫遙蕩恣睢轉徙之塗乎？」同註1，頁345-346。

子為齧缺說解兩層治道的高下之別時，即以虞堯和伏羲氏參照對比。堯的仁德施政雖然能得人心，畢竟是從自身立場出發，把外在的規矩法度強加在人民身上，不免限縮人民自主揮灑的空間，不如伏羲氏以超然於上的沖虛道心，解開執著造作的人為災害，把自在自得的美好還給天下人。莊子不把才智敏捷、有氣魄擔當，而且學道不倦的領導者視為「明王」，這些人就像虞堯一樣，自以為很通達治道，其所作所為就像任職的官府小吏一般，被自己的專技綁住，而且「勞形怵心」[15]，落得身心俱疲的下場，人民也沒有得到真正的自由。

2.明王之治是最高治道

老子認為，最高明的治道是：「功成事遂，百姓皆謂：『我自然』。」[16] 在天下平治，大功告成之際，為政者不自恃有功，把功成的美好歸於人民自身。人人感覺自在自得，所有的好都從自己來，這是領導者的重大體貼，讓人民有當家作主的尊嚴自信，不必背負感恩圖報與虧欠領導者的壓力和負疚[17]。莊子的明王之治是「功蓋天下，而似不自己」，其天下大治的斐然政績就在人民的自立自主中展現出來，他以道尊德貴的人性本源，作為人人獨立自救的根基，由此確立每個人不待外求的存在價值。人人通過自我完足的自尊自信，可以從內在生發昂然挺立的生命

---

[15] 「怵」是憂，「勞形怵心」意指形體勞累，內心也擔憂煩擾。同註1，頁369。

[16] 語出《道德經17章》，「功成事遂」是大功告成，「我自然」意指生命的價值和美好從我自己來，不是別人的賜予。讓百姓感覺美好從自己來，這是為政者的重大體貼，讓人民有當家作主的尊嚴和自信。同註2，頁182-183。

[17] 同註2，頁182-183。

動力，不必倚賴領導人的強力介入，自然走出適性發展的康莊大道，此為「化貸萬物而民弗恃」[18]的政治智慧。

　　明王之治的「功蓋天下」是從百姓自生自化，過著帝王般自在自得的生活來說；「而似不自己」則是執政者為而不恃與功成弗居的修養，儘管創造功蓋天下的不凡成就，也讓這些政績看起來好像不是從自身來。如同老子的「百姓皆謂我自然」，人民覺得所有的價值和美好不是領導者賜與，而是「我自己如此」[19]的自為主宰所得，此即「有莫舉名，使物自喜」[20]的寫照，百姓很難透過言語具體說出執政者有何貢獻，因為領導者把生成天下的功德完全解消放下，一切的美好都回到人民身上。若緊緊抓住功成的榮耀不放，其實也反映出為政者心中只有自己，看不到天下人的需要，即使全力投入也不免陷入自以為是的迷障，不僅引人反感也功虧一簣。所謂「自見者不明」[21]，想要顯揚自己而好求表現的人，內心無法虛靜如鏡，自然也對別人的存在視而不見，根本悖離以「明」為內涵的領導哲學。

　　明王的無為治道體現「百姓皆謂我自然」的政治理想，屬於

---

[18] 意指明王無心自然地化成萬物，但是不讓人民有依賴的空間。同註1，頁370。

[19] 參考王邦雄詮釋，「我自然」是「然」從自己來，也就是「我自己如此」，即我的美好從自己來。王邦雄（2010）。老子道德經的現代解讀。台北市：遠流。頁89。

[20] 「有莫舉名」意指明王化解自己的功業，讓所有的美好看起來好像不是從他而來，所以人民對於明王所「有」的作為，也很難用言語具體說出其貢獻；「使物自喜」則是讓人人活出自在自得的生命價值。

[21] 語出《道德經24章》，「自見」同「自現」，意指好求自我表現。同註2，頁241-243。

老子評比中最高明的治道。其領導哲學的根基則在「立乎不測，而遊於無有者也」[22] 的主體修養，這是老聃為陽子居解說明王之治的最後一段話，也是最關鍵性的所在。

（二）與天道同在同行的明王修行

1.體現天道的執政者能得人心歸往投靠

老子指出，道作為天地之始與萬物之母，其存在性格是「道法自然」[23]，也就是從來不離自己恆常生成萬物的法則，因為道體沖虛，沒有自我的執著，所以能獨立不改，永遠保有生成萬物的本色。人道以天道為指引，就個人而言，「人法自然」即不離「道生德畜」[24] 的人性本然，朗現如嬰兒般的天真常德；從政治層面來說，「百姓皆謂我自然」的高明治道讓人人自為生命主宰，如同天道給出萬物自生自長的空間，可謂天道在人間的臨現。

老子自述人生動向是「貴食母」[25]，他認為大德者必然走在天道的路上，天人關係如同母子，回歸天道就像回到母親的懷抱，可以得到生命的甘泉滋養[26]。領導者身上有道，道是生成原

---

22 依據王邦雄詮釋觀點，「不測」與「無有」是對道體形上性格的描述，「立乎不測」與「遊於無有」即是與道同在同行。同註1，頁371。

23 語出《道德經25章》。

24 老子體悟：「道生之，德畜之」（《道德經51章》），天道生成萬物，又以內在於萬物身上的德來畜養之，此為萬物的存在之理。同註2，頁490。

25 「食母」意指天道，「貴食母」意指以天道為貴，這是老子的價值自覺。同註2，頁208-209。

26 同註2，頁212-213。

理，體現天道精神的政治領導，自然能吸引天下人歸往投靠[27]。明王的「立乎不測」與「遊於無有」即是通過主體修行，連繫天人關係，為有限生命開展向上超越的生命意境，在寄身複雜人間的現實考驗中，仍能保有虛靜觀照的沖虛心靈與本德天真，就像莊子所言：「有人之形，故群於人，無人之情，故是非不得於身。」[28] 雖然人的存在離不開形體的有限性，但是精神昇越可以解消形氣物欲的束縛，化解人情好惡的執著負累帶來的是非紛擾。與天道同在同行的明王修行無待而逍遙，既有天的精神高度足以超離人間的是非爭端，又能融入於世俗之中，貼近人民的心思與感覺，由此而生成天下的美好。

2.以清靜無為生成天下人

　　老子體悟：「天地所以能長且久者，以其不自生，故能長生。」[29] 天道從不把「生」封限在自己身上，它把萬物的幸福視同自己的美好，其生成作用才可能天長地久。「不自生」是「無」，「長生」是「有」，此為「有生於無」[30] 的形上生成原

---

[27] 老子言：「執大象，天下往」（《道德經35章》），意指天道生成萬物的妙用無窮無盡，執政者若能體現天道精神，自然吸引天下人心歸往投靠。同註2，頁342。

[28] 語出〈德充符〉。「有人之形」意指有人的形貌才能在人間做人，成為社會的一分子；「無人之情」是通過主體的修養工夫，化解心知執著衍生的是非好惡之情；「是非不得於身」是擺脫是非好惡的情識纏結。同註1，頁274-275。

[29] 語出《道德經7章》。「天長地久」意指天地生成萬物的作用亙古長存；「不自生」是不圖謀私利，不把「生」封限在己身上。同註2，頁82-83。

[30] 語出《道德經40章》：「天下萬物生於有，有生於無」，意指天下萬物生於天道的「有」，天道的「有」從天道的「無」而來。同註2，頁401-403。

理，明王的生成百姓也不離天道之理。如果執政者的作為只是圖謀己利，把天下變成個人的舞台，人民成為擴張版圖的利器而沒有獨立自存的價值，根本違背生成之道。

就道家而言，生成的真諦是「不塞其原」、「不禁其性」[31]，也就是把生命的主體性還給每一個人，讓人人朗現天真，且各依其才情成為獨特的自己。老子特別提醒為政者：「治大國，若烹小鮮」[32]，治理國政就像烹煮脆弱的小魚，順其性而自然蒸熟，最能保留小魚原有的甘美，同樣的道理，順應人民的天真本德，守住清靜無為之道，避免人為造作的介入干預，人民才有自為生命主宰的空間。老子感慨，上位者崇尚聖智仁義的賢德之名，尊貴難得貨利，把天下人引入爭名奪利的洪流中，讓眾多競爭失利者嚴重受挫，心裡背負莫名的自卑和壓力，只好轉向牛鬼蛇神尋求慰藉，所以「聖人」傷人在先，讓人民承受莫須有的挫敗和傷痛，怪力亂神的威力才有傷人的可能[33]。莊子則透過許由和意而子的對話指出，實踐仁義與明辨是非的有心有為，一旦陷入僵化的意識形態，必然傷損生命而失去廣大自得的逍遙人生，所以在蒲衣子提出兩層治道的區分時，虞堯的仁德施政相較於伏羲氏的清靜無為，只是次等的治道。

政風會影響民情。執政者訴諸苛細政法強力規範，人民在苛察計較的法令中，逐漸習染斤斤計算與奇巧詐偽，以便為自己爭

---

[31] 樓宇烈（2006）。王弼集校釋（二版）。台北市：華正。頁24。

[32] 語出《道德經60章》。

[33] 同註2，頁582-591。

取更多的生存利益，不僅失去真性情，人情也日益涼薄；反之，施政有道，天道給出動力和方向，執政者清靜無為，不求表面績效，不恣意干擾人民生活，民風自然淳厚樸實[34]。明王治理天下，先反求諸己，通過心靈的沖虛修養，能立於不可測的天道之境，精神遊於無執著分別的廣大自得，從而開展清靜無為的施政風格，化解人為造作的災禍。在政風影響民情的上行下效中，人民回歸素樸本真與自在自得的生活，天下自然和諧大治，這是道家內聖外王的理想。

二、壺子示相的主導權在自己

季咸與壺子相會的寓言故事，表面上說的是相命，其實是在道與技的超越區分中，說解體現天道的人生意境，可作為明王修行的補充說明。

（一）季咸的神通止於術用層次

依據余英時研究，巫文化的精要是溝通天與人，巫師所以能取得君王信仰而創建一套祭祀系統，即是因為巫所扮演的中介角色，把人的世界和鬼神世界通而為一。早期的巫在王朝中地位重要，戰國以後則地位低落[35]。儘管如此，莊子建構的寓言故事，仍可見巫文化的脈絡背景，季咸即是鄭國有名的神巫，故事即是從他為人占卜生死災禍的靈驗神準作為開場。

---

[34] 同註2，頁565-567。

[35] 余英時（2014）。論天人之際：中國古代思想起源試探。台北市：聯經。頁44-45。

　　列子對季咸的神通心醉不已，相比之下，頓覺自己的老師壺子黯然失色。此情此景彷彿回到庖丁在文惠君面前出神入化的解牛展演，文惠君大為讚嘆之餘，好奇詢問庖丁的技藝為何如此高超，庖丁說自己所追求的是道的體現，早已超越技術層次，接著表面上他為文惠君說明解牛的技藝進程，實則呈顯道的理境，意在提點君王為政之道。列子只是聽聞道的抽象理論，空有修道之名，欠缺勤行的工夫實踐，所以一見到季咸的算命神準，馬上被牽引而去，還回過頭來質疑老師的道行，就像文惠君的淺薄目光僅止於術用層次而已。

　　季咸行走江湖為天下人算命，卻從來沒有看過自己的相，也渾然不覺自己的心思盡散落在外，專門預斷別人的吉凶禍福，即使靈驗神準也只是世俗的精明巧智，不足以成為生命的大智慧。等到遇見了「微妙玄通，深不可識」[36] 的體道之士如壺子，在其用心若鏡的反照中，這才驚覺自己長期陷溺於術用的小聰明而沾沾自喜，嚴重失落了道根德本的生命真實。莊子只說季咸「自失而走」[37]，沒交代原因和結果，留給讀者廣大的想像空間。筆者認為，他不是真的在人間消失，而是壺子的虛靜觀照有如天道的生成作用，讓他重新看見生命本然的真實，逃離現場則隱喻著不再眷戀江湖，重新出發做自己。在當下重生的季咸已全然改觀，

---

[36] 《道德經15章》有言：「古之善為士者，微妙玄通，深不可識。」意指體道之士的生命人格如天道般，玄妙深遠而通向萬物，其生命境界無比深遠，難以清楚掌握。同註2，頁161-162。

[37] 依成玄英疏，本句意為「奔逸而走」。郭象（注）、成玄英（疏）（1998）。南華真經注疏（上）。北京市：中華書局。頁176。

難怪可以御風而行的列子對壺子回報追不上，不是季咸跑得特別快，而是列子已經認不得重生以後的季咸了。

（二）應機示相

真人的心靈修養如淵谷的深遠與包容，不被世俗潮流牽引套牢，所以說真人不露相，不會任由外象牽動，失落生命的主體性。道是行之而成，列子只學了空洞理論，沒有內化實踐的修養工夫，走入複雜人間不免惹來喧囂紛爭，內心的起伏盡寫在臉上。與其說季咸的「讀心術」高明，不如說是列子毫無遮掩的示相，讓季咸得以識相。

不同於列子被環境牽動而不由自主的示相，壺子和季咸幾次的交會，主導權都在自家身上。他以體道的智慧化解心知執著，存全生命的靈動，隨時都能自主地應機而示相，有時如同大地般靜寂，有時則像天地交感的生命氣象，無論如何，內心始終保有清明靈活的生機，沒有凝滯偏執的僵化固著，臉上所示之相全在自己的掌握當中。壺子最後回到「未始出吾宗」的素樸真我，沒有執著分別，可以解消自己而融入對方，在無相可相中逼顯季咸的有術無道，而且在壺子用心若鏡的全面照現中，季咸覺察到自己的淪落天涯，同時也看見失落已久的生命本真，因此大徹大悟，重獲新生。誠如王邦雄所言，這段相命的過程猶如證道歷程，最後的無相可相就是「道」的朗現[38]。壺子身上有道，道有生成的力量，讓季咸和列子同時得救重生，找回真實自我的美好。

---

[38] 同註1，頁383。

三、渾沌死的人為造作之害

有關渾沌死的寓言，至少有正反兩種不同的詮釋觀點。第一種如郭象注：「為者敗之」[39]，意指儵與忽為渾沌鑿破竅穴是造作之舉；第二種如王邦雄：「渾沌看似無心無為，卻被禁閉在原始洪荒的蒼茫間。鑿破渾沌可能是從現象自然往上昇越的一大契機。有如鯤化為鵬，……。故渾沌之死，乃是開顯境界自然的生命飛越」[40]。郭象從人為造作的批判解讀莊子寓意，王邦雄則回歸人人應物無心的〈應帝王〉題旨，與〈逍遙遊〉之大鵬怒飛的終極理境前後呼應，為內七篇畫下完美句點，此解精闢獨到。筆者依循道家對心知執著與人為造作的反省，從權力迷失與人為造作的批判來解讀，至於「渾沌」的隱喻則以人性的天真本德和自然生態的雙重意涵加以衍釋。

（一）莊子對權力迷失的批判

自古至今，政治權貴的名與利常常是世人欣羨的對象，但是十九世紀英國的阿克頓勳爵（Lord Acton）卻言：「權力使人腐化，絕對的權力，使人絕對的腐化。」[41] 這段話至今仍廣為流傳。其實，法家的韓非在兩千多年前已對權力的腐化人心提出反

---

[39] 郭象（注）、陸德明（釋文）、成玄英（疏）、郭慶藩（集釋）（2015）。莊子集釋。台北市：世界書局。頁139。

[40] 同註1，頁392-393。

[41] 原文是：Power tends to corrupt and absolute power corrupts absolutely. 參閱古德明（2019，2月）。權力使人腐化？。蘋果日報。取自https://hk.lifestyle.appledaily.com。

省，他說：「勢者，養虎狼之心，而成暴亂之事者也。」[42] 權勢
會滋長傲慢自負，讓人唯我獨尊而膽大妄為，衍生傷人災禍與
社會的暴亂紛擾，證諸歷史上專制暴君的為所欲為，可謂真知
灼見。相較於韓非的直接論述，莊子把權力批判寄託在天馬行空
的寓言故事中，顯得隱微而深層，也留給後人掘發闡揚的廣大空
間，渾沌死的寓言即是如此。

莊子為南海與北海兩位帝王命名為儵與忽，隱含著位高權重
的帝王權力僅在短暫的倏忽之間，難以長久維繫[43]，若為貪戀權
力而機心巧詐，犧牲生命的真實美好，顯然非明智之舉。儵與忽
這兩位帝王日理萬機，只有在遠離喧囂俗染的渾沌之地，如同
〈逍遙遊〉的「無何有之鄉，廣莫之野」[44]，放下名利爭逐與是
非紛擾，身心可以全然釋放，得到休養生息而重新出發。莊子以
渾沌為中央之帝命名，渾沌體現天道的無名和素樸[45]，他既無世
俗的精明分析，也無利害計算，把自在自得的空間留給人民。對
於儵與忽的到訪，他也沒有一廂情願的刻意安排，純然讓兩位帝
王感覺像回家一般，享有賓至如歸的閒適自在。兩位帝王感念在
心，想要有所報答，不過兩人都有至高無上的權力，執持治理人

---

[42] 語出《韓非子・難勢篇》。陳啟天（1969）。增訂韓非子校釋。台北市：台灣
　　商務。頁66。

[43] 參考王邦雄詮釋，同註1，頁391。

[44] 依王邦雄詮釋，「無何有」是心中無執著分別，解消心知的執著分別，眼前朗
　　現的就是天地無限寬廣的「廣莫之野」的理境。同註1，頁58。

[45] 出自《道德經32章》：「道常無名，樸雖小，天下莫能臣也。」老子認為，道
　　的恆常樣態是沒有自己的名號，涵藏自己光采，雖然因此而顯得微小不起眼，
　　但是普天之下沒有任何事物可以操控它。同註2，頁318-319。

民的紀律規範，權力的滋味早已讓他們迷失自我。儘管答謝的動機良善，卻是一意孤行的獨斷霸道，只因為人天生都有七竅，唯獨渾沌與眾不同，就恣意妄為地替渾沌開竅，兩人的好意最終導致了渾沌的死亡。

老子早有明訓：「前識者，道之華，而愚之始。」[46] 那些自以為是才智之士，仗恃著自己的聰明而大膽有為，這些人只是掌握了道的浮華表象，實則為愚蠢的開端。權力衍生傲慢狂妄，權勢者往往自我標榜為智者，把價值標準定在自家身上，而且以絕對的權力為後盾，責求他人符合自己的標準，即使是善心美意也形同壓迫宰制。莊子身處戰禍連年的時代，上位者的狂傲驕矜導致生靈塗炭，民不聊生，就像〈人間世〉描述堯攻叢枝、胥敖，禹攻有扈的故事，堯和禹為了證明自己是聖王，不容許這些小國在禮樂教化之外，所以不斷用兵征伐。原初只是想要行教天下，成為名副其實的聖王，卻造成這些國度成為焦土，人民傷亡無數。渾沌死的終局反映儵與忽的傲慢自負，如同堯和禹的輕啟戰端，都是心知執著與人為造作的災難，其中可見莊子對權力迷失的深刻批判。

（二）渾沌死的警世寓意

1.人為造作扼殺天真本德

〈應帝王〉有則寓言，描述天根向無名人請教治國之道，

---

[46] 語出《道德經38章》。同註2，頁383-385。

最初遭無名人拒絕，在天根堅持求教的誠意下，無名人最後回應：「汝遊心於淡，合氣於漠，順物自然而無容私焉，而天下治矣。」[47]這是典型的道家治道，如同老聃為陽子居說解的明王之治，都是從應物無心的帝王之德出發，著重領導者的沖虛修養，化解權力迷失的狂妄自大，以通達天下人的心思和感覺。在領導者用心若鏡的觀照中，照現人性本然的天真常德，人人回到無心自然的真實美好，體驗帝王般的逍遙人生，天下也和諧大治。反之，上位者有心有為，崇尚賢德之名，尊貴難得貨利，把天下人心導向癡迷狂熱的名利競逐，人間也變成冷酷的競賽場。

渾沌之名意味著渾然天成，一體無別，隱喻人性的本真常德，朗現天真即是無執著無分別的生命理境。人間事務錯綜複雜，經緯萬端，儵與忽雖貴為帝王，仍不免在繁雜的國政中身心俱疲，唯獨回歸人性的天真本德，才能超離人間的俗事塵染，得到生命的甘泉滋養。誠如老子所言：「歸根曰靜，是謂復命。復命曰常。」回到道根德本的生命根土，內在圓滿自足，可以得到依託與安頓，生命也復歸於寧靜和諧，此為人生恆常可走的大道。不能體悟人生常道在於復返天真本德，不免逐物於外以求增益光采，終日在人間街頭馳騁畋獵，為爭名奪利爾虞我詐，最終

---

47 依王邦雄詮釋，「淡」是無心，無心而可遊；「漠」是無為，無為則能合；「遊心於淡」則能通達人心，「合氣於漠」則能通達人氣，兩句合而言之，即是與天下人的心思同在，與天下人的感覺同行。「順物自然而無容私焉，而天下治矣」意指：「順應天下人的天真自然，而不給出私心己出的空間，那天下不用治也自然治了。」同註1，頁366。

將痛失真實自我。所以說「不知常，妄作凶」[48]，「妄作」是人為造作，老子深切體悟「妄作」必然的結局是「凶」，莊子也深有同感，渾沌死於儵與忽的鑿破竅穴即是「大凶」的悲劇。

渾沌死後，兩位帝王從此失去了安適自在的桃花源，在名利圈與權力場的是非紛擾中，得不到真正的和諧平靜。人生也是如此，一旦執迷外物，在你爭我奪中失落天真素樸，再也無法海闊天空而逍遙遊。莊子以渾沌死作為〈應帝王〉篇末的寓言主題，對比首篇〈逍遙遊〉之鯤轉化為鵬的新生氣象，在生死與吉凶的正反辯證中，考驗著人生的存在抉擇，也頗有警世寓意。或許這是莊子面對戰國亂局的人為災害，給出最深沉的批判。

2.人為造作破壞自然生態

若從當前全球生態危機的脈絡背景來詮釋渾沌死，可以開顯人類中心主義的迷失與人為造作之災的寓意。近代西方科學發展突飛猛進，十七、十八世紀的啟蒙運動高舉著理性與科學，人類竭盡所能研發科技，對自然盡情地開發利用，許多人已經遺忘對大自然中龐大的依存關係保持謙遜，執迷「人定勝天」的造作之舉導致生態危機日益嚴重。被譽為環境之母的卡森（R. Carson）在其名著《寂靜的春天》（Silent Spring）中即指出，現代人濫用DDT及其他殺蟲劑，已經嚴重傷害自然生態，如果不知節制，未來的春天將不再有鳥語花香，而是了無生機的一片死寂[49]。當前

---

[48] 語出《道德經16章》。同註2，頁174。

[49] 李文昭（譯）（2018）。R. L. Carson著。寂靜的春天（Silent spring）。台中市：晨星。

全球氣候變遷與暖化現象也讓有識之士感到憂心忡忡。

人類在漫長的演化史中，一直順應著自然的節奏而生活，但是當前的數位科技時代，人為方式已經代替了自然的節奏。年輕人成長的環境充斥著電子化的刺激，他們不斷受著資訊流的轟炸，一心多用成為常態，專注、反思和組織思想的能力越來越缺乏，與自然界接觸不足也降低判斷力、解決問題的能力和智力發展的機會[50]。國內以森林旅遊進行的研究發現，從事森林活動後有助於改善睡眠和心情、集中注意力、促進人際關係和釋放焦慮與壓力[51]。走進大自然是藉由繽紛的生命為媒介來療癒生命，最終通往更深沉、更內在的心底，以熱愛山林的環境教育研究者徐子惠為例，他以多年深入崇山峻嶺的親身體證，發現人與自然的關係連結，不僅能活化創意靈感，更進一層還能提升心靈，讓人尋回生命的存在意義。他自述：

> 我想，年輕的時候待過山裡的人是幸運的。自然經驗的影響，像是岩石一樣緩慢沉積、變質，銘印著天地歲月的紋理，在轉化過程中逐漸連結了自己、他人與自然。環境教育是一門「人性的教育」，正因為體現這樣的關

---

50 張體偉、孫豫寧（譯）（2013）。J. Rifkin著。第三次工業革命：世界經濟即將被顛覆，新能源與商務、政治、教育的全面革命（The third industrial revolution: how lateral power is transforming energy, the economy, and the world）。台北市：經濟新潮社。頁367、370。

51 林一真（2016）。森林益康：森林的療癒力量。台北市：心靈工坊文化。頁67。

係連結，使我們更加瞭解人之所以為人的意義[52]。

自然生態猶如渾沌之地，它無心無為，給出現代人釋放工作壓力與生命能量的空間，讓我們得以超越個人意識的侷限，體驗與天地相容的宏大格局，靜思自身在宇宙中的位置。長久以來，人類中心主義的迷思讓人對大自然失去敬畏和謙卑，就像儵與忽高居帝王之位，漠視渾沌獨特的存在方式。人類對於大自然任意的支配宰制，已經造成嚴重的環境破壞，連帶衝擊著地球的永續發展。渾沌死的悲劇來自心知執著與人為造作，證諸人類中心主義的傲慢與人為造作帶來的生態危機，莊子的寓言猶如警世「預言」，尤其以渾沌死作為〈應帝王〉篇末的結語，留給共鳴同感的讀者無限寬廣的想像空間。

肆、教育蘊義

根據前述寓言故事之哲學義理探究，以下分從體現明王之治的班級經營、教師的識相與示相，以及正視人與自然的關聯性等三方面，衍釋其教育蘊義。

一、體現明王之治的班級經營

莊子在〈人間世〉提出「安義若命」，「義」是無可逃避的人間道義與價值約制，既然不可逃，就把義當作天生的命來認

---

[52] 徐子惠（2014）。登山者自然關聯性之探究—以臺灣大專校院登山社團為例（未出版之碩士論文）。國立臺灣師範大學環境教育研究所，台北市。頁v、6。

取，直接面對存在的現實處境，不怨天不尤人，這是大哲人給出的超越之道。如此一來，社會的制度或倫理規範也不會成為人生難過的關卡和限制。從「安命」論可以了解，道家的修行不是離群索居，過著不問世事的隱居生活，而是把家常日常的現實世界視為修行的道場，所以道是行之而成的體證歷程，悟道的列子即是重回平凡的家居生活，在日常起居中回歸素樸，解消執著負累，而走向重生之路。就教師而言，教學現場如同道場，班級經營即是修行的所在，體現莊子的明王治道，師生可以同時受益，創造成己成人的美好價值。

（一）教師的沖虛修養[53]

1.教師修養是班級經營的基石

道家的政治智慧是立基於領導者自身的修養而開展。上位者無心而為，化解權力迷失與執念，天下人民才有「無不為」的廣大空間，可以活出自家的精采人生，而不是領導者權力意志下的「產物」。老子有言：「我無為而民自化，我好靜而民自正，我無事而民自富，我無欲而民自樸。」[54] 領導者以無為、好靜、無

---

[53] 第二章曾針對〈齊物論〉中「萬竅怒號」的寓言故事，衍釋「教師修養不可或缺」，本章則依據〈應帝王〉的「明王之治」，補充「教師的沖虛修養」之教育蘊義。

[54] 語出《道德經57章》。本段的白話語意是：「我無為而治，人民會自然化成自己，人人走在自己的人生大道上，活出自己的生命精采。我回歸道根德本的清靜自然，人民能安定自持而有自己的美好。我放下人為造作，不尚賢、不貴貨，人民就能回到生命內在的圓滿自足。我不把自己主觀的價值欲求拋給人

事、無欲的修行，體現「有生於無」的天道生成原理，放下自以
為是的意識形態，尊重人民的主體性，則人人都能像帝王一般，
自為生命的主宰，實現「自化」、「自正」、「自富」、「自
樸」的自主人生。

　　莊子以明王之治詮釋老子的無為治道，明王的「明」是心靈
的虛靜明照，來自主體的沖虛修養，落在外王事業即是管理眾人
之事的政治智慧。他以明王呈顯道家領導者的圖像，「立於不
測」與「遊於無有」則是明王與道同在同行的生命寫照。莊子體
悟：「唯道集虛」[55]，天道生成萬物的原理，就在於道體沖虛，
它沒有自己的私心，才能成為萬物之母，長久的生萬物。人道以
天道為依歸，「虛者，心齋也」[56] 即是在心上做工夫，通過致虛
守靜的沖虛心靈，把道化入自家生命，在人間體現天道的生成作
用。同樣的道理，明王之治的班級經營，關鍵就在教師「遊心於
淡，合氣於漠」的無心無為，「無」不是空無，而是轉化天道的
生成原理，成為沖虛的心靈修養，在「虛而待物」[57]的虛靜明照

民，讓人民在心中形成渴求的價值期望，不助長心知執著的欲求，人人就能回
　歸自然素樸的天真之境。」同註2，頁561-562。

[55] 語出〈人間世〉。依王邦雄詮釋，「唯道集虛」的「集」是歸止，意指道的生
　　成作用就在道體沖虛，落在人的修養上來說，即是吾心致虛守靜的當下可以朗
　　現天道。同註2，頁195。

[56] 語出〈人間世〉。「心齋」是在心上做修養工夫，「虛者，心齋也」就是在心
　　上做「無」的消解工夫。同註1，頁192。

[57] 語出〈人間世〉。「虛而待物」是「心齋」工夫的最高境界，即化解心知執
　　著，在吾心的沖虛修養中朗現天道，由此生成人間的美好。「虛而待物」的
　　「待」已非表面的對待之意，而是更深一層，有超越性的「生成」意涵。參考
　　王邦雄詮釋觀點，同註1，頁194-195。

中，照現學生本自俱足的天真本德，還給每一個人不待外求的自尊自信。人人回歸生命自身的真實美好，不必機心巧詐與人爭勝來證明自我的存在價值，班級的和諧大治才有可能。

2.超離專業的偏狹侷限

〈天下〉篇開宗明義即指出：「天下之治方術者多矣，皆以其有為不可加矣。」[58] 這是莊子對於戰國時代天下百家的批判，這些家派都以自己執持的一方之術為至上完美的理論，看不見自家的侷限，也聽不進異質的聲音。在當前專業分工的社會體制中，自詡為專業人員的專家，在彰顯自我的同時，也不免自我遮蔽，渾然不覺自己已被專技繫縛，在繁忙的職涯生活中，失去了寬廣的生命格局與成長空間。

目前國內的學校組織仍沿襲工業時代的管理模式，把整體的系統切割成零碎片段，學校人員各司其職，專業分工也成為管理學校的運作方式。聖吉（P. Senge）指出，工業時代認為知識本身是零碎片段的，由不同範疇與類別拼湊而成，文學、數學、科學、地理之間各不相同，這種知識觀也影響正式的教育系統，讓人在其中浸淫越深，知識領域也越走越偏狹[59]。當前我國高等教育以專業人才的培育為導向，師資養成也無例外，專業的偏狹之

---

[58] 意指眾家派僅治一方之術，卻執守自己有限的理論觀點，以為是完美無缺之論。同註1，頁465-466。

[59] 楊振富（譯）（2002）。P. Senge等合著。學習型學校（上）（Schools that learn: a fifth discipline fieldbook for educators, parents, and everyone who cares about education）。台北市：天下遠見。頁84-85。

弊值得關注。尤其，教師面對的學生是以整體生命呈現眼前，班級是不同生命體的複雜組合，不是純數理、科學或文學問題。教師的專才固然重要，也不能忽略班級中存在著人、事、物彼此依存的密切關係，環環相扣的關係網絡錯綜複雜，偏狹的知識理論並不足以因應處理。

教師必須承認自身的不足與專業的有限，才可能全然開放自己，在教育的路上以終生學習來保障學生的受教品質，為班級經營注入生機與活力。無視於自身的有限與班級的複雜，把主觀偏執的價值奉為圭臬而強加在學生身上，儘管費心盡力，班級經營也井然有序，仍不免勞形怵心，少了伏羲氏的從容自在，以及學生主體性的開展空間。誠然，受教學生的年齡、身心成熟度與自律程度不同，都是班級經營必要的考量，莊子的明王治道就像北極星，是價值方向的指引。讓眾多被自己的專才綁住而渾然不覺，認真投入教學而感到身心俱疲的教師，在虛靜明照中化解自我偏執，給出師生間餘裕的對話空間，學習聆聽學生的心聲而教學相長，讓班級經營更上層樓，逐步趨近明王之治的最高意境。

3.消解權力的執著障蔽[60]

班級猶如小型社會，教師在班級經營中扮演領導者的角色，至少具有行政職階與學術專業的權力，如果缺乏「無」的消解工夫，在權力的執著障蔽中只見自己的高貴，對學生的存在視而不見，就像附著塵垢汙染的鏡子，再也無法生發清明觀照的作用，

---

60 第五章關於莊子哲學的教師圖像部分，也有「化解心知執著的權力傲慢」之論述，本段內容可作為進一步的補充說明。

難以「自知」、「知人」與「知天」。因為「自見者不明」[61]，在「不明」的狀態下，自閉於優越傲慢，難免一意孤行的威權妄作，即使滿懷愛心與理想，也引來學生的反彈抗拒。

〈人間世〉曾以愛馬人士為喻，愛馬的人以精細的竹筐盛馬糞，用珍貴的貝製容器裝馬尿，正巧發現有蚊虻停吸在馬身上，在愛馬心切之下，也不顧時機恰當與否，就猛然出手拍擊馬身，沒想到馬兒受到驚嚇，瞬間躍起毀壞了嘴上的口勒，掙斷轡頭，也弄壞了胸前絡飾[62]，莊子的結語是：「意有所至而愛有所亡，可不慎邪！」[63] 愛馬人士對馬的照顧無微不至，其對馬的疼愛與付出毋庸置疑，不過人與馬之間畢竟存在著不對等的權力關係，馬兒的日常作息完全受制於人，愛馬人可以為所欲為，發現蚊虻附著於馬體的當下，竟出其不意的出手拍擊，完全沒有考量馬兒可能受到驚嚇，因防衛過當而受傷。愛馬人的舉動美其名是出於愛意，實則也是權力意志的展現，尤其出於愛的良善動機，更容易讓人陷入自以為是的昏昧不明，忽略被愛者真正的感覺和需要。所謂愛之適足以害之，不是愛本身有問題，而是人的意念僵化固著，執念與造作扭曲愛的本意，造成適得其反的負面效應。師生之間也是如此，教師不能清明地觀照自己與學生，在不平等

---

[61] 語出《道德經24章》，「自見」即「自現」，本段意指想要增益光采，顯揚自我的人，內心無法清明如鏡，自然看不見別人的存在。同註2，頁241-243。

[62] 張耿光（譯注）（2006）。莊周原著。莊子‧內篇（五版）。台北市：台灣古籍。頁78-79。

[63] 本段意指人的心意一急切，所作所為讓馬感受不到善意，原初的愛意因執著造作而扭曲變質，逼出馬兒的本能防衛。所以人必須謹慎小心，覺察心知執著與人為造作之害。同註1，頁218。

的權力關係中，自以為愛之深，就可以肆無忌憚地責之切，當學生感受不到管教背後隱藏的善意，自然心生不滿而抗拒反擊，雙方都感覺痛苦不堪。

　　班級中的明王治道以教師修養為基礎，「明」是無執著分別的生命理境，從「無」的沖虛修養而來。在虛靜觀照中朗現人性的天真本德，可以開出精神昇越的向上之路而自在逍遙，班級的是非紛擾也不會進入心中，成為心頭的壓力負累。教師的虛心若鏡能夠洞見自身偏狹的專業侷限，化解權力的傲慢迷失，在沖虛的包容中與學生同在，貼近其心思和感覺，在達人心、達人氣的師生交融中，生成共榮共好的班級文化。

（二）「使物自喜」的班級經營

　　莊子以「有莫舉名，使物自喜」的明王治道延續老子的政治智慧。「有莫舉名」是功成身退的最佳註解，人民無法具體說出領導者的貢獻何在，不是因為其無所作為，而是為政者化解獨斷的權力意志，讓人民的生命能量得到釋放空間，潛能得以充盡實現。人人感覺美好從自己來，就像老子「小國寡民」的政治理想[64]，人民能「甘其食，美其服，安其居，樂其俗」，甘、美、安、樂都是從心中生發出來的滿足感。即使食衣住行樸實簡單，也覺得精神生活豐富充實，因為領導者把生命尊嚴與存在價值的主導權還給每一個人，體現了「使物自喜」，也就是「百姓皆謂我自然」的最高意境。班級經營的領導哲學也是如此。

---

[64] 語出《道德經80章》，意指素樸的國度與純真的子民。同註2，頁783-790。

　　當代西方的批判教育學（Critical Pedagogy）指出，許多教育人員和社會大眾把孩童的表現不佳，歸因於學生本身或家庭因素，學生自身往往也把學習失敗的原因歸咎於資質愚笨，認為問題出在自己身上。我們很少注意教育體系對經濟、種族和性別的弱勢者並不友善，還有各種來自資本主義、種族、宗教、性別與階級的意識形態充斥校園，這些僵化的價值觀念箝制教育，讓經濟和文化的弱勢者處在受壓迫的不公平狀態[65]，也吞噬了生命的美好和幸福的感受。對於教育的不正義，批判教育學以「自我增能」（self-empowerment）作為教育的解放之路，其方向之一是尊重學生個人的歷史、語言、文化傳統、社會關係等，讓學生珍視與喜愛自己，並且學習去質疑，選擇性的接收主流文化，以改變既定的社會秩序[66]。批判教育學的「自我增能」類似「使物自喜」的班級經營，都是從學生內在開發自我挺立的動力，從學習者本身建立自尊自信。只是批判教育學期待教師承擔轉化型知識分子的角色，能質疑知識產生與分配背後的權力關係，有能力實現解放的理想[67]；莊子哲學則是以修養為進路，教師是通過用心若鏡的虛靜明照，照現學生的本真常德，學生的自我悅納乃立足於最根本的人性基礎。誠如老子所言：「知足者富」[68]，體認生命的圓滿自足從內在天真來，不必等待外在名利的撐持，人生

---

[65] 蕭昭君、陳巨擘（譯）（2003）。P. Mclaren著。校園生活（Life in school: an introduction to critical pedagogy in the foundation of education）。台北市：巨流。

[66] 同前註，頁308。

[67] 同註65，頁378。

[68] 語出《道德經33章》。「知足」是足於人性的本真常德。同註2，頁329-330。

可以得到真正的富足與平靜。「使物自喜」的「喜」從自身的人性本真來，才有必然保證，有待於外的尊榮肯定充滿不確定的變數，不免讓人患得患失，難以作為人生自足的根基。

從積極面來說，「使物自喜」的班級經營是通過教師的沖虛心靈，在虛靜觀照中，讓學生回歸生命真實，朗現天真本德，有如帝王般自在自得地走在人生「常道」上，活出自家精彩的生命內涵。就消極面而言，人在成長路上會因為心知執著介入，促使貪欲萌動，逐步走離生命的真實美好，如何避免天真本德的失落，也是體現「使物自喜」的班級經營不可或缺的一環。莊子早有明訓：「 蕩乎名，知出乎爭」[69]，排名競爭會讓人心躁動不安，為爭名求勝而機心算計，原初的天真本德點滴失落，名利競逐下的欲求無窮無盡，而且為達目的不擇手段，最後連名位頭銜也變成虛假空名。教師能化解升學競爭的執著造作，免除學業成績的不當排名，至少成績低落的學生不必在敬陪末座的排行榜中尊嚴掃地，戕傷自信，甚至厭棄自己，放棄學習，這是朝向「使物自喜」的班級經營重要的一步。

綜合言之，「使物自喜」的班級經營並非無所作為或放任式的討好學生，而是功成身退的領導哲學。教師無心而為，把一切美好還給學生，班級就像「小國寡民」的桃花源，學生能體認本自俱足的人性高貴，從內在生發自我肯定的力量，不必在課業成

---

[69] 語出〈人間世〉，「德」是指人性的天真常德；「蕩」是流蕩喪失。本段意指天真本德在人際爭名中蕩失，心知執著於競爭求勝，機心智巧也隨之而生。同註1，頁178。

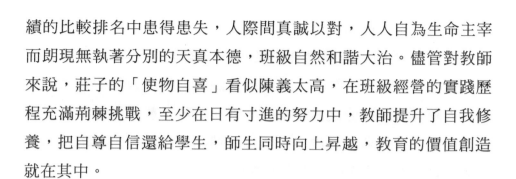

績的比較排名中患得患失，人際間真誠以對，人人自為生命主宰而朗現無執著分別的天真本德，班級自然和諧大治。儘管對教師來說，莊子的「使物自喜」看似陳義太高，在班級經營的實踐歷程充滿荊棘挑戰，至少在日有寸進的努力中，教師提升了自我修養，把自尊自信還給學生，師生同時向上昇越，教育的價值創造就在其中。

二、教師的識相與示相

壺子為了點醒列子的盲昧，只好以自身的道行來對比季咸的術用偏限。季咸能為人算的命僅止於有限的氣命，回到「未始出吾宗」的生命本身，也就是天真本德的天命，因為無執著分別，如同天道渾然一體的無相可相，季咸立即顯現技窮窘境。此外，他之所以能夠神準算出氣命的禍福壽妖，關鍵就在一般人通常會把內心情緒、感受、想法等，毫無遮掩地反映在臉上，臉相彷彿告示板，季咸只是比常人更細心周密的覺察端倪而已。季咸的識相之術與壺子的示相證道，雖然層次有高下之別，不過對於教師而言，道術必須兼而有之，有術無道會失去價值方向的貞定指引；有道無術則道顯得迂闊玄遠，沒有體現的媒介。識相與示相的兼容並蓄，可作為教師自我期許的學習與成長。

（一）識　相

教師對學生深入瞭解是有效教學的必要條件。學生行為的指標至少有說出口的語言和靜默無聲的非言語兩種，非言語的表達雖然一直存在，但是因其安靜無聲，往往難以引起注意和發現。

非言語的方式也稱為肢體語言，專家指出，它是一種經由臉部表情、手勢、碰觸、肢體動作、姿勢、身體裝飾品（如衣著、珠寶、髮型、刺青等）等等，來傳遞資訊的方法。這種非言語行為約占人際溝通的百分之六十至六十五。由於一般人通常不會意識到自己正在進行非言語溝通，所以肢體語言比起有意識地精心推敲的言詞，更能顯露內在真實的想法、感覺和意圖[70]。

　　周全且詳盡地觀察非言語行為，有助於教師理解學生的感覺、意圖和行動。尤其追求表現的青少年，幾乎隱藏不住自己而時時露相，即使有意隱藏情緒，其臉部表情或肢體語言的細微變化，往往提供了極有意義的暗示，教師若有「識相」的能力，可以精準地辨認、評估與判讀，在學生問題尚未嚴重惡化之前，即可見微知著而及時化解。例如雙唇緊緊閉在一起，幾乎嘴唇都快看不見了，即是明顯的溝通訊號，顯示這個人覺得不安，而且情況不對勁[71]。教師對這些透顯的兆端渾然不覺，也會錯失防患於未然的良機。

　　若與庖丁解牛的進程參照對比，「識相」的初階主要以感官為媒介，學生細微的動作表徵，也許就洩漏了他的想法或企圖。所以專家提醒：鉅細靡遺地「仔細觀察」對於了解肢體語言極為重要，這是成功判讀和洞悉非言語暗示的基本要件[72]。當然心知

---

[70] 林奕伶（譯）（2009）。J. Navarro & M. Karlins 著。FBI教你讀心術：看穿肢體動作的真實訊息（What every body is saying: an ex-FBI agent's guide to speed-reading people）。台北市：大是文化。頁41、43。

[71] 同前註，頁49。

[72] 同註70，頁46。

的分析、推理、判斷，以及專業知識的輔助，是深入表裏，更進一層的理解，季咸的神準即不離感官和心知的作用。不過，季咸畢竟缺乏精神層次的向上昇越，他只是把對方視為客觀分析的對象，其神驗靈通主要在成就個人的名聲威望，沒有道的生成力量，導致人人見之無不快速逃離，他還以此沾沾自喜，直到遇見道行高深的壺子，才解消恃才傲物的心知執著而重獲新生。最高層次的「識相」如同庖丁解牛的第三關，是道術合一的極致展現，教師以形而上的崇高精神，化解人我藩離而融入對方，師生間交感和合，此時才能身心靈全方位的「真正看見」，從而開展彼此會通的生命對話。

（二）示 相

回歸「道生德畜」的生命自身是渾然天成，一體無別的存在樣態。不過，人是活在複雜的關係網絡中，與外在環境時時產生交互作用，因應不同的情境脈絡，也會以不同的肢體語言傳遞溝通訊息，差別只在「示相」的主動或被動性。體道之士保有生命的靈動，可以隨境流轉，順物而行，有時戒慎恐懼而後動，就像冬天行走在結冰的河面上；有時又顯得輕鬆自在，如同春雪初融的生動氣象[73]。壺子在季咸面前顯露的「地文」、「天壤」或不齊之相，也是從主體的獨立自主性出發，以超然於上的虛靜觀照，決定最佳的回應方式，亦即應機而示相，在人我之間存全感

---

[73] 《道德經15章》描述體道之士的生命意態：「豫兮若冬涉川，猶兮若畏四鄰，儼兮其若客，渙兮若冰之將釋。」同註2，頁162-164。

應與會通的空間。如果停滯在經驗世界的實然存在，缺乏精神向上的超越性，外界的風吹草動立即引發情緒起伏，這種被動性的示相，就像〈齊物論〉中身不由己的罔兩[74]，缺乏自主挺立的基礎，只好受制於外在因素的操控。

　　教育是師生互動的歷程，身心不成熟的學生難免衝動叛逆與抗拒受教，面對這些教學現場無可逃避的艱難考驗，教師的應機示相顯得格外重要。除了言教之外，靜默無聲的肢體語言有無形而巨大的影響，尤其是臉部的表情。專家指出，臉可說是心靈的畫布，也是跨越文化的通用媒介，人天生就能做出一萬多種不同的表情，這種豐富多變性使臉部的非言語具有巨大的感染力，而且快樂、悲傷、生氣、害怕、意外、厭惡、歡樂、暴怒、羞愧、痛苦、安好或不安等，都是眾人皆識的臉部表情[75]，學生也能解讀和感應。

　　臉部可以非常直接而真實的表現感覺和想法，也可以像入戲的演員加以操控，來回應角色扮演的需求。對教師而言，被學生表現牽動情緒，不由自主而外顯的暴怒、厭惡等負面訊息固然真實，卻喪失專業的理性穩重，也難獲得認同與敬意；反之，教師在沖虛心靈的觀照中，隨時保持清明的環境覺察與教育意識，理性自主地選擇如何示相，就像壺子與季咸的四次交會，皆蘊含點化之意，最後讓季咸迷途知返，也體現了道的生成力量。

　　教師的識相與示相包含著多重感官的運用、心知精準的判斷解讀，以及超然於上的精神昇越，以穩立示相的主導權，免於師

---

[74] 「罔兩」是影子的影子。

[75] 同註70，頁222-223。

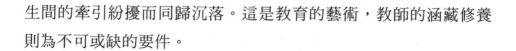

生間的牽引紛擾而同歸沉落。這是教育的藝術，教師的涵藏修養
則為不可或缺的要件。

三、正視人與自然的關聯性

　　根據徐子惠的研究，自然關聯性的內涵指涉人的情感、認知
與感官體驗等與自然的連結，可以包含個體與自然連結為一體的
內在思維和感受、由此建構而成的世界觀，以及反映在身體感
官上與自然連結的親切熟悉感[76]。與自然互動連結而生的情意感
通、價值信念與親切感受，能化解自我封限的藩籬，通往寬廣的
浩瀚宇宙，達致身心靈全方位的提升與開展，是教育不可忽視的
一環。以下分從自然體驗的重要性，以及融入生態思維的教育哲
學等兩方面，進行論述。

（一）自然體驗是幸福人生的重要滋養

　　兩千多年前的莊子處在傳統農業社會，人與大地的連結緊
密，鳥獸蟲魚很自然成為其寓言故事的主角。遊於無窮的至人、
神人和聖人與天地同在，與六氣同行，隱然可見莊子嚮往的人生
是遨遊於天地的氣化流行中[77]，與自然世界形成共存共榮的互動
關聯性。渾沌死的寓言中，儵與忽兩位帝王平日忙於國家政務而
身心俱疲，只有走進素樸的渾沌之地，遠離名利圈與權力場的機
心巧詐，在鳥語花香與綠樹圍繞的自然野地，可以得到心靈撫
慰，重獲源源不絕的生命能量。

---

[76] 同註52，頁18-26。

[77] 〈人間世〉形容方外之人是：「遊乎天地之一氣」。

法國聞名於世的十八世紀哲學家盧梭（J.-J. Rousseau）也曾自述，他早已厭倦巴黎的浮華生活，城市中到處可見心術不正的學者間勾心鬥角，彼此傾軋中傷，連朋友間也罕見坦誠相待。因此他開始嚮往鄉間生活，對他來說，每天晨起即可見自然美景映入眼簾，整個人感覺心曠神怡，靈思如泉湧。有時獨自散步於林野間，體悟原始時代精神，由此洞察人心的虛偽，這些沉思所得也讓其心靈向上提升而與神明相契[78]。其教育主張即是以鄉間自然作為教育的重要場域。

　　人與自然之間存在著不可分割的臍帶關係，自然體驗也是幸福人生的重要滋養，渾沌死猶如人為造作下的生態危機，正視人與自然的關聯性，關懷環境的永續發展，也成為當前教育的嚴肅課題。

（二）發展人與自然和諧共生的教育哲學

　　教育是人類特有的活動，長久以來，教育活動皆以人為中心而發展，兼重生存、生活與生命需要，以達成身心靈的平衡與和諧。面對當前數位時代，日益人工化的科技環境逐步解離人與自然的連結，過度開發造成自然環境嚴重惡化，有識之士莫不感到憂心。洪如玉指出，生態教育學（Ecological Pedagogy）的重要性與迫切性越來越受到重視，這是現代思潮對生態危機的回應，主要以生態哲學思考為教育取向，不限於自然科學領域的知識，還包含跨領域的人文社會學，因為解決環境危機不只是

---

[78] 余鴻榮（譯）（1997）。J.-J. Rousseau著。懺悔錄（再版）（The confession）。台北市：志文。頁285-286、411。

技術問題，環境危機的根源其實與人類思想文化的深層問題密不可分[79]。當人類與自然切割關係，認為自身的需求和利益至高無上，可以對自然隨意宰制利用，這種無知與傲慢自負的態度，正是生態浩劫的罪魁禍首。

老子早已指出：「天下神器，不可為也，不可執也。」[80]萬物皆從天道來，由萬物組合而成的天下是自然神妙的組成，非人力所能操控宰制[81]，所以他主張：「以輔萬物之自然，而不敢為。」[82]放在生態學的脈絡下，其開顯的意義即是放下人類的本位主義，以謙沖開放的態度，對萬物的獨特性與自為目的的存在價值保持敬意，給出萬物自生自長的空間，不敢唯我獨尊地執意妄為，破壞生態整體的平衡與和諧。莊子進一步提出：「天地與我並生，而萬物與我為一」[83]的領悟，以及「喜怒通四時，與物有宜而莫知其極」[84]的真人生命，他不僅把人與自然的關係緊密連結，同時也提醒世人，人身處天地之間不是孤零零的存在，而是與其他萬物相互依存，共構而成複雜的生態體系，透過這些關

---

[79] 洪如玉（2016）。萬物之靈？眾生之一？人權、生態、教育哲學。載於簡成熙（主編）。新教育哲學。台北市：五南。頁233-250。

[80] 語出《道德經29章》。同註31，頁77。

[81] 同註2，頁290-297。

[82] 語出《道德經64章》。本段意指：「萬物皆有得自於天道的天生之德，聖人以此來輔助萬物，讓人人可以回歸自然素樸的天真常德，生命自在自然。」同註2，頁647。

[83] 語出〈齊物論〉。本段意指天地萬物與我相互依存共生；我與萬物皆由天道所生，從天道的眼光來看，彼此一體無別，同等尊貴。

[84] 語出〈大宗師〉。意指真人修行能體現天道，與四季運行直接感應，與萬物和諧共生，其生命意境玄深高遠，沒有人可以知其極限何在。同註1，頁293。

係網絡，才成就人的完整性，所以美好的人生不能漠視物我間和
諧關係的建立。

　　真人的修行即是通過沖虛修養，解消心知執著與物欲禁閉，
復歸於嬰兒般的生命真實，以此融入天地大化，與四季運行直接
感應，與萬物共榮共存。難能可貴的是，莊子更進一層超離人與
萬物的「並生」關係，從形上層次的清明觀照，洞見物我「為
一」的一體性。人與萬物同源於天道，從天道的超越眼光來看，
宇宙萬有一體無別，地位無分高下。莊子為萬物的存在確立共同
根源，奠定物我一體，同等尊貴的基礎，對於生態取向的教育哲
學也提供了超然於上的新視野。

　　教育哲學的功能之一是指引教育活動的價值方向。正視人與
自然的關聯性，體認萬物間相互依存的連結關係，在教育目的中
融入整體性的生態思維，這是回應當前科技時代的機械式秩序與
片段式思考的重要解方。從當前的生態危機解讀渾沌死的警世結
局，人類若依然故我，蔑視自然，對生態災難的警訊視而不見，
最終將面對毀滅性的悲劇。莊子對心知執著與人為造作的反省批
判，以及超越人類中心，與萬物「復通為一」[85] 的生命高度，不
僅能化解科技主義的迷障，也為教育哲學的發展開顯物我一體的
形上理境，奠定人與萬物和諧共生的穩固基礎。面對日益嚴重的
環境危機，人類唯有放下傲慢與偏見，從思想觀念上徹底革新，
才有可能建立與萬物和諧共生的永續發展。莊子的生命智慧是一
盞指引的明燈。

---

[85] 語出〈齊物論〉，依王邦雄詮釋為：「復歸於道，而在道中通而為一。」同註
　　 1，頁95。

伍、結　論

　　主體的沖虛修養是莊子哲學不變的主軸，〈應帝王〉的要旨如篇名所示，若從為政者出發，指涉的是應物無心的帝王之德；如果針對主體來說，則意指人人通過無心自然的修養，享有帝王般自在自得的人生意境。無論就為政者或人民來說，人人回歸無執著無分別的天真本德，自為生命主宰而活出美好的逍遙人生，就是「應帝王」的體現。

　　本章主要以明王治道、季咸與壺子的交會，以及渾沌死等寓言為探究焦點。明王是領導者的典範，莊子先藉由虞堯和伏羲氏的參照對比，說解治道有高下之別，堯的仁德施政雖然能得人心，畢竟是有心有為，把個人的權力意志透過外在規矩強加於人，限縮人民生命自主的展現，不如伏羲氏以沖虛道心，化解自我偏執，還給天下人自主自立的空間。明王之治如同伏羲氏的無心而為，人民過著帝王般自在自得的生活，領導者功成弗居，人人感覺所有的美好從自己來，不是上位者的恩賜。明王的清靜無為來自心靈的沖虛修養，其生命中有天道的高度足以超離是非紛擾，又能開放自己融入民間，貼近人民的心思和感覺，所以能吸引天下人心歸往投靠，這是莊子心目中最高的治道。

　　季咸與壺子的相會寓言，表面上說的是算命識相，其實季咸的神通僅止於術用層次。壺子以體道的生命靈動，自主地應機示相，兩人歷經四次交會，最後壺子回到「未始出吾宗」的素樸真我，在無相可相中逼顯季咸的有術無道，也讓季咸看見自己失落已久的生命本真，重獲新生。這段相命的過程猶如證道歷程，壺

子通過修行把道化入生命，道有生成的力量，最後讓季咸和列子同時得救，重新找回真實的自己。這則寓言在道與技的超越區分中，呈顯體現天道的人生意境，可作為明王修行的補充說明。

渾沌死的寓言隱含著莊子對權力迷失與人為造作的批判。權勢者往往以智者自居，把價值標準定在自家身上，而且仗勢絕對權力責求他人符應自己的標準，儵與忽兩位帝王自作主張替渾沌開竅，反映出權力迷失的狂妄自大。此外，渾沌之名意味著渾然天成，一體無別，可以隱喻人性的本真常德，也可以象徵素樸的自然野地。莊子寫下渾沌死的悲劇，控訴人為造作的禍害，無論是扼殺人性天真，或者是破壞自然生態，對人類都將是毀滅性的災難，其警世寓意對於面臨人心失常與生態危機的現代社會，顯得彌足珍貴。

從教育的立場來看，體現明王之治的班級經營，是以教師的沖虛修養為基石。教師超離專業侷限，化解權力的執著障蔽，在虛靜觀照中照現學生的本德天真，學生能體認本自俱足的人性高貴，從內在生發自我肯定的力量，人人可有不待外求的尊嚴和自信，班級的和諧大治才有可能。再者，季咸的識相之術與壺子的示相證道，雖然分屬不同層次，對教師而言，識相與示相可以兼容並蓄，掌握識相之術有助於深入理解學生的感覺、意圖和行動；通過超然於上的精神昇越，穩立應機示相的主導權，可以體現道的生成力量，其關鍵仍在教師的涵藏修養。最後，莊子哲學把人與自然的關聯性緊密連結，其逍遙人生不離物我交融的自然體驗，從當前生態危機的脈絡下解讀渾沌死的寓意，人類若依然故我，執守唯我獨尊的本位主義，對自然予取予求，最終難逃大

自然反撲的毀滅性災難。面對現代科技主義迷障與環境危機的警訊，納入生態思維的教育哲學，能指引教育活動正視人與萬物間的相互依存，放下傲慢的執著與造作，建立物我和諧的關係。莊子超越人類中心的思維，與萬物通而為一的生命智慧，對於發展人與自然和諧共生的教育哲學，啟發良多。

結語：莊子哲學與教育

　　莊子的年代距今兩千多年，儘管當時的社會脈絡與當代相去甚遠，但是他所體察的人性天真，以及人心因執著陷溺而帶來的生命困苦與是非紛擾，千古下來並沒有太大的差別。人從出生開始，就注定面對自身的年命、才氣有限，而人間無比複雜的存在處境，莊子以化解心知執著與人為造作的沖虛心靈，開出精神自由的廣大空間，可與天地並生，與萬物為一。他通過生命的超越理境來回應天生命限與「不得已」的人間現實，在「忘年忘義，振於無境」[1]的無待逍遙中，蓄積繼續前行的生機活力，活出自在自得的美好人生。

　　方東美評論道家哲學高蹈遠引，空靈不滯，在中國形上學的天地中，可謂最孤獨的人物，解老注莊而歪曲原意者比比皆是[2]。莊子自己也說：「萬世之後而一遇大聖，知其解者，是旦暮遇之也。」[3] 字裡行間隱然可見哲人對知音難覓的感慨。莊子把生命

---

[1] 語出〈齊物論〉。意指超離生死與是非紛擾，生命可以無待逍遙，恢復生機活力。

[2] 孫智燊（譯）（2004）。方東美著。中國哲學精神及其發展（上）。台北市：黎明文化。頁238-239。

[3] 語出〈齊物論〉。依王邦雄解為：「萬代之後，能遇到一位大聖人，以其智解妙悟，揭開深藏在詭辭為用中的生命大智慧，就好像早晚就遇到他一般的幸

智慧隱藏在虛空悠遠、無邊無際的言辭中，猶如遙不可及的天上銀河，自然不易被世人理解欣賞，只能把希望寄託在萬代之後。歷來注莊、解莊者不知凡幾，魏晉名士雖承道家旨趣，但其逃避隱遁或放浪形骸的言行表現，誤導世人對老莊哲學產生消極避世的刻板印象。老子哲學開顯「無」的精彩，又無又有的玄妙生成與沖虛靈動的人生修養是絕高智慧[4]；莊子則把老子的智慧完全汲納至生命中，他可說是道家生命精神的代表[5]。他曾言：「天下有道，聖人成焉；天下無道，聖人生焉。」[6] 在太平盛世中，聖人所「成」的是外王事業；若舉世滔滔，聖人所「生」的是人格修養，無論天下有無揮灑空間，聖人都不改其「生成」百姓的本色[7]，其淑世情懷昭然若揭。

　　莊子以道的「無」來保存儒家人文理想的承擔，也凸顯道家思想的正面價值[8]。他的批判不是否定、對抗，而是化解僵局的成全作用，讓雙方在「因是兩行」的超越層次，看到彼此的「對」而共存共好，此為天道生成原理的體現，具有積極的入世精神，若以隱遁避世來解莊子，可謂不得其正。也許因為道家的義理分

　　運。」王邦雄（2013）。莊子內七篇‧外秋水‧雜天下的現代解讀。台北市：遠流。頁135。

[4] 林秀珍（2015）。老子哲學與教育。台北市：師大書苑。頁210。

[5] 王邦雄（2013）。道家思想經典文論：當代新道家的生命進路。新北市：立緒文化。頁46。

[6] 語出〈人間世〉。

[7] 參考王邦雄詮釋觀點。同註3。

[8] 同註5，頁18-19。

位是作用的保存儒家義理[9]，儒家的實理層次是「顯」，相形之下，道家的作用層次就成了「隱」，一顯一隱間相輔相成，並行不悖。儒家的情意理想如果缺乏道家化解的智慧，可能衍生禮教吃人的後遺症；道家的虛用心靈若無儒家的價值擔當，將淪為玄理清談，甚至落入價值的虛無。儘管兩家都是中華文化源遠流長的根基，儒家的道德生命與倫常理序，成為兩千多年來的文化主流，我國教育哲學專著涉及中國哲學部分，也多以儒家為主，道家在作用層次上的精彩，未能受到教育學術界的重視，殊為可惜。

教育工作在傳承文化與創造文化。儒、道的人文精神是我國源遠流長的文化根基，日據時代的知識分子因為身處殖民統治，對固有文化的傳承使命特別強烈[10]。近幾十年來，台灣教育哲學的發展深受西方文化影響，西方哲學的引介固然有助於文化創新與突破，但是遺忘自家文化慧命的傳承，也將造成教育失去文化根土，人文心靈無所依託的嚴重傷害。闡揚莊子的哲學義理與教育蘊義，不僅是文化命脈的接續，也是以「生命」為進路的教育哲學開展，畢竟教育活動是「生命」與「生命」交感會通的歷程，不能完全落入「知識」進路，全然把學生當作外在客觀的認知對象，造成真實生命的抽離與師生間主客關係的對立。以教育救人為職志的教師，若能通過莊子用心若鏡的生命涵養，體現

---

[9] 同註5，頁17。

[10] 相關內容可參閱黃俊傑、何寄澎（主編）。台灣的文化發展：世紀之交的省思。台北市：台大出版中心。

「達人心」與「達人氣」的救人之道，在「長善救失」的教學歷程中，不致於陷入「災人」或「益多」的兩難困境，教育理想的圓成也更有可能。

教師身教對學生的潛移默化，往往超過言教的力量，尤其人格感召讓學生刻骨銘心，終生難忘。人格風範的感動力與教師的生命實踐密切相關，其中生命哲學及修養工夫是關鍵因素。身而為人，必然得面對莊子所說的天下大戒：「其一，命也；其一，義也。」[11]，自我的「命」與社會體制規範的「義」，是人生無可逃避的兩大難關[12]。面對無可奈何的生老病死、人生際遇與外在局勢，莊子以「安命」作為解方，讓困陷其中的悲苦靈魂得到釋放，而且不只是安於自我的「命」，還要「安義若命」，把社會體制規範視同天生的命限來認取。「安命」看似迫於無奈而不得不接受的消極姿態，其實莊子的「安」是從心靈開發出來的精神力量，也是主體自覺的存在抉擇，有待於「三月聚糧」的工夫修養而成。在不怨天不尤人的自我超越中，生命境界已更上層樓，藉由嶄新的視野重新凝視自我命限與人間體制，應能走出「當局者迷」的盲昧，看見可能的契機。

教師也是平凡人物，有著自我的生命課題與社會賦予角色期望的責任壓力，莊子的生命智慧雖然不是具體可供操作的行動策略、方法或技術，卻有道的生成作用，可以作為教師「自救」與「救人」的精神力量。對於困陷在教育現實中感覺身心俱疲的教

---

[11] 語出〈人間世〉。

[12] 參考王邦雄詮釋觀點。同註3，頁203。

師來說，讓莊子走入自家生命，看見精神天地的無限寬廣，體察生命如「火傳」[13]的價值創造，也許能生發教育實踐的內在動力，開啟「絕處逢生」的新希望。

莊子的生命哲學與人生智慧可視為廣義的教育哲學，除了指引教育不離真實生命的價值方向，也提供教師面對困境的超離之道。當教師從執念與妄作中醒覺，體會自在自得的生命美好，面對教育環境的瞬息多變，當能有宏大的生命格局超然以對，從超越的層次清明觀照，看到的世界也截然不同。莊子與教育之間的會通值得關注，也有待更多的耕耘和努力。

---

[13] 請參考第三章有關「生命如火傳」的論述。

參考文獻

王心瑩（譯）（2018，1月）。E. Gies著。地衣訴說的故事。載於科學人，**191**，56-63。

王亦穹（譯）（2013）。S. Khan著。**可汗學院的教育奇蹟：兩億人的家教課，跟比爾‧蓋茲的孩子一起學習（The one world schoolhouse: education reimagined）**。台北市：圓神。

王年愷（譯）（2015）。N. Carr著。**網路讓我們變笨？數位科技正在改變我們的大腦、思考與閱讀行為（The shallows: what the internet is doing to our brains）**。台北市：貓頭鷹。

王邦雄（1985）。**儒道之間**。台北市：漢光。

王邦雄（2004）。**走在莊子逍遙的路上**。台北市：台灣商務。

王邦雄（2004）。**用什麼眼看人生**。台北市：三民。

王邦雄（2004）。**中國哲學論集**。台北市：學生書局。

王邦雄（2004）。**老子的哲學（二版）**。台北市：東大。

王邦雄（2010）。**老子道德經的現代解讀**。台北市：遠流。

王邦雄（2010）。**莊子道**。台北市：里仁。

王邦雄（2013）。**莊子內七篇‧外秋水‧雜天下的現代解讀**。台北市：遠流。

王邦雄（2013）。**道家思想經典文論：當代新道家的生命進路**。台北市：立緒。

王邦雄、曾昭旭、楊祖漢（2003）。**論語義理疏解（八版）**。台北市：鵝湖。

王邦雄、曾昭旭、楊祖漢（2004）。**孟子義理疏解**。台北市：鵝湖。

世界經濟論壇北京代表處（譯）（2017）。K. Schwab著。**第四次工業革命（The fourth industrial revolution）**。台北市：遠見天下文化。

田培林（編著）（1956）。**教育史（四版）**。台北市：正中。

古德明（2019，2月）。權力使人腐化？。**蘋果日報**。取自https://hk.lifestyle.appledaily.com。

伍振鷟、高強華（1999）。**新教育概論**。台北市：五南。

成令方、林鶴玲、吳嘉苓（譯）（2003）。A. G. Johnson著。**見樹又見林：社會學作為一種生活、實踐與承諾（二版）**（**The forest and the trees**）。台北市：群學。

朱　熹（2000）。**四書章句集註（五版）**。台北市：鵝湖。

牟宗三（1983）。**中國哲學十九講**。台北市：學生書局。

牟宗三（1994）。**中國哲學的特質（再版）**。台北市：學生書局。

牟宗三（2003）。中國哲學底傳統。載於立緒文化（編選）。**百年大學演講精華**。新北市：立緒文化。

牟宗三、徐復觀、張君勱、唐君毅（2005）。中國文化與世界。載於唐君毅，**說中華民族之花果飄零**（頁119-184）**（二版）**。台北市：三民。

余民寧、陳柏霖、許嘉家（2010）。教師憂鬱傾向的影響因素之研究。**輔導與諮商學報**，**32**(2)，73-97。

余英時（2014）。**論天人之際：中國古代思想起源試探**。台北市：聯經。

余鴻榮（譯）（1997）。J.-J. Rousseau著。**懺悔錄（再版）**（**The confession**）。台北市：志文。

吳　怡（2001）。**新譯莊子內篇解義**。台北市：三民。

吳四明、姬健梅（譯）（2012）。M. Sandel著。**錢買不到的東西：金錢與正義的攻防**（**What money can't buy: The moral limits of markets**）。台北市：先覺。

李中文（譯）（2015）。M. Spitzer著。**數位癡呆症：我們如何戕害自己和子女的大腦**（**Digitale Demenz: Wie wir uns unsere Kinder um den Verstand bringen**）。台北市：暖暖書屋文化事業。

李文昭（譯）（2018）。R. L. Carson著。**寂靜的春天**（**Silent spring**）。台中市：晨星。

李佳陵（譯）（2017）。J. B. Cornell著。**自然就該這樣玩**（**Deep nature play**）。台北市：張老師文化。

李開復（2018）。**AI新世界**。台北市：遠流。

周愚文（2001）。**中國教育史綱**。新北市：正中。

周愚文（2017）。科舉廢了沒？考試制度的再思考。載於林逢祺、洪仁進（主

編），**請問盧梭先生：教育學核心議題（一）**（頁56-70）。台北市：五南。

孟祥森（譯）（1999）。J. Goodall & P. Berman著。**希望：珍・古德自傳（Reason for hope: a spiritual journey**）。台北市：雙月書屋。

林一真（2016）。**森林益康：森林的療癒力量**。台北市：心靈工坊文化。

林秀珍（2007）。**經驗與教育探微：杜威（John Dewey）教育哲學之詮釋**。台北市：師大書苑。

林秀珍（2008）。師道—道家哲學的啟示。載於中華民國師範教育學會（主編），**教師形象與專業倫理**（頁29-45）。台北市：心理。

林秀珍（2013）。庖丁解牛。載於林逢祺、洪仁進（主編），**教育哲學：隱喻篇**（頁269-276）。台北市：學富文化。

林秀珍（2015）。**老子哲學與教育**。台北市：師大書苑。

林秀珍（2016）。適性教學與輔導的教育哲學基礎：從教育的世俗性與神聖性談起。**中等教育，67**，3-17。

林秀珍（2017）。教育競爭必然帶來進步嗎？載於林逢祺、洪仁進（主編），**請問盧梭先生：教育學核心議題（一）**（頁269-276）。台北市：五南。

林秀珍、徐世豐（2006）。從道家思想談教師修養。載於但昭偉（主編），**教師的教育哲學**（頁22-41）。台北市：高等教育。

林秀珍、徐世豐（2011）。**老子道德經義理疏解**。台北市：師大書苑。

林俊宏（譯）（2014）。Y. N. Harari著。**人類大歷史：從野獸到扮演上帝（Sapiens: a brief history of humankind**）。台北市：遠見天下文化。

林奕伶（譯）（2009）。J. Navarro & M. Karlins 著。**FBI教你讀心術：看穿肢體動作的真實訊息（What every body is saying: an ex-FBI agent's guide to speed-reading people**）。台北市：大是文化。

林倖妃（2013，2月5日）。台灣補習班家數創新高。**天下雜誌，516**。取自www.cw.com.tw/article/article. action? id=5047229

林逢祺（2004）。**教育規準論**。台北市：五南。

宣　穎（1978）。**莊子南華經解**。新北市：廣文書局。

柯文哲（2013）。駐院醫學團隊在台大醫院之出現。載於柯文哲、林裕峰、台大醫院駐院醫學團隊，**熱血仁醫：開創新局的台大醫院駐院醫學團隊**（頁

7-16）。台北市：台灣商務。

洪如玉（2016）。萬物之靈？眾生之一？人權、生態、教育哲學。載於簡成熙（主編），**新教育哲學**（頁233-250）。台北市：五南。

洪瑞君（譯）（2017）。J. Golin & M. Campbell著。制止童年商業化。載於黃晶晶等（譯），E. Assadourian等著，**2017世界現況：地球教育—重新思索教育 因應地球變遷**（頁174-186）。台北市：看守台灣研究中心。

洪蘭（譯）（2002）。R. Carter著。**大腦的秘密檔案（Mapping the mind）**。台北市：遠流。

唐君毅（1980）。**中國哲學原論：導論篇（4版）**。香港：新亞研究所。

孫智燊（譯）（2004）。方東美著。**中國哲學精神及其發展（上）（Chinese philosophy: its spirit and its development）**。台北市：黎明文化。

徐子惠（2014）。**登山者自然關聯性之探究—以台灣大專校院登山社團為例**（未出版之碩士論文）。國立台灣師範大學環境教育研究所，台北市。

徐復觀（1974）。**中國人性論史・先秦篇**。台北市：台灣商務。

徐復觀（1974）。**周秦漢政治社會結構之研究**。台北市：學生書局。

郝冰、王西敏（譯）（2009）。R. Louv著。**失去山林的孩子（Last child in the woods: saving our children from nature-deficit disorder）**。台北市：遠足文化。

張承漢（譯）（1993）。L. Broom & C. M. Bonjean & D. H. Broom合著。**社會學（Sociology: a core text with adapted readings）**。台北市：巨流。

張耿光（譯注）（2006）。莊周原著。**莊子・內篇（五版）**。台北市：台灣古籍。

張漢良（譯）（1991）。A. Camus著。**薛西弗斯的神話（再版）（Le mythe de Sisyphe）**。台北市：志文。

張體偉、孫豫寧（譯）（2013）。J. Rifkin著。**第三次工業革命（The third industrial revolution）**。台北市：經濟新潮社。

教育部國民及學前教育署（2008）。**普通高級中學選修科目「生命教育」課程綱要**。取自https://www.k12ea.gov.tw/files/common_unit/e4fde167-fc32.../22生命教育.pdf

梁錦鋆（譯）（2001）。E. O. Wilson著。**知識大融通（Consilience）**。台北市：
　　天下遠見。

章澤儀（譯）（2016）。W. Deresiewicz著。**優秀的綿羊（Excellent sheep: the
　　miseducation of the American elite and the way to a meaningful life）**。台北市：
　　三采文化。

許倬雲（2014）。**現代文明的批判：剖析人類未來的困境**。台北市：遠見天下文
　　化。

郭　象（注）、成玄英（疏）（1998）。**南華真經注疏**。北京市：中華書局。

郭　象（注）、陸德明（釋文）、成玄英（疏）、郭慶藩（集釋）（1955）。**莊
　　子集釋**。台北市：世界。

郭　象（註）（2000）。**莊子**。台北市：藝文。

郭亮廷（譯）（2015）。N. Ordine著。**無用之用（L'utilita' dell'inutile:
　　Manifesto）**。台北市：漫遊者文化。

陳　儀、陳琇玲（譯）（2014）。J. Rifkin著。**物聯網革命（The zero marginal
　　cost society: the internet of things, the collaborative commons, and the eclipse
　　of capitalism）**。台北市：商周。

陳文團（2013）。A critical reflection on the philosophy of education in the last thirty
　　years. 載於周愚文、林逢祺、洪仁進等（主編），**教育哲學2012**（頁1-23）。
　　台北市：學富文化。

陳啟天（1969）。**增訂韓非子校釋**。台北市：台灣商務。

陳壽昌（1977）。**南華真經正義（再版）**。台北市：新天地。

傅偉勳（1993）。**死亡的尊嚴與生命的尊嚴**。台北市：正中書局。

傅偉勳（1994）。**學問的生命與生命的學問**。台北市：正中書局。

勞思光（2004）。**新編中國哲學史（三版）**。台北市：三民。

黃光國（2001）。**社會科學的理路**。台北市：心理。

黃俊傑、何寄澎（主編）。**台灣的文化發展：世紀之交的省思**。台北市：台大出
　　版中心。

黃建中（1954）。**教育哲學**。中國地方自治函授學校講義。

黃郁倫、鍾啟泉（譯）（2012）。佐藤學著。**學習的革命**。台北市：天下雜誌。

楊振富（譯）（2002）。P. Senge等合著。**學習型學校（上）**（Schools that learn: A fifth discipline fieldbook for educators, parents, and everyone who cares about education）。台北市：天下遠見。

楊詠婷（譯）（2019）。伊藤亞紗著。**不用眼睛，才會看見的世界（目の見えない人は世界をどう見ているのか**）。新北市：仲間出版。

楊儒賓（2016）。**儒門內的莊子**。台北市：聯經。

葉海煙（2006）。**莊子的處世智慧**。台北市：健行文化。

葉啟政（1991）。**制度化的社會邏輯**。台北市：東大。

賈馥茗（1992）。**全民教育與中華文化**。台北市：五南。

賈馥茗（1992）。**教育與成長之路**。台北市：師大書苑。

賈馥茗（2004）。**教育倫理學**。台北市：五南。

賈馥茗（2005）。**教育本質論（二版）**。台北市：五南。

鄔昆如（2004）。**西洋哲學史話（二版）**。台北市：三民。

廖建容（譯）（2014）。C. Madsbjerg & M. B. Rasmussen著。**大賣場裡的人類學家：用人文科學搞懂消費者，解決最棘手的商業問題**（The moment of clarity: using the human sciences to solve your toughest business problems）。台北市：遠見天下文化。

廖炳惠（2012）。台灣公共知識分子的式微。載於廖炳惠、孫康宜、王德威（主編），**台灣及其脈絡**（頁399-417）。台北市：台大出版中心。

劉育忠（2016）。後現代／後結構哲學思想與教育：走向多元、差異、創造與流變。載於簡成熙（主編），**新教育哲學**（頁93-107）。台北市：五南。

樓宇烈（校釋）（2006）。**王弼集校釋（二版）**。台北市：華正。

歐陽教（1985）。**德育原理**。台北市：文景。

歐陽教（1990）。教育的概念分析。載於黃光雄（主編），**教育概論**（頁3-29）。台北市：師大書苑。

歐陽教（1991）。**教育哲學導論（十版）**。台北市：文景。

蔡承志（譯）（2002）。**誰在操縱我們？現代社會的商業、文化與政治操控**（Coercion: why we listen to what "they" say）。台北市：貓頭鷹。

鄭英傑（2017）。學校教育害我一生？。載於林逢祺、洪仁進（主編），**請問盧**

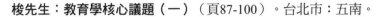

梭先生：**教育學核心議題（一）**（頁87-100）。台北市：五南。

蕭昭君、陳巨擘（譯）（2003）。P. Mclaren著。**校園生活（Life in school: an introduction to critical pedagogy in the foundation of education**）。台北市：巨流。

賴錫三（2013）。**道家型知識分子論：《莊子》的權力批判與文化更新**。台北市：台大出版中心。

薛承泰（2016）。**台灣人口大震盪**。台北市：遠見天下文化。

謝冰瑩等（編譯）（1987）。**新譯四書讀本**。台北市：三民。

謝凱蒂（譯）（2011）。K. Robinson & L. Aronica著。**讓天賦自由（二版）**（**How finding your passion changes everything**）。台北市：天下文化。

簡成熙（2011）。民國百年教育學的發展。載於中國教育學會（主編），**百年教育的回顧－傳承與創新**（頁327-370）。台北市：學富文化。

顏崑陽（2005）。**莊子的寓言世界**。台北市：漢藝色研。

譚光鼎（2010）。**教育社會學**。台北市：學富文化。

關秉寅、王永慈（2005）。寧靜革命：台灣社會價值觀的變化。載於王振寰、章英華（主編）（2005），**凝聚台灣生命力**（頁65-99）。台北：巨流。

Dewey, J. (1958). *Experience and nature.* New York: Dover. (Original work published in 1925)

Dewey, J. (1959). *Democracy and education.* New York: The Macmillan. (Original work published in 1916)

Dewey, J. (1963). *Experience and education.* New York: Collier Books. (Original work published in 1938)

Sandel, M. J. (2012). *What money can't buy: the moral limits of market.* London: Penguin Group.

Whitehead, A. N. (1967). *The aims of education.* New York: The Free Press. (Original work published in 1929)

國家圖書館出版品預行編目資料

莊子哲學的教育詮釋 / 林秀珍 著. -- 初版. --
　　臺北市：師大書苑, 2020. 03
　　　面；　公分
　　ISBN 978-957-496-839-8　(精裝)

　　1. (周)莊周　2. 學術思想　3. 教育哲學

121.33　　　　　　　　　　　　　109002337

莊子哲學的教育詮釋

著　　　　者：林秀珍

校　　　　訂：徐世豐

封 底 創 作：徐子惠

封 面 設 計：吳佩芳

發 　行 　人：白文正

出 版 · 發 行：師大書苑有限公司
　　　　　　　台北市和平東路一段147號11樓之2
　　　　　　　電話：(02)23973030．(02)23979899
　　　　　　　　　　(02)23973389．(02)23979969
　　　　　　　傳真：(02)23975050
　　　　　　　郵撥：0138616-8
　　　　　　　網址：http://www.shtabook.com.tw
　　　　　　　電子郵件：shtabook@ms38.hinet.net
　　　　　　　郵撥：01386168

經 　銷 　處：師大書苑 (門市部)
　　　　　　　台北市和平東路一段182-3號2樓
　　　　　　　電話：(02)83695556~8
　　　　　　　傳真：(02)23690888

出 版 登 記：局版北市業字第195號

電 腦 排 版：淵明印刷有限公司

初　　　　版：2020年3月

定　價：新台幣伍佰元整